성경 본문에 접근하는 길은 매우 많다. 그래서 어느 한 접근법을 절대화하는 것은 올바르지 않을 뿐 아니라 위험하기까지 하다. 전통적으로 오경은 언제나 그 기원과 자료, 형성과 전승을 둘러싸고 수많은 이론과 논쟁이 이어져왔다. 그간 나온 많은 오경 개론서에서 통시적 관점과 공시적 관점이 종종 충돌하여 저마다 통합되지 못했다는 점은 늘 아쉬움으로 남아 있었다. 그런 뜻에서 이 책은 역사비평의 논점에서 시작하여, 문학비평의 오경 읽기는 물론 독자반응비평 읽기까지 아울러 오경을 보는 포괄적인 시각을 갖추는 데 도움을 준다. 개별 책의 개관에서 읽을거리를 통해 독자에게 공부를 확장할 수 있게 해 주며, 오경에서 주된 주제들을 여러 관점에서 관찰하고, 본문 분석의 보기까지 제시하는 점은 참으로 요긴하다. 오경을 체계적으로 공부하고자 하는 이에게 적극적으로 추천한다.

김정훈 부산장신대학교 구약학 교수

기독교 신앙과 신학에서 모세 오경의 중요성은 아무리 강조해도 지나침이 없다. 창세기부터 요한계시록을 관통해 흐르는 하나님의 구원사 대하 드라마의 주요 등장인물이 총출연하는 서막이 모세 오경이다. 하나님이 아브라함의 후손 이스라엘을 출애굽시켜 약속의 땅까지 인도하시는 이야기가 모세 오경의 줄거리다. 이 책은 모세 오경을 처음으로 진지하게 공부하려는 독자들에게 최적화된 입문서다. 모세 오경에 대한 학문적 접근을 하는 서구 독자들에게 익숙한 비평학이나 고대 근동의 맥락 등에 대한 논의는 큐티 방식으로 오경을 읽는 데 친숙한 독자에게는 다소 건조하고 딱딱하게 읽힐 수 있다. 그러나 이 책은 오경에 대한 학문적 배경지식이 없는 독자에게도 친절한 길잡이가 되며 하나님의 신실하고 집요한 이스라엘 향도와 사랑을 선명하게 부각한다. 그중에서도 2부에 한국의 독자에게 은혜로운 통찰이 집중적으로 흩어져 있다. 모세 오경 각 책의 중심주제들과 쟁점들을 요약하면서 현대적 쟁점들에 대한 오경의 적실성 있는 관점들을 세심하게 소개하는 것 또한 이 책의 유익한 특장점이다. 빈부격차, 생태계, 젠더 이슈 등 현대적 쟁점들에 대한 모세 오경의 입장들을 확인하는 독자들은 모세 오경이 단지 오래된 책일 뿐만 아니라 인간 역사의 항구적 쟁점들과 관심들에 응답하는 향기로운 고전임을 깨닫게 될 것이다.

김회권 숭실대학교 기독교학과 구약학 교수

구약학계에서 가장 많은 연구가 진행되고 있는 분야가 오경이다. 특히 19세기 벨하우젠의 문서가설이 주류 학설로 자리잡으면서 오경의 기원과 형성 문제는 지금도 구약학계의 뜨거운 감자다. 이른바 역사비평의 도래로 구약학계는 백가쟁명, 춘추 전국 시대가 되었다. 오경의 최종 텍스트 배후에 많은 자료가 있다는 명백한 사실로 인해 치열한 연구가 시작되었다. 한편 최종 텍스트로서 우리 앞에 놓인 오경을 연구하는 일은 위에서 언급한 역사비평적 연구 방법과 상충하는가? 달리 말해 오경 텍스트에 관한 통시적 방법론과 공시적 방법론은 조화될 수 있는가? 본서는 이에 대한 대답을 오경 연구에 적용한 방법론 연구다. 저자들이 오경 연구 학계의 흐름을 가급적 간결하고 일목요연하게 개관하면서 오경 연구의 방법과 실제를 보여주는 이 책은 대중적 학술서다. 저자들은 4가지 관점(역사적·문학적·독자 중심적·신학적)으로 오경을 연구하자는 제안을 한다. 저자들은 제1부에서 오경을 대중적으로 개관하고, 제2부에서 세밀한 학문적 연장을 사용하여 오경의 주제들을 심도 있고 비평적으로 탐구하는데, 이는 전략적 구성이다. 특별히 끝에는 오경의 수용역사(예술, 음악, 문학뿐 아니라 유대교와 모슬렘 전통에서)까지 다룰 정도로 최근의 학문적 경향도 보여준다. 오경에 대한 피상적 견해를 가진 학도들이나 목회자에겐 다소 거부감이 생길 수도 있지만, 진지하게 읽는 사람들에겐 현재 구약학계(오경 분야)에 무슨 일이 일어나고 있는지, 학자들의 연구가 성경 해석에 어떠한 결과를 가져오는지 알게 될 것이다. 개별 장마다 더 읽을 자료를 제공하는 저자들의 서비스 정신이 빛난다. 성경 본문을 찾아가며 이 책을 공부한다면 학자나 초보자 모두 많은 생각과 유익을 얻을 것이다.

류호준 백석대학교 신학대학원 구약학 교수 (은퇴)

신학교 강단에서 오경을 가르치는 사람이라면 누구나 학생들과 함께 오경을 구성하는 각 권의 문학적인 구조와 특성을 바탕으로 내러티브의 흐름을 기본적으로 살펴보고, 오경 연구와 관련된 중요한 신학적인 주제들이나 비평학적인 사안들을 빼놓지 않고 면밀하게 살펴보고 싶은 욕심이 있을 것이다. 그렇지만 이 거룩한(?) 욕심을 만족시킬 방법은 요원했다. 오경 연구에 관한 엄청난 분량의 내용을 한 학기 내에 충분히 다룰 수 있도록 고안된 적절한 연구서가 딱히 없었기 때문이다.

그런 의미에서 브래포드 A. 앤더슨이 집필한 『최신 오경 연구 개론』은 오경을 전문적으로 연구하고 가르치는 사람들과 그것을 진지하게 공부하기를 원하는 학생들 모두에게 매우 유익하고 실제적인 도움을 제공해 준다. 앤더슨은 마치 화가가 형형색색의 물감을 사용하여 한 폭의 그림을 그려내는 것처럼 앞서 말한 오경의 모든 학문 영역을 하나로 아우르는 대가의 면모를 발휘한다. 앤더슨은 먼저 오경 각 권에 대한 서론적 설명을 시작으로 가장 기본적인 정보와 개요를 제공한 다음, 다시 창세기면 창세기, 출애굽기면 출애굽기에서 부각되는 중요 내용과 신학적인 주제들을 보다 자세히 개진한다. 그리고 나서 앤더슨은 한 걸음 더 나아가 오경의 저자와 역사적 배경 및 전승과 해석학적 방법론에 이르기까지 실로 다양한 비평학적 문제들을 심층적으로 소개한다.

그동안 대다수 신학교에서 진행된 오경 연구와 수업은 그 학교들의 소속 교단이 표방하는 신학적 담론과 방향을 고수해야 한다는 당위성을 비롯하여 이러저러한 이유로 이분법적인 시각과 배타적인 방법론을 고집해왔다. 안타깝게도 그러한 오경 연구 경향은 성경 본문을 철두철미하게 해석하고 그것을 바탕으로 순전한 신앙을 진작시키는 데 저해 요인으로 작용했다. 아무쪼록 신약성경과 함께 "거대 담론"(Meta-Narrative)을 형성하는 구약성경을 여는 첫 다섯 권에 해당하는 오경을 통전적인 안목으로 빈틈없이 탐구하고 그것을 오늘 우리에게 주시는 하나님의 말씀으로 묵상하고 신앙심을 고취함으로써 한국교회를 섬기고자 하는 모든 신학도와 목회자에게 이 책의 정독은 물론이거니와 필요할 때마다 수시로 들춰 보기를 간곡히 부탁한다.

주현규 백석대학교 신학대학원 구약학 교수

본서는 모세 오경을 연구하는 현대의 학문적 접근법들에 관한 간략하지만 놀랍도록 포괄적인 개관이다. 본서는 관심사에 연관된 방식으로 배열되어 있고, 경험 많은 학자들뿐만 아니라 입문자들도 이해할 수 있게 쓰였다. 본서는 페미니스트, 탈식민주의, 신학적 통찰부터 유대교, 기독교, 이슬람교 전통 및 예술, 문학, 음악에서의 오경의 텍스트 사용에 이르기까지, 오늘날 중요한 이슈들을 가볍게 다루면서도 우리에게 익숙한 내용을 신선하게 보여준다. 각 단계에서 최신의, 그리고 통찰력 있는 더 읽을 자료들이 제공된다.

J. F. A. 소이어 영국 에든버러 대학교 명예교수

지난 40년 동안 오경 연구는 과거 어느 때보다 더욱 다양하고 복잡해졌다. 존중할 만한 문서가설 이론은 오경의 구성사에 대한 일련의 대조적인 이론으로 대체되었다. 동시에 인문학 내의 다른 학문과 새로운 이론적 관점에서 유래한 방법들에 의존함으로써 오경의 학문적 연구에 대한 다양한 접근법이 기하급수적으로 증가했다. 앤더슨은 이 모든 경향에 대한 완전하고 신뢰할 만한 최신의 조사를 제공한다. 본서는 현대의 오경 연구에 대한 매우 중요한 지침서다.

제임스 W. 와츠 미국 시러큐스 대학교 종교학 교수

An Introduction to the Study of the Pentateuch

한국구약학연구소 총서 005

최신 오경 연구 개론

브래포드 A. 앤더슨·폴라 구더 지음

차준희 옮김

Holy
WavePlus

한국구약학연구소 총서 KOTL

Korea Old Testament Library

성서의 모든 말씀은 시공간을 넘어 언제나 유효한 하나님의 계시입니다. 특히 오늘날과 같은 급변하는 시대적 정황 속에서도 성서는 여전히 삶에 대한 해답을 제시합니다.

《한국구약학연구소 총서》(Korea Old Testament Library)는 이러한 시대적 요청에 부응하고자 기획되었습니다. 국내 유수의 구약학자들의 연구 성과는 물론, 세계적인 구약학자들의 저명한 저서를 번역 출간하려고 합니다. 이를 통해 신학생을 위한 교과서를 제공함은 물론, 목회자들의 성서 지평을 확장하는 데 유익을 주고, 나아가서 한국교회 성도들에게 은혜의 말씀이 선포되는 데 기여하기를 소망합니다.

《한국구약학연구소 총서》는 한국교회의 강단에 구약성서의 케리그마가 풍성하게 선포되기를 바라는 "한국구약학연구소"(Korea Institute for Old Testament Studies)의 마음입니다.

한국구약학연구소장 차준희

차례

지도 목록

표 목록

서문

본서는 이 주제를 처음 접하는 학생들을 위해 기획되었다. 본서는 이 점을 염두에 두고 두 부분으로 나뉜다. 1부 "오경 이해하기"(1-6장)는 다섯 권 각각에 대해서 및 모음집으로서 오경에 대한 간략한 개요를 제공하고, 중요한 주제 및 신학적 관심사뿐만 아니라 구조와 내용 같은 이슈들을 살펴본다. 이 장들은 독자들에게 오경의 내용, 이야기, 주제들을 간략히 소개해준다. 2부 "주제별 및 비평적 탐구"는 이 책들과 모음집 전체에 대한 학문 연구와 관련된 많은 요소를 탐구한다. 모든 텍스트와 주제를 다룰 수는 없지만 나는 광범위한 관련 이슈들과 해석상의 접근법들을 다루려고 노력했다. 이 부분은 먼저 "오경의 기원과 형성"(7장) 및 "오경 읽기와 연구에 관한 학문적 접근법"(8장)에 대한 탐구를 통해 오경 연구를 학문적 맥락에 위치시킨다. 이어서 오경의 좀 더 작은 부분들의 내용, 주제, 학술 연구들에 대한 조사로 이동한다. 우리는 창세기 1-11장의 원역사(9장), 창세기 12-50장의 조상 내러티브(10장), 출애굽기 1-15장에 설명된 모세와 출애굽(11장), 오경에서 "율법"으로 알려진 자료(12장), 광야 방랑과 관련된 텍스트(13장)를 차례대로 살펴볼 것이다. 우리는 이 장들에서 오경의 이 부분들과 관련된 다양한 역사적, 문학적, 신학적 이슈들을 탐구하고 이 특정한 텍스트들과 전승들의 연구에 중요한 요소들을 강조할 것이다. 마지막으로 14장에서 우리는 오경의 수용, 즉 이 텍스트들이 종교 전승에서 어떻게 사용되고 이해되었는지, 그리고 그것들이 좀 더 넓은 사회 문화적 맥락에서 어떤 영향을 주었는지를 탐구할 것이다.

본서는 처음부터 끝까지 읽어도 되지만, 반드시 그럴 필요는 없다. 독자들은 예컨대 원역사(9장)와 조상 내러티브(10장)를 읽기 전에 먼저 창세기를 소개하는 장(2장)을 읽는 식으로 본서를 읽을 수도 있다.

감사의 글

초판

본서를 쓰는 데 다양하게 기여한 많은 분에게 감사드린다. 나는 리폰 칼리지 커데스던에서 가르칠 때 오경의 해석과 관련된 이슈들을 생각하기 시작했다. 나로 하여금 내 아이디어를 거듭 생각하도록 도움을 준 모든 학생에게 감사드리고 싶다.

리폰 칼리지 커데스던 도서관에서 내가 필요로 하는 참고 문헌과 새로운 간행물을 찾아준 존 데이비스의 지칠 줄 모르는 노력에 대해서도 감사드린다. 본서의 초안을 읽고 그것을 개선하도록 유익한 논평을 해준 캐서린 그릴스와 나의 남편 피터 배빙턴에게도 감사드린다.

본서를 집필하고 있던 동안에 태어난 나의 딸 수잔나 조이에게 본서를 헌정한다.

최신 오경 연구 개론

2판

본서의 2판을 발전시키고 완성하는 데 많은 분이 도움이 되었다. 블룸즈버리 T & T 클라크의 직원들은 이 프로젝트를 진행하는 동안 격려와 도움이 되었는데, 특히 도미니크 매토스와 미리엄 캔트웰의 인내와 지도에 감사드린다. 조너선 키어니, 조엘 로어, 월터 모벌리, 콘라트 슈미트, 데이비드 쉐퍼드, 제임스 와츠 등 몇몇 친구들과 동료들은 본서의 요소들에 통찰력 있는 논평을 해 주었다. 그들의 의견에 깊이 감사드린다. 본서는 그들의 세심한 주의 덕분에 훨씬 더 나은 책이 되었다. 매터 데이 연구소와 더블린시티 대학교의 동료들은 본서를 쓰는 데 필요한 공간을 마련하도록 지원해 주었는데, 특히 에트나 리건과 앤드류 맥그레디에게 감사드린다. 마지막으로 본서와 관련된 연구를 위해 예루살렘 프랑스 성서 고고학 연구소를 방문했을 때 그곳에서 보여준 환대에 감사드린다.

약어표

AB	Anchor Bible
ABD	*Anchor Bible Dictionary,* New York: Doubleday
ANE	Ancient Near East
ANET	*Ancient Near Eastern Texts Relating to the Old Testament*
BBC	Blackwell Bible Commentaries
SETL	Bibliotheca Ephemeridum Theologicarum Lovaniensium
BZABR	Beihefte zur Zeitschrift für altorientalische und biblische Rechtsgeschichte
BZAW	Beihefte zur Zeitschrift für die alttestamentliche Wissenschaft
CBQ	*Catholic Biblical Quarterly*
CC	Continental Commentaries
EBR	*Encyclopedia of the Bible and Its Reception,* Berlin: de Gruyter
FAT	Forschungen zum Alten Testament
HTR	*Harvard Theological Review*
IBC	Interpretation: A Bible Commentary for Teaching and Preaching
JAJ	*Journal of Ancient Judaism*
JANES	*Journal of the Ancient Near Eastern Society*
JBL	*Journal of Biblical Literature*
JJS	*Journal of Jewish Studies*

JPSTC	Jewish Publication Society Torah Commentary
JSOT	*Journal for the Study of the Old Testament*
JSOTSup	*Journal for the Study of the Old Testament Supplement Series*
JSS	*Journal of Semitic Studies*
JTS	*Journal of Theological Studies*
LHBOTS	Library of Hebrew Bible/Old Testament Studies
NCBC	New Cambridge Bible Commentary
NRSV	New Revised Standard Version
OBO	Orbis Biblicus et Orientalis
OTG	Old Testament Guides
OTL	Old Testament Library
SBL	Society of Biblical Literature
SBLSymS	Society of Biblical Literature Symposium Series
VTSup	Vetus Testamentum Supplements
WBC	Word Biblical Commentary
WMANT	Wissenschaftliche Monographien zurn Alten und Neuen Testament
ZAW	*Zeitschrijt für die Alttestamentliche Wissenschaft*

AN INTRODUCTION
TO THE STUDY OF THE PENTATEUCH

제1부

오경 이해하기

제1장

오경: 서론

1. 오경: 오경은 무엇인가?

오경이란 무엇인가? 대략적으로 말하자면 오경은 유대교와 기독교 전통에서 성경의 시작 부분에 위치하는 다섯 권의 책—창세기, 출애굽기, 레위기, 민수기, 신명기—의 모음집이다. 그러나 조금 더 깊이 탐구하기 시작하면, 우리는 이 질문에 다양하게 대답할 수 있다는 것을 알게 된다.

어떤 의미에서는 오경은 성경이라는 더 큰 "장서"의 일부분을 이루고 있는 저술들의 모음집이다. 그래서 오경에서 발견되는 이야기, 법률 및 기타 요소들이 유대인과 그리스도인들에게 신성한 것으로 간주된다. 이러한 관점에서 이 텍스트들은 "경전"인데, 이는 그것들이 유대교와 기독교 전통에서 특권적이고 권위가 있는 위치를 차지함을 의미한다(우리가 앞으로 본서 전체에서 살펴보게 되는 바와 같이 이 점이 유대교와 기독교 전통 간에도 상당히 다를 수 있지만 말이다).

또 다른 의미에서는 오경은 문학 모음집이고 따라서 이야기로 읽힐 수 있다. 실제로 이 책들을 성경의 시작 부분에 두었다는 사실은 이것이 여러 시작에 대한 이야기임을 암시한다. 창세기가 창조, 즉 온 세상과 인류의 시작에 대한 묘사로 시작한다는 것은 유명하다. 그러나 더 읽어보면 오경 전체가 아브라함과 그의 자손들부터 모세를 따라 이집트의 노예 생활에서 탈출한 백성에까지 이르는 하나님 백성의 시작들을 묘사하고 있다는 것이 분명해진다. 이 책들은 다양한 방식으로 기원들에 관한 질문에 관심을 기울인다. 세계는 어디에서 왔으며 왜 지금과 같은 모습으로 존재하는가? 이스라엘 백성은 누구이며 그들의 이야기는 무엇인가? 그렇다면 오경은 여러 시작들, 즉 세상의 시작과 이스라엘의 기원들을 서술하는 이야기다.

그러나 또 다른 관점에서 보면 오경은 비평적 조사의 대상이다. 우리가 이후의 장들에서 살펴보는 바와 같이 이 모음집의 기원들과 이 텍스트들에 나타난 성(gender) 이슈 탐구 등 광범위한 질문들은 수 세기 동안 독자들을 매료시켰고, 그러한 이슈들은 오늘날에도 여전히 진지한 연구의 대상들이다. 사실 오경은 지난 수백 년 동안 비평적 성서 연구에서 더 큰 발전을 위한 출발점 역할을 해왔다.

따라서 오경은 각 사람에게 다른 의미를 가질 수 있고, (때때로 중첩되는) 다양한 방식으로─거룩한 문서로, 이야기로, 비평적 질문의 대상으로─이해될 수 있다. 비록 독자들이 특정한 하나의 관점에 자연스럽게 끌릴 수 있다고 하더라도, 오경의 다면적인 특성을 인식하고 이 텍스트들을 다양한 관점에서 탐구하는 데 마음을 열 필요가 있다.

2. 모음집의 명칭

본서의 제목은 "오경"이라는 문제의 모음집을 가리키는데, 이 용어는 다섯 권의 책을 지칭한다. 그러나 이 다섯 권의 책은 그 책들의 내용과 수를 반영하여 다양한 방식으로 언급된다.

히브리 성경에서 오경은 "토라/율법", "모세의 책", "야웨의 율법" 또는 이 용어들의 조합으로 언급된다(예컨대 스 7:10; 10:3; 느 8:3, 18; 단 9:11; 말 4:4을 보라). 신약성경에서는 "율법", "모세의 율법"으로도 언급된다(예컨대 마 12:5; 막 12:26; 눅 2:23-24; 요 7:23; 갈 3:10을 보라). 비록 이 언급들이 성경의 처음 다섯 권의 책 안에서 발견되는 내용을 가리키는 것처럼 보인다고 할지라도, 이 명칭들이 훗날 오경이라고 알려지게 될 것과 정확히 어떻게 연관되는지는 불분명하다. 그럼에도 불구하고 이 명칭들을 사용하는 것은 이 책들에서 발견되는 자료의 특징뿐만 아니라 여러 방식으로 이 모음집 안의 핵심 인물인 모세와의 연관성을 반영한다는 점에서 유익하다.

유대교 전통에서 처음 다섯 권의 이 책들은 보통 "율법"(law)으로 번역되는 용어인 **토라**(*Torah*)로 지칭된다. 그러나 사실상 토라는 훨씬 광범위한 의미("교훈" 또는 "가르침"을 포함한다)를 지닌다. 이 명칭은 유대교 전통 안에 있는 히브리 성경의 구조에서 발견될 수 있다. 거기서 정경은 히브리어로 **토라**(*Torah*, 율법/교훈), **네비임**(*Nebi'im*, 예언서), **케투빔**(*Ketubim*, 성문서)이라는 세 부분으로 나뉜다. 각 부분의 이름의 첫 글자를 취하면 **타나크**(*TaNaK*)가 되는데(히브리어에는 원래 자음만 있음을 고려하라—편집자 주) 많은 유대인은 히브리 경전을 이렇게 부른다. 유대교 전통에서 이 다섯 권은 또한 **후마쉬**(*ḥumash*)로 불리기도 한다. 이 단어는 히브리어 단어 "5"와 관련이 되어 있고, 아마도 **하미샤 홈쉐 하토라**(*ḥamishah ḥumshe haTorah*, '토라의 5/5')라는 어구의 단축형일 것이다. 이 히브리어 어구가 그리스어에서 유래했고, 다섯 권의 책을 가리키는 단어인 오경(Pentateuch)이라는 용어의 토대가 되었을 수도 있다(Ska 2006).

'토라'라는 용어가 유대교에서 다양한 방식으로 사용된다는 점을 유념할 필요가 있다. 예컨대 랍비 유대교에서는 모세가 시내산에서 전체 토라를 받았는데 이것은 "문서 토라"와 "구전 토라"의 두 부분으로 구성되었다는 생각이 발전했다. 둘 모두 대대로 전해져 내려왔는데 "문서 토라"는 우리가 성경에서 갖고 있는 형태로 전해졌고, "구전 토라"는 랍비의 가르침들 안에서(Mishnah *Pirke Avot* 1.1을 보라) 전해졌다. 비록 "토라"가 복잡한 용어이고 많은 것을 지칭할 수 있지만, 이번 장에서 우리는 성경 책들의 처음 다섯 권, 즉 문서 토라라는 개념에 초점을 맞출 것이다.

3. 오경의 통일성과 다양성

1) 통일된 모음집

우리는 위에서 오경이 세상의 기원들과 이스라엘 백성의 출현을 묘사하는 하나의 이야기로 읽힐 수 있다고 언급했다. 실제로 다섯 권의 책 각각은 그것에 선행하는 책에 명백하게 연결되어 있고, 오경 전체가 자연스럽게 진행된다.

이 틀 안에서 많은 주제와 신학적 관심 사항들이 반복되는데, 이 또한 오경에 통일성을 부여한다. 예를 들어 모세라는 인물은 창세기에 이어지는 네 권의 책 모두에서 핵심적인 역할을 한다. 만일 오경에 핵심 인물이 있다면 그 사람은 바로 모세로서 그는 이 책들을 하나로 꿰는 역할을 한다. 우리는 또한 창조라는 주제를 주목할 수도 있다. 창조가 세상과 인류의 기원을 개관하는 장들인 창세기 1-2장에서 중요하다는 점은 명백하지만, 그것은 또한 오경 안에서 반복되는 주제이기도 하다. 예컨대 우리는 홍수 이야기(창 6-9장)뿐만 아니라 이스라엘의 이집트 탈출(출 14장)에서도 이 주제가 공명하는 것을 볼 수 있다.

언약(covenant) 역시 반복되는 개념이다. 언약이란 특별한 계약 또는 협정인데 우리는 이 주제를 오경 전체에서 발견할 수 있다. 하나님은 노아와 최초로 언약을 맺고 결코 다시는 물로 땅을 파괴하지 않겠다고 약속한다(창 9장). 훗날 하나님은 아브라함과 그의 가족을 자기의 특별한 백성이 되도록 선택하고(창 12장) 아브라함과 언약을 맺는데, 이는 하나님과 아브라함 사이의 특별한 관계를 가리킨다(창 15장). 나중에는 이스라엘 전체가 선택받은 백성으로 구별되고, 하나님과 이스라엘 사이에 언약이 체결된다(출 20장; 신 6장).

따라서 이 모음집에서 발견되는 등장인물, 주제, 관심 사항에서뿐만 아니라 그 문학적 흐름 안에서도 목적과 연속성을 암시하는 오경의 통일성이 존재한다.

2) 다양하고 복잡한 모음집

오경은 통일된 전체로 읽힐 수도 있지만 우리는 또한 그것이 오랜 세월에 걸쳐 형태를 갖춘, 방대하고 다양한 모음집이라는 것을 유념할 필요가 있다. 이러한 다양성은 우리가 이 책들을 읽을 때 조우하는 다양한 장르와 관점 등 여러 방식으로 관찰될 수 있다.

오경은 주로 내러티브 자료로 구성된 책인 창세기로 시작하는데 그 책은 몇몇 계보와 더불어 세상과 인류의 시작과 이스라엘의 조상 이야기를 개관한다. 두 번째 책인 출애굽기 역시 내러티브를 포함하는데 출애굽기는 이스라엘이 모세의 지도 아래 노예 생활로부터 탈출한 것을 상세히 알린다. 그러나 출애굽기는 오경에서 중요한 또 다른 장르인 율법과 법률 자료를 우리에게 소개한다. 여기서 우리는 시내산에서 받은 이스라엘의 율법―그중에서 가장 유명한 것은 십계명이다―을 최초로 만난다. 오경의 세 번째 책인 레위기는 계속 율법에 초점을 맞춘다. 그러나 레위기는 주로 종교적 관행 및 올바른 삶과 관련된 성결과 제의 이슈들을 강조한다. 반면에 민수기는 이야기, 법, 심지어 인구조사까지 포함하는 다양한 장르의 모음집인데 그것들은 모두 이스라엘의 광야 시기를 이야기한다. 마지막으로 오경의 마지막 책인 신명기는 모세가 죽기 전에 이스라엘 백성에게 전달한 하나의 긴 연설로 제시되지만, 신명기 역시 제의적 요소뿐만 아니라 이야기와 법들까지 포함하는 등 다양한 장르를 갖고 있다. 따라서 오경에서 우리는 (뚜렷이 구별되는 양식을 지닌) 내러티브, 계보, 다양한 법 또는 시와 찬송 같은 다른 장르를 만나는데, 이러한 오경의 자료들은 거의 아무런 예고도 없이 한 장르에서 다른 장르로 넘어가는 경우가 매우 흔하다. 이런 다양한 장르와 그것들의 상호연관성은 하나의 문헌 모음집으로서 오경의 복잡성을 가리킨다.

오경은 그것이 제시하는 관점들에서도 다양하다. 이 중 몇 가지는 이후의 장들에서 더 자세하게 다뤄지겠지만, 몇몇 사례들은 여기서 언급될 가치가 있다. 창세기의 처음 두 장이 두 개의 창조 이야기를 포함하고 있는 것처럼 보인다는 점이 오랫동안 지적되어왔다. 첫 번째 이야기(창 1:1-2:4a)는 초월적이고 "하나님의 눈"의 관점에서 본 창조를 제시하며, 좀 더 시적이고 반복적인 방식으로 쓰였다. 반면에 두 번째 이야기(창 2:4b-25)

는 더 "지상적"이다. 그것은 땅 위에서 발생하며, 자신의 피조물에 대한 하나님의 관여에 초점을 맞추며, 좀 더 유창한 내러티브 방식으로 쓰여 창세기 3장으로 이어진다. 이 두 이야기가 하나로 묶인 이유는 부분적으로는 비록 그것들이 창조 이야기에 대한 서로 다른 관점을 제시하고 있을지라도 서로를 보완하는 것으로 이해되었기 때문인 것처럼 보인다. 다른 사례들도 풍부하다. 족장들의 이야기들은 세부 사항이나 인물을 달리하여 다양한 이야기 안에서 반복하여 언급되고, 신명기는 출애굽기 20-23장에서 발견되는 율법을 수정하고 재가공하는 것처럼 보인다. 그리고 민수기와 신명기는 이스라엘의 광야 방랑 시기에 대한 서로 다른 관점을 제시한다.

이러한 이슈들은 복잡하며 많은 학문적 논의의 주제가 되어왔다. 실제로 다양한 이슈들은 이 모음집의 기원과 생성에 관한 연구에 있어서 중요한 요소들이었으며, 7장에서의 우리의 관심의 초점이다. 그러나 현재로서는 이러한 사례들은 오경이 다양한 목소리와 관점을 보여준다는 사실을 강조한다는 점을 언급할 가치가 있다. 오경이 하나의 통일체로 읽힐 수도 있지만, 그것이 오경의 관점이나 견해의 단일성을 암시하지는 않는다. 오히려 이 이야기는 매우 다양한 목소리를 통해 전해지고, 그 텍스트들의 구조 안에 내장된 대화와 해석과 더불어 다양한 방식으로 생생하고 역동적인 전통에 대해 증언한다.

우리는 왜 이 대목에서 이 이슈들을 강조하는가? 오경이 통일성과 다양성을 모두 보여준다는 사실은 접근법마다 텍스트의 다양한 측면들에 초점을 맞추면서 이 모음집이 읽히고 해석되는 방식에 대한 함의가 있다. 본서 전체를 통해서 우리는 통일성과 다양성 모두 오경을 연구할 때 고려될 필요가 있는 매우 중요한 요소들이라는 점에 대해 탐구할 것이다.

더 읽을 자료

블렌킨숍(Blenkinsopp 1992), 프레타임(Fretheim 1996), 스카(Ska 2006), 카민스키와 로어(Kaminsky and Lohr 2011)를 포함하여 다양한 관점에서 이 모음집에 접근하는 유용한 오경 개론이 많이 있다. 거룩한 텍스트나 탐구의 대상으로 성경에 접근하는 다양한 방법에 관해서는 좀머(Sommer 2015)를 보라. 오경의 통일성과 다양성에 관련된 이슈들은 스카(Ska 2006)의 저술에서 논의된다.

제2장

창세기

1. 서론

성경은—유대교와 기독교 전통의 모든 분파에서—창세기부터 시작한다. 유대교 전통에서 성경 각 책의 이름은 종종 히브리어 텍스트의 첫 번째 단어 또는 시작 부분에 등장하는 중요한 단어에 기초한다. 따라서 유대교 전통에서 창세기는 히브리어 텍스트의 첫 번째 단어이면서, "태초에" 로 번역되는 **베레쉬트**(*Bereshit*)라고 불린다. 창세기의 영어 제목 제네시스(Genesis)는 그리스어 단어 **게네세오스**(*geneseos*)에서 유래하는데, 이 단어에서 "계보"(genealogy)라는 단어가 파생된다. 이 단어는 아마도 그리스어 70인역에서 창세기 곳곳에 나타나는 계보 목록들 안에서 발견되고(창 5:1을 보라), 시작 개념을 나타내기 때문에 제목으로 선택되었을 것이다. 둘 다 이 책에 적합한 제목이지만, 그것들은 유대인과 그리스도인이 공유하고 있는 이 텍스트들을 사용하는 다양한 방식을 상기시켜주는 역할을 한다. 창세기는 오경 중 가장 긴 책이고, 현대의 번역들에서는 50장으로 구성되어 있다.

2. 구조와 내용

창세기의 구조는 다양하게 이해될 수 있다. 그중 한 가지 접근법은 이 책의 곳곳에서 발견되는 "세대들"이라는 뜻의 히브리어 단어 **톨레도트**(*toledot*)의 사용을 검토하는 것이다(창 2:4; 5:1; 6:9; 10:1; 11:10, 27; 25:12, 19; 36:1, 9; 37:2). 이 반복되는 용어에 비추어 보면, 창세기는 창조로부터 아브라함의 가족을 관통하는 세대들에 관한 이야기로 간주될 수 있다. 또 다른 접근법―우리는 이 장과 본서의 다른 곳에서 이 접근법을 따를 것이다―은 창세기를 (비록 길이는 동일하지 않지만) 크게 원역사(primeval history)로 알려진 1-11장과 조상 내러티브들로 지칭되는 12-50장의 두 부분으로 나눈다. 장르 측면에서 창세기는 거의 전적으로 내러티브들로 구성되어 있는데, 여기서 계보들이 하나의 이야기를 마무리하고 독자를 다른 이야기로 인도하는 기능을 한다. 아래에 창세기에 대한 간략한 개요가 제시되는데 여기서 제기되는 많은 이슈들은 본서의 9장(원역사)과 10장(조상 내러티브)에서 좀 더 자세하게 논의된다.

창세기 1-11장은 종종 원역사로 지칭되며 창조 내러티브, 노아 홍수 이야기 같은 유명한 이야기들을 포함하고 있다. 이 장들은 범위에 있어서 더 우주적이고, 성격에 있어서 더 신화적인 경향이 있기 때문에 우리가 창세기의 뒷부분에서 발견하는 이야기들과는 상당히 구별된다.

창세기는 구별되는 두 개의 이야기로 전해지는 창조 이야기(창 1-2장)로 시작한다. 첫 번째 이야기(창 1:1-2:4a)는 세상의 기원들에 관한 하나님의 관점을 제공하며 매우 구조적이고 시적인 방식으로 전달된다. 두 번째 이야기(창 2:4b-25)는 더 친숙한 "지상의" 설명을 제시하며 인간의 창조에 초점을 맞추고 좀 더 이야기다운 방식으로 서술된다. 이 중에서 두 번째 이야기는 뒤따라 나오는 에덴동산에서의 유혹 장면(창 3장)과 자연스럽게 이어진다. 이는 만약 하나님이 선한 세상을 창조했다면 왜 악한 일들이 그렇게 자주 일어나는가를 설명하려고 시도하는 것처럼 보이는 일련의 이야기들 가운데 첫 번째 이야기다. 따라서 창세기 3장에서 아담과 하와의 유혹 이야기가 등장하고, 4장에서는 가인과 아벨 이야기에서 성경에 기록된 최초의 살인으로 이어진다. 창세기 5:1-6:8에서는 창세기에서 중요한 역할을 하는 여러 계보 중 첫 번째 계보가 등장한다. 이 특별한 기사는 아담부터 노아까지의 인류의 이야기를 추적한다. 창세기 6:9-9:29은 노아와 그의 가족 및 대홍수에 관한 이야기를 다룬다. 창세기 10장에 등장하는 또 다른 계보에 이어서 창세기 11장은 바벨탑과 언어의 혼란에 관한 이야기로 시작한다. 창세기 11:10에 또 다른 계보가 나오는데 이 계보는 아브라함에 관한 이야기로 이어지기 때문에 매우 중요하다. 이 장들에서 창조와 그 이후의 타락에 관한 이야기가 발견된다. 여기서는 하나님의 선한 창조로 시작된 세상이 점증하는 불순종과 혼돈 속으로 빠져드는 것으로 묘사된다.

반면에 창세기 12-50장은 조상(또는 족장) 내러티브들로 알려진 내용을 담고 있다. 이 지점에서 창세기의 이야기는 한 가족으로 초점을 좁힌다. 비록 이 장들에서 중요한 역할을 하는 다른 인물들이 있기는 하지만 편의상 우리는 창세기 12-50장에는 기본적으로 이스라엘의 선조들 가운데 세 명을 중심으로 전개되는 세 부분—아브라함 이야기(창 12-25장), 야곱 이야기(창 25-36장), 요셉 이야기(창 37-50장)—이 존재한다고 말할 수 있다.

창세기 11:27에서 이야기는 훗날 아브라함과 사라가 되는 아브람과 사래에게 관심을 돌린다. 창세기 12장은 아브람의 부름과 이후 그 가족의 갈대아 우르(메소포타미아 또는 현대의 이라크)에서 가나안 땅으로의 이주로 시작한다. 아브라함의 부름은 이 이야기에서 아브라함에게 후손을 주겠다는 하나님의 약속과 땅에 대한 약속 등 여러 중요한 요소를 도입한다. 이후 아브라함의 시험과 성공을 묘사하는 많은 이야기가 이어진다(창 12-25장). 한 가지 핵심적인 이슈는 후손의 결여와 관련이 있다. 아브라함과 사라가 늙어가고 있기 때문이다. 결국 기적적으로 아들―이삭―이 태어나고, 그 이야기는 이삭을 통해서 계속된다. 그러나 사라의 시녀 하갈에게서 태어난, 선택받지 못한 아들 이스마엘에 관한 이야기는 이 이야기들을 통해서 줄곧 되풀이되는, 하나님의 선택이라는 중요한 (그리고 어려운) 주제를 도입한다. 아브라함을 소개하는 마지막 장면은 창세기 22장에서 발견되는데, 거기서 그는 약속의 아들 이삭을 제물로 바치라는 요구를 받는다. 비록 이 이야기가 이후의 장들에서 논의되는 바와 같이 대대로 많은 이야기거리를 야기했다고 할지라도, 이 복잡한 장면은 순종적이고 신실한 족장으로서 아브라함의 지위를 강조한다.

이삭이 아브라함과 사라의 아들이기는 하지만 창세기의 이야기에서 그에게 할애되는 지면은 상대적으로 적다. 오히려 그가 아내 리브가를 얻은 이후 이야기는 그들의 아들 야곱과 에서로 빠르게 이동한다(창 25-36장). 아브라함이 믿음과 순종의 모델이라는 것은 분명하지만, 야곱은 좀 더 복잡한 인물이다. 그의 쌍둥이 형인 에서에 이어 곧바로 태어난 야곱의 삶은 시작부터 그의 형과의 경쟁과 갈등으로 가득 차 있다. 야곱은 작은 아들이었지만 그의 교활함과 아마도 도덕적 양심의 결여를 보여주는 일련의 사건들을 통해 아브라함의 계보를 이을 아들이 되고, 그 이야기는 그를 통해서 계속된다. 야곱 이야기의 중요한 요소 중 하나는 그가 "이스라엘"이라고 개명되는 사건인데, 아브라함에게서 나온 백성은 결국 이 이름으로 알려지게 될 것이다.

창세기의 마지막 부분(창 37-50장)은 야곱의 열두 아들과 특별히 요셉에 관한 이야기를 다룬다. 야곱이 요셉을 편애해서 형제들이 요셉이 죽은 것처럼 꾸몄고, 그는 노예로 팔린다. 그래서 편애받던 아들은 그의 가족에게서 멀리 떨어진 이집트로 가게 된다. 일련의 시험과 시련을 겪고 나서 요셉은 자신의 가치를 보여줄 수 있게 되고, 신분이 상승하여 이집트에서 중요한 인물이 된다. 가나안에 기근이 들어 요셉의 형들이 그들의 동생이 외국에서 신분이 상승한 것을 알지 못한 채 식량을 구하기 위해 이집트로 오자 그들은 뜻밖에 재회하게 된다. 요셉은 형제들을 시험한 뒤 자신의 정체를 드러내고 그의 형제들 및 최종적으로는 자신의 아버지와 재결합하게 된다. 그리고 창세기는 바로 여기서 끝난다. 아브라함의 가족은 계속해서 수가 늘어날 것이다. 그러나 가족이 재결합하기는 했지만 그들은 약속의 땅 밖인 이집트에 있다. 그리고 이는 일이 끝나지 않았다는 느낌을 남긴다.

종합하자면 창세기 1-11장은 범위에 있어서 우주적인 일련의 이야기들을 다루는 반면에, 창세기 12-50장은 아브라함을 머리로 하는 한 가족으로 초점을 좁힌다. 그의 자손은 결국 이스라엘 백성이 될 것이다. 그러므로 창세기는 **시작들**(복수형태)―세상과 인류의 시작 및 이스라엘의 조상의 출현―에 대한 이야기다.

3. 주제 및 신학적 이슈

창세기는 매우 중요한 많은 주제―창세기 자체를 이해하는 데 중요할 뿐만 아니라 오경과 실로 더 넓은 히브리 성경을 이해하는 데도 매우 중요한 이슈―들을 소개하는 매력적인 책이다.

주목할 만한 첫 번째 문제는 창세기가 세상과 인간의 본성에 관한 몇몇 중요한 개념들을 소개하고 있다는 것이다. 창조 내러티브들에서 명확히 밝힌 것처럼, 창조된 세상은 본질적으로 선하다(창 1:4, 10, 31). 창조의 선함은 근본적이며 그것을 이스라엘 이야기의 전면에 둘 만큼 충분히 중요하게 여겨졌다. 이와 더불어 첫 두 장은 인간의 본성이 어떤 의미에서 신적으로 불어넣어졌다고 말한다. 인간은 하나님의 형상을 따라 창조되었고(창 1:26), 하나님이 숨을 불어넣었다(창 2:7). 그러나 이것이 전부는 아니다. 이 텍스트의 저자들과 편집자들은 삶이 어렵고 불의, 고난, 죽음이 존재한다는 것을 잘 알고 있었다. 그래서 창세기 3-11장의 이야기들은 불순종, 혼돈, 폭력 같은 개념을 소개하는데 이는 경험된 세상을 이해하기 위한 시도로 간주될 수 있다.

창세기에서 소개되는 두 번째 중요한 주제는 선택된 백성이라는 주제다. 그 이야기는 아브라함과 그의 후손에게 초점을 맞추고 있기 때문에, 이 가족이 하나님에 의해 선택되어 구별되었다는 것은 명백하다. 하나님은 아브라함과 그의 후손을 축복하기로(barak) 약속한다. 그들은 한 민족을 이룰 것이고 가나안 땅을 상속받을 것이다. 여기서 우리는 또한 언약(berit) 개념이 도입되는 것도 발견한다. 하나님은 아브라함 및 그의 자손들과 더불어 자신이 그들의 하나님이 되고, 그들은 자기 백성이 될 것이라는 특별한 계약을 맺는다. 이 언약 개념은 오경의 이어지는 책들에 수록된 이스라엘의 이야기 안에서 지속될 것이다. 그러나 이 선민 개념은 복잡한 문제들도 가져온다. 만약 누군가가 선택되었다면 이는 다른 누군가는 선택되지 않았음을 내포한다. 따라서 "내부자"와 "외부자" 개념은 형제자매, 부모들, 다양한 다른 사람들 간에 분쟁, 갈등, 고통을 가져온다(Kaminsky 2007).

마지막으로 창세기는 우리에게 성경의 하나님을 소개한다. 이 하나님은 어떤 존재인가? 그런데 우리는 즉각적으로 창세기의 첫 두 장에서 이 이슈들의 복잡성을 만나게 된다. 첫 번째 창조 기사에서 하나님(*elohim*)은 초월적이다. 창조 질서에서 완전히 떨어져 있는 하나님(엘로힘)이 단순히 말을 하자 세상이 존재하게 되었다. 두 번째 창조 기사에서 야웨 하나님(*yhwh elohim*)은 내재적이다. 이곳의 하나님은 그의 피조물과 관여하며 땅 위에서 걷고, 말하고, 인간의 창조에서는 (문자적으로) 자신의 손에 흙을 묻힌다. 또한 우리는 홍수 이야기에서 하나님의 성품의 다양한 측면을 본다(창 6-9장). 이스라엘은 자신의 하나님을 정의롭고 요구사항이 많은 거룩한 존재이면서 동시에 자비롭고 책임감 있는 존재로 묘사한다. 하나님의 성품의 이처럼 다른 몇몇 측면들은 이 텍스트들에 하나로 합쳐진 다양한 자료와 전승에서 유래했을 수도 있다. 그럼에도 불구하고 이 전승들이 결합하여 의도적인 긴장 가운데 이런 다양한 차원을 결속시키는 일관성 있는 전체를 형성한다. 창세기의 하나님은 전적인 타자이지만, 자신의 피조물 및 백성에게 친밀하게 관여한다. 그는 거룩하며 또 거룩을 요구하지만 두 번째 기회를 주는 존재로 알려졌다.

독자들은 창세기 1장과 2장의 창조 기사들에서 하나님에 대해 사용된 이름들이 약간씩 다르다는 것을 알아차렸을 수도 있다. 첫 번째 기사는 히브리어 **엘로힘**을 사용하는데 이 단어는 흔히 "하나님"(God)이라고 번역된다. 이 단어는 고대 근동의 다른 곳에서 신(들)을 지칭하는 데 사용된 표준적인 용어였다(엘로힘은 단수나 복수 모두로 간주될 수 있는 명사다). 두 번째 창조 기사는 **엘로힘**을 때로는 **신성4문자**(神聖四文字, *Tetragrammaton*)로 언급되기도 하는, 이스라엘의 하나님의 개인적 이름인 **야웨**(*YHWH*)와 함께 사용한다. 영어 번역들은 대개 이 어구를 "주 하나님"(LORD God)으로 번역한다. YHWH라는 이름은 모음을 포함하고 있지 않기 때문에 어떤 의미에서는 발음될 수 없다. 유대교 전통에서는 이 이름이 발음된 적이 없으며 히브리어 텍스트를 읽을 때 이 단어를 "주"(lord)를 의미하는 또 다른 단어인 **아도나이**(*adonay*)라는 용어로 대체하는 것이 일반적이다. 기독교 전통들에서는 이 이름에 모음을 붙여 야웨(Yahweh)라고 발음하는 것이 좀 더 허용되었다. 오경 전체에서 하나님의 다른 이름들이 발견되는데, 이 점이 초기의 성서비평학자들로 하여금 이 텍스트들에 다양한 자료 또는 전승이 있다고 상정하도록 영감을 준 주요 이슈 가운데 하나가 되었다. 앞으로 우리는 특정한 문맥이 신의 이름들 간의 구분을 요구하지 않는 한 대체로 "하나님"이라는 이름을 사용할 것이다. 하나님과 연관된 대명사 문제는 또 다른 복잡한 이슈다. 비록 그렇게 하는 데 문제가 없는 것은 아니지만 우리는 편의상 이스라엘의 하나님을 가리킬 때 "그"라는 인칭 대명사를 사용할 것이다.

4. 주요 이슈

창세기는 중요한 여러 이슈를 제기하는데 그중 몇 가지는 위에서 제시된 요약에서 다루었다. 실로 창세기는 지난 수 세기 동안 학문적인 성서 연구를 견인했던 많은 이슈들의 기점 역할을 해왔다. 이 이슈들은 본서의 7-10장에서 좀 더 상세하게 다루어질 테지만 우리는 여기서 그것들을 간략하게 강조한다.

첫째, 창세기 및 오경의 다른 책들의 저자와 기원에 관한 문제가 핵심적인 관심 사항 중 하나다. 여러 이슈—두 개의 구별되는 창조 기사가 있다는 인식, 거듭 언급되는 이야기들, 하나님께 사용된 다른 이름들—로 인해 독자들은 창세기의 통일성과 저자에 관해 질문하게 된다. 물론 그 책 자체는 익명이다. 초기 전승은 창세기를 (그리고 전체 오경을) 모세와 연관시켰지만, 확실히 텍스트 안에 그것이 오랜 세월에 걸쳐 하나로 합쳐진 여러 전승을 포함하고 있음을 암시하는 요소들이 존재한다. 우리는 이 이슈를 7장에서 좀 더 상세하게 탐구할 것이다.

두 번째 이슈는 역사에 관한 질문과 관련이 있다. 이 이야기들은 어떤 종류의 이야기인가? 그것들은 역사이거나 역사적으로 정확한가? 그것들은 사실인가? (그리고 사실이란 무슨 의미인가?) 이 질문들은 수 세기 동안 제기되어왔지만 현대에 더욱 두드러지게 되었다. 이는 성경 자료에 빛을 비춰준 고대 근동으로부터의 발견들뿐만 아니라 창조, 진화, 노아의 방주라고 추정되는 것의 발견을 둘러싼 논쟁 같은 사회적·문화적 이슈들에 의해 더욱 가중되었다. 이 이슈들은 복잡하지만 중요하며 우리는 그것들을 9장과 10장에서 좀 더 깊이 있게 논의할 것이다.

위에서 언급된 몇몇 주제와 이슈에 좀 더 많은 지면을 할애하는 유용한 창세기 주석이 많이 있다. 궁켈(Gunkel [1910] 1997)과 폰 라트(von Rad [1956] 1972)의 주석들은 지금은 오래전의 것이지만 여전히 통찰력이 있다. 다른 유용한 주석에는 브루그만(Brueggemann 1982), 웬함(Wenham 1987, 1995), 베스터만(Westermann 1988), 사르나(Sarna 1989), 프레타임(Fretheim 1994a), 그리고 아놀드(Arnold 2008)의 주석이 포함된다. 사르나(Sarna 1966)의 저술은 문학적·역사적 이슈와 관련된 출발점으로 유용하다. 비평적·주제상의 이슈는 에반스, 로어와 페터슨(Evans, Lohr and Petersen 2012) 및 웨닌(Wenin 2001)의 책에 수록된 논문들에서 연구된다. 모벌리(Moberly 2009)와 브릭스(Briggs 2012)는 창세기의 주요 신학적 관심사 가운데 몇몇을 유용하게 소개한다.

제3장

출애굽기

1. 서론

출애굽기는 오경의 두 번째 책이고, 총 40장이며 오경 중 두 번째로
길다. 출애굽기의 히브리어 제목은 "이름들"을 의미하는 단어인 **쉐모트**
(*Shemoth*)다. 이 단어는 이 책의 첫째 절에 등장한다. "야곱과 함께 각각
자기 가족을 데리고 애굽에 이른 이스라엘 아들들의 **이름(들)**은 이러하
니"(출 1:1). 이 책의 영어 제목(Exodus)은 이 책의 첫 번째 부분에서 발생
하는 핵심적인 사건—홍해가 갈라지고 이스라엘이 이집트의 노예 생활
에서 탈출한 사건—에서 유래한다.

2. 구조와 내용

출애굽기는 네 부분으로 나눌 수 있다. 첫 번째 부분(출 1:1-12:36)은 이
스라엘 백성의 이집트 생활에 관해 말한다. 이어서 출애굽기 12:37-
15:21에 수록된 이집트 탈출 이야기가 나온다. 출애굽기 15:22-
18:27은 이집트에서 나온 백성의 첫 번째 이동 단계와 시내산으로 가는
여정을 묘사한다. 이 책의 마지막 부분인 출애굽기 19-40장은 먼저 시
내산에서 최초로 율법을 수여한 것을 묘사하고, 광야에서 사용되었던 이

동형 천막 성소인 성막과 그것의 구조와 사용에 관한 지침에 대한 묘사로 이어진다.

이 책의 서두는 출애굽기의 이야기를 창세기의 이야기에 연결한다. 창세기는 요셉과 그의 아버지와 형제들 그리고 그들의 가족이 이집트에 정착하는 것으로 끝난다. 출애굽기는 이렇게 이주한 야곱의 가족 구성원을 언급하면서 시작한다(출 1:1-5). 그 가족은 시간이 흐르면서 수가 증가하고 번성하여 "온 땅에 가득하게 되었다"(출 1:7). 그 가족은 이제 이스라엘 백성이라고 불리는 하나의 민족이 된다(그들은 히브리 민족이라고도 불린다). 그 내러티브는 요셉과 그의 가족을 향했던 호의가 지속되지 않았고 반란을 두려워한 이집트인들이 이스라엘 백성을 노예로 삼았다고 이야기한다(출 1:8-14). 설상가상으로 파라오는 그들의 증가를 억제하기 위해 이스라엘 백성에게 태어난 아들을 다 죽이라는 명령을 내린다(출 1:15-22).

바로 이 대목에서 모세가 등장한다. 이스라엘 백성인 부모에게서 모세가 태어났는데 그의 부모는 왕의 명령으로부터 그의 생명을 구하기 위해 그를 숨긴다(출 2:1-10). 모세를 더 이상 숨길 수 없게 되자 그의 부모는 그를 물에 뜨는 바구니 안에 눕혀 나일강에 놔둔다. 거기서 모세는 파라오의 딸에게 발견되어 그녀에게 양육된다. 이야기는 곧바로 모세가 성인이 된 시점으로 건너뛰는데, 모세는 어느 시점에 자신의 근본에 대해 인식하게 되었다. 이스라엘 백성에 대한 가혹한 압제를 목격한 모세는 이집트인 감독 중 한 명을 쳐죽인다. 모세는 자신의 생명을 보존하기 위해 미디안으로 달아나 거기서 정착하고 결혼한다(출 2:11-22). 모세는 바로 이때 광야에서 양을 치다가 불타는 덤불 형태로 나타난 하나님에 의해 이스라엘 백성을 노예에서 해방하도록 부름을 받는다. 모세는 주저하고 꺼리지만, 하나님이 모세의 형 아론이 그의 조력자가 될 것이라는 등의 양보를 한 후에 결국 그렇게 하기로 동의한다(출 3:1-4:17).

모세는 이집트로 돌아오고, 아론과 함께 파라오에 맞서 그에게 하나님의 백성을 보내라고 말한다. 파라오는 설득되지 않고, 이 첫 번째 대면은 오히려 역효과를 낳는다. 이스라엘 노예들은 이러한 요구에 대한 처벌로서 이전보다 더 가혹하게 다루어진다(출 5:1-21). 이어지는 출애굽기 7-13장에는 파라오로 하여금 이스라엘 백성을 보내도록 만들기 위해 이집트에 가해진, 강도가 점점 세지는 열 가지 재앙이 등장한다. 이 모든 재앙은 이집트 사람을 괴롭히지만 이스라엘 사람은 괴롭히지 않는다. 파라오의 마술사들이 이 재앙들 중 몇몇을 흉내낼 수 있었는데 이는 모세의 하나님에 대한 의심을 제기했고, 파라오의 마음은 점점 더 굳어진다. 장자의 죽음이라는 마지막 재앙이 발생하기에 앞서 11-12장에는 상당한 분량의 막간 장면이 제공된다. 모세는 백성에게 이 마지막 재앙을 회피하는 방법에 대해 가르친다. 어린 양의 피가 문설주 위에 발라지면 야웨의 천사는 이 표시가 되어 있는 집들을 해치지 않고 넘어갈 것이다. 이것이 이스라엘이 이집트에서 탈출한 것을 기념하는 최초의 유월절 축제가 된다. 파라오의 아들을 포함하여 이집트의 모든 장자가 죽고, 그는 마침내 고집을 꺾고 이스라엘인 사람들에게 떠나라고 동의한다. 이 대목에서 그 이야기는 이스라엘 백성이 이집트에 430년 동안 있었고, 60만 명의 장정(여성과 어린이들은 포함되지 않은)이 이집트를 떠났다고 제시한다(출 12:37-41).

이스라엘 사람들은 길을 서두르지만, 파라오는 다시 변심해서 이 민족을 뒤쫓는다. 이스라엘 사람들은 하나의 수역(水域)―홍해―에 가까워지고 있고, 뒤에서는 파라오의 군대가 그들을 쫓아오고 있다. 하나님은 모세에게 그의 손을 물 위로 뻗으면 물이 갈라질 것이라고 말한다. 바다가 갈라지고 이스라엘 백성은 안전하게 건너지만, 물이 돌아와 파라오의 군대는 익사한다. 이후 몇 장들(출 16-18장)은 이스라엘 백성이 시내산으로 간 여정에 관해 개관하는데, 시내산은 오경의 이야기에서 핵심적인 장소다.

이 지점까지 출애굽기에 수록된 많은 내용은 내러티브와 이야기 종류다. 그러나 출애굽기 19장부터 전환이 일어난다. 이 책의 나머지 부분은 모세에게 주어진 신적 계시를 개괄하며 좀 더 법률적인 특징을 보인다. 백성은 시내산 기슭에 진을 치고, 하나님은 백성과 언약을 맺자고 제안한다(출 19:3-8). 모세가 하나님으로부터 율법을 수여받아 그것을 이스라엘 백성에게 전달한 곳이 바로 시내산이다. 첫 번째로 전달된 것―십계명―이 아마도 이스라엘 율법의 가장 중요한 요소일 것이다(출 20장). 십계명은 이스라엘이 하나님과 자신의 동료 인간들에게 어떻게 관계를 맺어야 하는지에 대한 광범위한 지침을 제공한다. 이후 몇 개의 장(출 20-23장)은 범죄, 폭력, 사유재산 인정, 정의 문제, 안식일, 한 해의 절기 등에 관련된 법들을 포함하는 율법의 다양한 측면에 관한 윤곽을 제시한다.

출애굽기의 마지막 부분인 25-40장은 하나님이 그의 백성이 광야에 머무는 동안 그들과 어떻게 거할 것인가에 관한 질문을 다룬다. 그 대답은 하나님이 백성의 광야 여정에 동행할 이동식 천막 성소인 성막에 거주하는 것이다. 이 장들은 이 성막이 어떻게 건축되어야 하는지에 대한 지시들을 제시하고, 이어서 이 천막 성소의 건축뿐만 아니라 여러 장식과 제단들, 그리고 그것이 적절하게 운영되고 관리되게끔 보장하기 위해 필요한 제사장의 성별에 관해 서술한다(율법과 성막에 관한 좀 더 상세한 설명은 본서의 12장에서 제시될 것이다).

3. 주제와 신학적 이슈

출애굽기는 오경의 이야기 안에서, 그리고 좀 더 넓은 성경의 전승에서 중요한 많은 이슈를 도입한다.

맨 먼저 주목할 점은 모세의 등장이다. 만일 오경에 (하나님을 제외하고) 주된 등장인물이 있다면 그 사람은 바로 모세다. 그는 출애굽기 2장에서 등장한 이후 신명기의 끝까지 중심인물 역할을 한다. 모세는 창세기를 제외하고 오경의 나머지 네 책에서 핵심인물이다. 그는 또한 성경 전승에서 가장 존경받는 지도자이고, 예언자, 제사장, 왕, 그리고 이 모든 역할이 하나로 통합된 존재로 기능하는, 여러모로 전형적인 지도자다. 모세의 중요성은 그가 아브라함처럼 유대인들뿐만 아니라 그리스도인과 이슬람교도에게도 중심적인 인물이 되었다는 사실로 미루어 알 수 있다.

출애굽기에서 제기되는 또 다른 주요 이슈는 하나님이 자기 백성이 곤궁할 때 그들의 음성을 듣고 그들에게 응답한다는 구원 개념이다. 이집트 탈출이라는 근본적인 이야기는 종교계 및 세속적인 문화 모두에서 매우 중요하게 여겨졌다. 출애굽 이야기는 유대교에서 유월절 축제의 토대이고, 기독교 신학과 관행에서도 핵심적인 요소였다. 그것은 미국에 노예제도가 있던 시기에 흑인영가에 영감을 주었을 뿐만 아니라 성경의 하나님은 가난하고 억압받는 자들을 편애한다는 해방신학의 주장에도 영감을 주었다. 그리고 출애굽 이야기는 21세기에 이르기까지 대대로 많은 예술가와 영화 제작자의 상상력을 사로잡았다. 출애굽 이야기만큼 큰 영향을 끼친 이야기는 거의 존재하지 않았는데, 이것은 의심할 나위 없이 구원에 대한 강력한 초점과 연결되어 있다.

마지막으로, 우리는 출애굽기에서 처음으로 이스라엘과 하나님 간의 집단적 언약을 목격하고, 이 책에서 토라의 법들을 소개받는다. 이런 법들 중 가장 유명한 것은 물론 십계명이다. 그러나 율법은 십계명보다 훨씬 많은 것을 포함하며 오경에서 레위기, 민수기, 신명기를 통해 확대될 것이다. 우리는 이미 출애굽기에서 이 율법들이 단순한 법적인 규칙 이상이라는 점을 보았다. 오히려 율법들은 모든 인간 행동이─하나님이나 동료 인간 또는 창조된 세상과 관련되든 간에─중요하다는 사실을 지적한다.

4. 주요 이슈

창세기처럼, 출애굽기 또한 많은 비평적 질문의 주제가 되어 왔다. 이 중 몇 가지 이슈는 출애굽기 11-13장에서 더 상세하게 다뤄지겠지만, 몇몇은 여기서 언급될 가치가 있다.

우리가 출애굽기를 연구할 때 직면하는 많은 이슈는 대체로 그 이야기들의 역사성과 관련이 있다. 고대 시절부터 독자들을 흥미롭게 했던 문제 중 하나는―만일 그 일이 일어났다면―어떻게 그렇게 많은 물이 갈라져 이스라엘인들이 그 가운데를 지나갈 수 있었는가와 관련이 있다. 학자들은 오랫동안 이 현상을 자연 발생적인 관점에서 설명하기 위해 이를 다양하게 재구성했다. 심지어 성경 텍스트 자체가 강한 바람이 이 사건에서 큰 역할을 했다고 말하는 것을 주목할 만하다(출 14:21). 그러나 성경 텍스트는 그 사건은 모두 하나님의 주도로 발생했다는 점도 명백히 밝힌다. 이와 관련하여 출애굽의 경로와 관계가 있는 질문도 있다. 텍스트상으로는 어디서 그 물을 건넜는지가 명확하지 않으며, "홍해"는 지류들을 포함해서 큰 물을 가리키기 때문에 이 이름은 정확한 위치를 규명하는 데 그리 유용하지 않다. 이로 인해 호기심 많은 지성인―학자와 아마추어―이 가능한 횡단 위치를 정확하게 규명하기 위해 다양한 가설을 제시했다.

출애굽기에서 제기된 또 다른 핵심 문제는 이집트를 떠났다고 언급되는 이스라엘 백성의 수와 관련이 있다. 앞에서 언급했듯이 성경 텍스트에서 이 수는 장정만 해도 60만 명이 넘는다. 이 숫자에 여성과 아이들을 추가하면 여행자들의 수는 동물을 제외하고도 2~3백만 명에 이를 것이다. 이 수는 터무니없이 많아 보인다. 이렇게 많은 수가 광야에서 생존하기는 고사하고, 그 수역을 건널 수도 없었을 것이다. 이는 많은 비평적 가설들로 이어졌는데, 우리는 이 이슈들 및 그에 관련된 이슈들을 11장에서 더 깊이 논의할 것이다.

차일즈(Childs 1974), 프레타임(Fretheim 1988), 프로프(Propp 1999), 메이어스(Meyers 2005), 도즈먼(Dozeman 2009)의 주석은 출애굽기에 관한 유용한 주석서다. 출애굽기에 나타난 다양한 역사적·문학적 이슈에 관한 매력적인 소개는 사르나(Sarna 1986)의 저술에서 찾아볼 수 있다. 도즈먼, 에반스와 로어(Dozeman, Evans and Lohr)의 논문 모음집(2014)은 출애굽기의 다양한 비평적·해석적 문제들에 관한 유용한 개론이다. 출애굽과 역사에 관련된 몇몇 이슈들은 헨델(Hendel 2005)의 저술에 유용하게 제시되어 있다.

제4장

레위기

1. 서론

오경의 중앙에는 레위기가 위치하고 있으며 이 책은 총 27장으로 오경 중에서 가장 짧다. 이 책의 히브리어 제목은 **바이크라**(*Vayikra*)인데, 이 책의 히브리어 텍스트의 첫 번째 단어―종종 "그리고 그가 불렀다"로 번역된다―에서 유래했다. 영어 제목(Leviticus)은 그리스어 구절 **레우이티콘 비블리온**(*leuitikon biblion*)으로 소급되는데, 이 어구는 이 책을 이스라엘의 종교적 직무들에서 제사장들을 도왔던 사람들인 레위인들과 연관시켰다. 이 책은 엄격하게 레위 부족이나 제사장들의 의무들에 관한 것은 아니지만 종교적·제의적 문제들에 큰 관심을 보인다.

2. 구조와 내용

레위기는 율법, 지시, 제의에 관한 책이며 때때로 간략한 내러티브가 삽입되어 있다. 이런 구분에 들어맞지 않는 몇몇 텍스트가 있기는 하지만, 이 책은 두 개의 주요 부분으로 나눠진다. 레위기 1–16장은 제의적 지시들을 포함하여 제사장과 관련된 내용을 많이 포함하고 있다. 레위기 17–26장은 거룩한 삶을 사는 것과 관련된 다양한 이슈들을 다루며 따라서 이를 "성결 법전"(Holiness Code)이라고 부르고 때때로 "H"라는 기호로 나타낸다.

앞에서 출애굽기는 창세기의 이야기가 끝나는 곳에서 시작된다고 언급했다. 비슷한 방식으로 레위기는 출애굽기에 이어진다. 이 책은 여전히 시내산에 진을 치고 있던 이스라엘 사람들과 함께 시작하고, 계속해서 백성들을 위해 모세에게 주어지는 하나님의 지침들을 전달한다(레 1:1). 사실 이 책은 거의 시간을 허비하지 않고 곧바로 관심사로 이동해서 처음 일곱 장에서는 이스라엘 사람들이 바쳐야 하는 다양한 희생제물들과 제사들―번제(레 1장), 소제(레 2장), 화목제(레 3장), 속죄제(레 4:1-5:13), 속건제(레 5:14-6:7)―을 다룬다. 8-10장에서는 제사장들의 역할과 그들이 그 직무에 지명되는 방법에 관한 논의로 주제가 이동한다. 이어지는 장들(레 11-15장)은 정결에 관련된 이슈들, 또는 무엇이 정하다고 간주되고, 무엇이 부정하다고 간주되는지에 관해 다룬다. 여기서 음식, 출생, 피부병과 관련된 정결 이슈들과 그것들이 어떻게 다뤄져야 하는지에 관한 규정이 제시된다. 이어서 16장은 성소와 백성의 영적인 정화를 위해 따로 구별된 날인 대(大)속죄일(Yom Kippur)을 논의한다.

이 책의 나머지의 대부분은 주로 성결 문제와 관련이 있다. 레위기 17장은 적절한 도축과 피를 먹는 것의 금지를 다룬다. 이어서 성관계에 관한 지침들(레 18장)과 거룩한 삶을 살기 위한 다양한 지시들(레 19장)이 등장한다. 율법과 윤리는 레위기에서, 그리고 실로 오경의 다른 곳에서 분리될 수 없음을 유념해야 한다. 따라서 우리는 예수가 신약성경에서 율법에 대한 자신의 요약 부분으로 사용한 유명한 구절인 레위기 19:18―네 이웃 사랑하기를 네 자신과 같이 사랑하라―를 발견한다. 이 진술은 윤리적인 삶을 사는 것과 관련된 다른 많은 법들 근처에서 발견되지만 이러한 윤리적인 지침들은 다른 법적·제의적 사안들 안에, 그리고 그 가운데 놓여 있다. 이후의 몇 장은 제사장의 직무에 대한 지침을 다루고(레 21-22장), 더 나아가 희생제사, 종교력, 매년의 절기들에 관한 내용을 다룬다(레 22-23장). 25장에서 안식일과 희년에 관한 규정이 개괄되고, 26장은 이스라엘이 하나님과 맺은 언약을 준수하는지(또는 아닌지)에 관련된 다양한 축복과 저주를 포함한다. 마지막 장인 27장은 일종의 부록으로서, 하나님께 드리는 제물과 헌물에 관련된 잡다한 규정을 이야기한다.

3. 주제와 신학적 이슈

레위기는 유대교에서 매우 중요하며, 오늘날 많은 유대인이 여전히 따르고 있는 많은 명령을 포함하고 있다. 코셔(kosher) 음식법, 종교력, 절기에 관한 규정 같은 이슈들은 레위기의 법령들에 기초하고 있다. 반면에 이 책은 읽기 어려울 수 있고 많은 이들에게 적실성이 없는 것으로 여겨지기 때문에 기독교 전통에서는 종종 간과된다. 그럼에도 불구하고 레위기에서 탐구되는 주제들은 히브리 성경의 세계를 이해하는 데 있어서 중요하며, 신약성경에서 제기되는 다양한 문제를 파악하는 데도 도움이 될 수 있다. 레위기에서 논의된 이슈들은 초기 그리스도인들을 포함하여 제2성전기의 다양한 집단이 고심했던 여러 문제의 기저를 이룬다. 예컨대 성결과 관련된 문제들은 (사해문서들이 발견된) 쿰란 유대 공동체의 중요한 관심사였던 것처럼 보인다. 그리고 우리는 미쉬나를 통하여 서력기원의 초기에 출현한 랍비 유대교가 토라에 수록된 율법과 법적 자료들을 해석하는 데 큰 관심을 기울였다는 것을 알고 있다. 게다가 정결에 관련된 문제들은 복음서에서 예수와 동시대의 다른 몇몇 유대인 집단 간에 되풀이되는 논쟁점이고(막 7장) 이후 베드로와 초기 교회의 몇몇 사람들은 정한 음식 및 부정한 음식과 관련된 어려운 문제에 직면했다(행 10장). 이 모든 것들은 토라의 율법, 특히 레위기 안에서 그 계기를 발견하는데, 우리는 이로 미루어 이 텍스트와 전승들이 유대교와 기독교 형성 단계에서 중요한 영향을 끼쳤음을 알 수 있다.

독자들은 오경에서 많이 언급되고 있는 율법과 법적인 사안들을 어렵다고 생각할 것이다. 그러나 율법과 내러티브(그리고 실로 다른 장르들) 모두 하나님께로부터 나온 지침인 토라의 일부분으로 여겨지고 있음에 주목할 필요가 있다. J. W. 와츠(1999)는 오경의 법과 내러티브는 함께 읽을 때 더욱 설득력 있는 수사가 되어 청자(그리고 독자)들에게 그것들의 적실성을 확신시키게끔 형성되었다고 주장한다(우리는 12장에서 이 주제를 다시 다룰 것이다). 특별히 레위기와 관련하여, 그 텍스트의 내러티브 세계와 그것의 제의적 요소들이 레위기 안에서 함께 작동하는지에 관한 연구들이 수행되었다(Bibb 2009). 따라서 오경의 법적 요소들이 현대의 독자들에게 얼마나 어렵게 보이든 간에 그것들은 토라의 중요하고 필수적인 요소이며, 다른 장르들 및 더 넓은 모음집으로부터 분리되어서는 안 되고 실제로 분리될 수도 없다.

4. 성결, 정결, 제의

중요하고 서로 연관된 다양한 이슈들이 레위기 전체를 관통하지만 그중에서 가장 핵심적인 요소들은 성결과 정결 그리고 제의다. 레위기는 성결과 관련된 언어로 가득하다. 이 세계관의 핵심적인 특징은 하나님은 거룩하고 구별되어 있으며, 이스라엘과 그 공동체의 일부분인 개인들을 포함하여 자신을 위해 구별된 것들에게도 거룩하라고 요구한다는 개념이다 (레 11:44-45; 19:1-3). 이 성결은 이스라엘의 삶의 다양한 측면과 관련이 있고, 다양하게 기능하는 것처럼 보인다. 따라서 사람들이 거룩하다고 여겨질 수 있고(제사장들과 대제사장), 장소들의 거룩함 수준이 다르며(진 밖, 진 안, 성막 근처와 내부), 한 해의 특정한 시기들은 다른 시기들보다 더 거룩한 것으로 간주된다(안식일과 절기들은 거룩한 날들이며 대속죄일은 일년 중에서 가장 거룩한 날로 여겨진다).

성결 개념은 정결 개념 및 부정 개념과 관련된다. 만약 어떤 것이 거룩하다면 그것은 정결하거나 깨끗하다. 반대로 만약 어떤 것이 부정하거나 깨끗하지 않다면 그것은 거룩하지 않다. 성결 개념들과 마찬가지로 정결 개념도 복잡하다. 최근의 연구는 레위기 안에 정결함의 다양한 측면들, 특히 제의적 정결과 도덕적 정결이 존재함을 발견했다. 몇몇 경우에는 도덕적으로 옳지 않거나 사악하기 때문에 부정한 것들이 있다. 그러나 레위기에서 항상 그런 것은 아니다. 특히 레위기 11-16장은 출산이나 피부병 같은 자연적인 현상도 누군가를 부정하게 만드는 많은 이슈를 다룬다. 이런 경우에 해당하는 사람이 도덕이나 죄와 어떤 관련이 있는 것으로 보이지 않으며, 그저 제의적인 의미에서 부정할 뿐이다. 실제로 그런 사람들은 새롭게 정결한 상태로 이끌어주는 제의에 참여함으로써 제의적으로 정결해질 수 있다. 따라서 레위기에서 정결에 관련된 이슈들이 매우 중요하지만 그것들은 실제로는 상당히 복잡하며, 독자들은 깨끗하지 않음이나 부정함이 항상 부도덕이나 죄와 동등하다고 가정하지 않도록 주의할 필요가 있다.

레위기에 만연한 마지막 주제는 제의다. 특히 레위기에서 발견되는 제의들은 사람들로 하여금 부정으로부터 정결로 옮겨갈 수 있는 길을 제공한다. 레위기에서는 희생제사와 제물들이 특별히 중요하다. 그러나 성결 개념 및 정결 개념과 마찬가지로 성경의 텍스트는 제의 일반, 그리고 특히 희생제사 근저의 논리에 관해 명확하게 밝히지 않는다.

성결, 정결, 제의에 관한 이러한 이슈들의 핵심은 사회 규범과 정체성을 정의하는 데 도움이 되는 경계들에 관한 것이다. 이러한 관심사들은 광범위한 영역에 초점을 맞추며, 음식, 의복, 성적 관습, 몸의 유출, 중요한 시간이나 장소 같은 사안들을 다룬다. 그러나 T. E. 프레타임이 언급한 것처럼, "이스라엘에게는 이런 구별이 종교의 영역 안으로 통합되었다. 이런 것들이—전체 창조질서에 대한 함의가 있으며—공동체의 완전성과 안정성, 그리고 실로 거룩에 긍정적으로나 부정적으로 영향을 미치기 때문에 그들은 하나님을 기쁘게 하거나 화나게 하는 것들을 식별한다"(1996: 132).

5. 중요한 이슈

레위기를 둘러싼 핵심적이고 중요한 질문 중 하나는 제의의 장소 및 기능, 그리고 정결에 관련된 레위기의 언어와 세계관을 어떻게 이해할 것인가다. 성결, 정결, 제의와 관련된 규칙들은 그저 미신일 뿐인가? 그것들은 고대의 위생이나 윤리에 관한 개념들과 관련이 있는가? 아니면 이런 이슈를 전체적으로 이해할 수 있게 해주는 기저의 구조가 존재하는가? 이러한 정결과 제의적 요소들의 특징과 기능을 설명하기 위한 다양한 이론과 모델이 제시되었다. 우리는 12장에서 그런 이론 몇 가지를 논의할 것이다.

더 읽을 자료

밀그롬(Milgrom 1998, 2000, 2001), 레빈(Levine 2003), 와츠(Watts 2013)의 레위기 주석들은 특히 유용하다. 정결이나 성결 이슈들에 관해서는 프레타임(Fretheim 1996)과 와츠(Watts 2007)가 유용한 개론을 제공한다. 레위기와 관련된 중요한 이슈는 렌토르프와 쿠글러(Rendtorff and Kugler 2006), 뢰머(Römer 2008)의 논문 모음집에 수록된 논문들에서 논의된다. 레위기의 신학적 측면들은 로어(Lohr 2012)의 저술에 유용하게 소개되어 있다.

제5장

민수기

1. 서론

오경의 네 번째 책은 유대교 전통에서는 **베미드바르**(*Bemidbar*)라고 불린다. 이것은 히브리어 텍스트의 다섯 번째 단어인데 "광야에서"라는 뜻이다. 앞으로 살펴보겠지만 이는 이 책에 매우 적절한 이름이다. 영어 제목 "숫자들"(Numbers)은 이 책의 그리스어 제목 **아리트모이**(*Arithmoi*)에서 유래한다. 이는 아마도 민수기 1장과 26장에 나오는 두 개의 상세한 인구조사 목록에서 유래했을 것이다.

2. 구조와 내용

민수기를 이해하는 데 있어서 가장 큰 어려움 가운데 하나는 이 책이 다양한 장르를 포함하고 있다는 점이다. 이 책은 모세를 따라 광야를 통과한 사람들을 열거한 목록(민 1-4장)부터 정결 규례(민 5-6장), 법전(민 15장; 19장; 27-30장; 33:50-36:13), 헌물 목록(민 7:12-83), 승리의 노래(민 21:14-15, 21:27-30)까지 무작위로 이동한다. 이 책의 구조에 관해 다양한 이론이 존재하지만, 어떤 이론도 합의를 이끌어내지 못했다. 우리가 여기서 따를 제안은 민수기를 세 부분으로 나눈다. 1-10장은 시내산을 떠나기 위한 이스라엘의 준비를 개괄한다. 11-20장에서는 시내산 기슭에서의 생활 이후 광야에서의 생활이 이야기된다. 마지막으로 20-36장에서 이야기는 새로운 세대와 약속의 땅 바로 밖에 있는 모압으로 향하는 이스라엘의 여정으로 전환한다.

그 앞의 출애굽기와 레위기의 경우에서처럼 민수기는 그것에 선행하는 레위기에 이어지는 것으로 제시된다. 민수기 1장에서 이스라엘 백성은 여전히 시내산에 진을 치고 있고, 하나님이 모세에게 출발을 위한 준비로 백성의 인구를 조사하라고 말한다. 이어지는 장들은 이스라엘 백성이 시내산을 떠난 이후 그들의 지파와 가문에 따라 진을 치는 방법에 대한 지침뿐만 아니라 성막을 운반하는 지침을 설명한다(민 2-4장). 5-10장은 특별한 맹세와 제사들을 포함하여 백성의 정결에 관련된 많은 이슈를 설명한다.

이스라엘 사람들은 민수기에서 (그리고 다른 곳에서) 그들의 지파에 따라 구분된다. 이 지파들은 야곱의 아들들로부터 유래한다고 언급되며 그 아들들의 이름이 지파들의 이름이 된다. 르우벤, 시므온, 유다, 잇사갈, 스불론, 에브라임, 므낫세, 베냐민, 단, 아셀, 갓, 납달리가 이 지파들의 이름이다. 야곱의 아들 중 두 명은 열두 지파에 포함되지 않는다. 레위의 후손들은 따로 분리된 집단인 레위인이 되는데 거기서 제사장 계층이 나올 것이다. 야곱의 총애 받는 아들이었던 요셉에게는 그의 두 아들—에브라임과 므낫세—에게 지파 자격이 주어지는데, 이는 확실히 요셉에 대한 예우였다. 아무튼 이러한 구분은 히브리 성경 전체에서 이스라엘 사람들의 정체성의 중요한 부분이다.

민수기의 두 번째 부분(민 10:11-20:13)에서 민수기는 좀 더 내러티브다운 문체로 돌아가 이스라엘의 시내산 출발과 광야 여정에 관한 이야기를 들려준다. 이 장들은 백성들 사이에서의 변화를 강조하며, 광야 이야기에 반역과 궁극적으로는 죽음을 도입한다. 11장에서 백성들은 식량 부족에 관해 불평하기 시작하고 음식물이 제공된다. 이어서 모세의 조력자들인 미리암과 아론이 그의 지도력에 대해 질투하게 되고, 모세에게 도전한다(민 12장). 그리고 이 책에서 중요한 장면 중 하나인 열두 정탐꾼 이야기가 묘사된다(민 13-14장). 하나님은 이스라엘 백성을 가나안의 남부 경계 쪽으로 나아가게 한 후, 열두 지파에서 각각 한 명씩을 보내 그들에게 주어질 땅을 정탐하라고 명령한다. 정탐꾼들은 나가서 정탐활동을 한 후 상반된 메시지를 가져온다. 한편으로 그 땅과 그곳의 소산물은 아름답다. 다른 한편으로 그곳 사람들은 강하고 그들의 도시들은 요새화되어 있다. 정탐꾼 가운데 두 명—여호수아와 갈렙—은 이스라엘 백성에게 앞으로 나아가 그 땅을 점령하라고 촉구한다. 그러나 이스라엘 백성은 그것이 너무 위험하다고 생각해서 앞으로 나아가지 않기로 한다(민 14:1-12).

민수기는 이러한 신뢰 결여 때문에 하나님이 이스라엘 백성을 포기하고 그들을 멸망시키기 원한다고 이야기한다. 모세가 이 일이 발생하지 않도록 중재한다. 하나님은 마음을 누그러뜨리고 이스라엘 백성을 용서한다. 그러나 이집트를 떠나서 하나님의 기적적인 역사를 보았음에도 믿음으로 가나안으로 들어가기를 거부한 모든 세대가 광야에서 죽을 것이라는 처벌이 내려진다(민 14:20-25). 민수기에 따르면 이것이 이스라엘 백성이 광야에서 40년간 방랑 생활을 하게 된 이유다.

여러 차례의 추가적인 반역과 폭동 시도 이후 민수기 20장부터 뚜렷한 전환이 시작되어서 옛 세대가 지나가고 새로운 세대가 전면에 등장하게 되는 변화가 진행 중임을 암시한다. 우선, 모세의 누이 미리암이 죽는다(민 20:1). 이어서 모세와 아론이 불순종의 행위 때문에 백성과 함께 약속된 땅에 들어가지 못하게 되는 이유를 설명하는 또 다른 에피소드가 언급된다(민 20:2-13).

이어지는 장들에서 백성은 가나안으로 향하고, 그 과정에서 다양한 민족과 지도자를 만나며, 마침내 약속의 땅 바로 동쪽에 있는 모압에 도착한다(민 21-25장). 민수기 22-24장에서 이스라엘 백성과 예언자 발람—모압 왕이 이스라엘을 저주하기 위해 그를 고용했다—간의 조우는 특별히 주목할 만하다. 일련의 차질로 인해 발람은 이스라엘을 저주하지 못하고, 결국 그들에 대하여 축복을 선언한다. 마지막으로, 민수기 26장에서 이스라엘 백성의 두 번째 인구조사가 실시되고, 27장에서 모세는 그의 지도자직을 여호수아에게 이양하여 이스라엘의 여정의 다음 단계를 위한 무대를 설정한다. 이 책은 백성이 어떻게 가나안 땅에 들어갈 것인지 그리고 그 땅이 지파들 사이에 어떻게 분배될 것인지에 관한 지침들로 끝난다(민 32-35장).

3. 주제와 신학적 이슈

민수기 전반에 걸쳐 다양한 주제가 등장하는데, 우리는 여기서 세 가지 중요하고 상호 연관된 주제인 신뢰와 반역, 광야 방랑, 세대들에 초점을 맞출 것이다.

이 책 전체에서 신뢰와 반역을 대조하는 많은 이야기가 나온다. 자기들의 상황에 대해 불평하는 이스라엘 백성, 모세의 지도력에 대한 문제 제기, 열두 정탐꾼과 그들 사이의 관점의 차이에 관한 이야기들은 사례의 일부일 뿐이다. 믿음 없음과 반역에 관한 이 이야기들 중 다수(그러나 전부는 아니다)는 이 책의 전반부에서 발견된다. 후반부에서 우리는 어떻게 믿음이 회복되고, 하나님과의 관계가 재정립되는지를 보기 시작한다. 반역에서 신뢰로의 이러한 이동은 우리를 두 번째 주제인 광야 방랑으로 데려간다.

열두 정탐꾼의 에피소드 이후 이스라엘은 (신실하지 못한) 옛 세대가 모두 죽고 새로운 세대가 약속의 땅에 들어갈 채비를 갖출 때까지 광야에서 40년 동안 방랑하게 될 것이라는 말을 듣는다. 따라서 이 광야 시기는 어떤 측면에서는 이집트를 떠났으나 가나안에 들어갈 만한 믿음이 없었던 세대에 대한 처벌로 보일 수도 있다. 그러나 이 시기는 처벌 이상이다. 그 시기는 이스라엘이 약속의 땅에 들어가기 전에 정화와 연단을 거친 시간으로 볼 수도 있을 것이다. 사막 또는 광야를 시험과 정화의 시기로 보는 생각은 유대교와 기독교 모두에서 기본적인 토대가 된다. 예컨대 예수가 광야에서 보낸 시기(40일; 마 4:1-11)는 확실히 이스라엘이 광야에서 보낸 시기를 모델로 삼고 있다.

여기서 언급해야 할 마지막 주제는 민수기 1장과 26장에 기록된 두 번의 대대적인 인구조사를 통해 두드러지게 드러나는, 세대들에 관한 것이다. 민수기는 명백히 두 세대를 불신실한 세대와 신실한 세대, 반역적인 세대와 신뢰하는 세대로 나란히 놓는다. 이 이야기가 내러티브 효과를 고조시키기 위한 방식으로 제시되고 있음을 가리키는 요소들이 존재한다(40년 동안 첫 세대 사람들이 모두 죽음으로써 이뤄진 세대 간 분리는 아주 깔

끔하고 명확하다. 신실하지 않은 세대와 신실한 세대 사이의 광범위한 대조도 마찬가지다. 그럼에도 불구하고 요점은 명백하다. 시련과 곤경이 찾아오기 마련인데 각 세대는 반역할 것인지 또는 신실할 것인지, 즉 믿음이 없었던 사람들의 발자취를 따를 것인지 아니면 신뢰하기로 작정했던 사람들의 발자취를 따를 것인지를 선택할 기회를 갖는다[Kaminsky and Lohr 2011]).

4. 중요한 이슈

하나의 중요한 이슈는 이스라엘 사람들의 수에 대한 질문인데 이는 이미 출애굽기와 관련하여 제기된 이슈다. 민수기 기사는 광야를 통과하여 이동한 이스라엘의 인구를 약 200만 명으로 제시한다. 카민스키와 로어는 이렇게 말한다.

> 이 문제는 쉽게 해결되지 않는다. 아마도 그 수들은 출애굽기 1:7이나 민수기 22:3 같은 텍스트들이 암시하는 것처럼 이스라엘에 대한 하나님의 축복을 강조하기 위하여 과장되었거나 최상급으로 표현되었을 것이다. 대안적인 해석을 들자면, 몇몇 학자에 따르면 1,000을 가리키는 데 사용되었던 히브리어 단어 **엘레프**(*eleph*)는 군대 또는 가족 단위를 나타낼 수도 있었다. 그러면 그 수는 전체적으로 약 6,000명의 군인 또는 20,000명의 이스라엘 사람으로 줄어들 것이다. 그런 숫자는 당시 고대 근동의 인구 추계와 좀 더 부합할 것이다(2011: 126).

이스라엘이 본래 가나안 토착민이었다고 상정하는 이론 등 다른 이론들도 존재한다. 그런 해석에서는 광야 방랑은 약속의 땅으로부터의 추방과 백성의 강제 이주에 대한 투영으로 간주된다. 우리는 본서의 13장에서 이 문제를 다시 다룰 것이다.

두 번째 중요한 이슈는 민수기의 구조 및 구성과 관련이 있다. 학자들은 오랫동안 이 두 이슈를 어떻게 이해하는 것이 가장 좋을지 씨름해 왔다. 현재 학자들이 생각하고 있는 방향 중 하나는 민수기가 출애굽기와 레위기에 나타난 제사장 전승을 신명기에서 발견되는 전승과 연결하기 위한 방편으로 등장했다고 주장한다. 이는 민수기에 구조가 없는 이유를 설명하는 데 도움이 될지도 모른다. 민수기의 본래 목적이 이처럼 서로 다른 전승들을 연결하기 위한 것이었을 수도 있기 때문이다. 이 문제에 대한 더 자세한 내용은 본서의 7장에서 찾아볼 수 있다.

더 읽을 자료

민수기에 관한 유용한 주석으로는 웬함(Wenham 1981), 밀그롬(Milgrom 1990), 올슨(Olson 1996), 레빈(Levine 2003)의 주석이 있다. 이 책의 구조 및 세대들이라는 주제는 올슨(Olson 1985)의 저술에서 논의된다. 민수기와 관련된 중요한 이슈는 뢰머(Römer 2008), 프레벨, 샤르트와 폴라(Frevel, Schart and Pola 2013)의 저술에서 연구된다.

제6장

신명기

1. 서론

신명기는 오경의 다섯 번째이자 마지막 책으로서 34장으로 구성되어 있다. 유대교 전통에서 이 책의 이름은 히브리어 텍스트의 두 번째 단어인 **데바림**(*Devarim*)인데, 그 뜻은 "말들"(words)이다. 영어 제목(Deuteronomy, 듀트로노미)은 "두 번째 법"을 의미하는 그리스어 역본의 **듀테로스 노모스**(*deuteros nomos*)라는 어구에서 유래하는데, 이 어구는 히브리어 어구 "율법의 반복"(신 17:18)의 오역으로 보인다.

2. 구조와 내용

신명기는 이스라엘 백성이 모세 없이 가나안 땅에 들어갈 준비를 할 때, 모세가 그들에게 행한 최종적인 긴 고별 설교로 제시된다. 그러나 오경의 다른 책들에서와 마찬가지로 신명기 안에도 내러티브, 율법, 법률 자료, 노래와 시들을 포함하는 다양한 장르가 존재한다.

　이 책은 크게 네 부분으로 나눌 수 있다. 1-4장에서 모세는 자기 생애 동안의 이스라엘의 경험을 묘사한다. 5-26장은 언약 관계와 이를 위한 요구사항들로 돌아가는데, 여기에는 상당한 분량의 법률 자료(12-

26장)가 포함되어 있다. 27-28장은 언약과 관련된 축복과 저주를 개괄한다. 그리고 29-34장은 모세의 마지막 훈계, 여호수아에게로의 리더십 이양, 그리고 모세의 죽음으로 이 책을 마무리한다.

신명기는 민수기가 끝난 곳, 즉 이스라엘 백성이 가나안 땅 바로 밖 "요단강 건너편"의 모압 땅에 있는 지점에서 시작한다. 사실 이 책의 전체 내용은 이 설정 안에서, 즉 모압 평지에서 발생한다. 여기서 이 책은 모세가 자신의 생애 동안의 이스라엘의 이야기를 묘사하는 것으로 시작하지만 그 이야기가 직선적·연대기적으로 제시되지는 않는다. 그 이야기(신 1-3장)는 호렙산(신명기는 시내산에 대해 종종 이 이름을 사용한다)에서 그들이 현재 위치하고 있는 모압까지 이동한 여정으로 시작하는데, 이 여정에는 광야 방랑이 포함된다.

이 책은 4장부터 하나님과 이스라엘 사이에 맺은 언약과 율법 수여로 돌아간다. 5장에서는 십계명이 출애굽기 버전과는 약간 다르게 주어지고, 7장에서는 선택된 백성으로서 이스라엘의 특별한 지위가 되풀이된다. 8-11장에서 텍스트는 이스라엘이 호렙산과 광야에서 직면했던 문제들로 돌아가 언약에 신실할 것을 격려하고 경고한다.

이 책의 중간 부분인 12-26장은 율법으로 돌아간다. 이 중에서 몇몇 조항들은 출애굽기, 레위기, 민수기에 나오는 조항들과 비슷하고 그것들을 강화한다. 한편 오경의 다른 책에서 발견되는 요소들을 수정하거나, 그것들에 도전하거나 심지어 뒤집는 조항들도 있는데, 신명기와 오경의 다른 책들 사이의 우선성에 관한 문제에는 논란이 있다. 이에 대한 주목할 만한 사례가 노예제도와 관련된 법들에서 발견된다. 출애굽기 21:1-6은 남자 히브리 노예가 6년 후에 해방되어야 한다고 규정한다. 그러나 신명기 15:12-18에서는 모든 노예―남자 노예와 여자 노예―가 자유롭게 되어야 한다. 그리고 그 텍스트는 이러한 관대함에 대해 이스라엘 백성 자신이 이집트에서 한때 노예였다는 윤리적인 근거를 제시한다. 다른 변화 사례는 절기, 특히 유월절(출 12장과 3장 및 신 16:1-8)과 관련된 지침과 조항에서, 그리고 출애굽기 23:4-5의 "원수"의 소나 나귀를 돕는 것이 신명기 22:1-4의 "형제"의 소나 양을 돕는 것으로 단어가 바뀐 데서 찾아볼 수 있다.

27-28장은 이스라엘이 하나님과 맺은 언약을 준수하는지 여부와 관련된 축복과 저주의 목록을 담고 있다. 하나님의 길을 따르면 "생명"과 축복으로 이어지는 반면 언약을 무시하면 축복의 결여와 "죽음"으로 이어지는데, 이는 은유적으로 사용된 개념이다. 축복과 저주의 개념은 고대 근동의 언약 조항 집행과 유사한 측면이 있는데, 우리는 이 이슈를 12장에서 다룰 것이다.

29-34장은 이 책의 마무리 부분으로서 언약 갱신(29장), 모세가 리더 위치를 여호수아에게 이양함(31장), 하나님이 이스라엘과 함께한 역사를 개괄하는 찬송인 "모세의 노래"(32장), 시적인 형태로 주어진, 이스라엘의 지파들에 대한 모세의 마지막 축복(33장)을 다룬다. 그리고 마지막 장(34장)은 모세의 삶의 마지막을 개괄한다. 그는 산꼭대기로 올라가 요단강 건너편에 있는 약속된 땅을 바라보지만, 백성과 함께 그 땅에 들어가지는 못할 것이다. 대신에 그 텍스트는 신명기 34:5-6에서 "이에 여호와의 종 모세가 여호와의 말씀대로 모압 땅에서 죽어 벳브올 맞은편 모압 땅에 있는 골짜기에 장사되었고 오늘까지 그의 묻힌 곳을 아는 자가 없느니라"고 말한다. 10절은 유명한 메모다. "그 후에는 이스라엘에 모세와

같은 선지자가 일어나지 못하였나니 모세는 여호와께서 대면하여 아시던 자였다."

3. 주제와 신학적 이슈

신명기에서 반향하는 주제 중 하나는 이스라엘은 선민이고, 한 분 하나님을 섬겨야 한다는 개념이다(Moberly 2013). 이 점은 이 주제들을 기억할 만한 방식으로 강조하는 두 개의 핵심 텍스트에서 살펴볼 수 있다. 우선 신명기 7장은 이스라엘의 선민으로서 특별한 지위를 설명한다.

> 너는 여호와 네 하나님의 성민이라. 네 하나님 여호와께서 지상 만민 중에서 너를 자기 기업의 백성으로 택하셨나니 여호와께서 너희를 기뻐하시고 너희를 택하심은 너희가 다른 민족보다 수효가 많기 때문이 아니니라. 너희는 오히려 모든 민족 중에 가장 적으니라. 여호와께서 다만 너희를 사랑하심으로 말미암아, 또는 너희의 조상들에게 하신 맹세를 지키려 하심으로 말미암아 자기의 권능의 손으로 너희를 인도하여 내시되 너희를 그 종 되었던 집에서, 애굽 왕 바로의 손에서 속량하셨나니(신 7:6-8).

여기서 우리는 이스라엘이 하나님의 선민이라는 것을 알게 된다. 그러나 이 선택은 이스라엘이 이 지위를 얻기 위해 행한 어떤 것에 근거하지 않고, 그들의 조상들로 거슬러 올라가는, 그 백성에 대한 하나님의 특별한 관심과 사랑에서 유래한다. 게다가 바로 이 특별한 관계가 이스라엘 백성에 대한 하나님의 구원과 돌봄으로 이어졌다.

이스라엘의 상태에 대한 이 선언의 바로 앞 장에서 우리는 이 관계의 다른 측면을 보게 된다. 이스라엘은 야웨를 향한 완전한 충성을 요구받는다.

> 이스라엘아, 들으라. 우리 하나님 여호와는 오직 유일한 여호와이시니 너는 마음을 다하고 뜻을 다하고 힘을 다하여 네 하나님 여호와를 사랑하라. 오늘 내가 네게 명하는 이 말씀을 너는 마음에 새기고 네 자녀에게 부지런히 가르치며, 집에 앉았을 때에든지 길을 갈 때에든지 누워 있을 때에든지 일어날 때에든지 이 말씀을 강론할 것이며, 너는 또 그것을 네 손목에 매어 기호를 삼으며 네 미간에 붙여 표로 삼고, 또 네 집 문설주와 바깥문에 기록할지니라(신 6:4-9).

히브리어 첫째 단어를 따라 **쉐마**(*Shema*)—"듣다" 또는 "경청하다"를 의미한다—로 알려진 이 구절은 아마도 유대 전통의 히브리 경전들에서 가장 중요한 텍스트일 것이다. 이 텍스트는 한 분 하나님을 향한 이스라엘의 헌신을 개괄한다(그러나 이것이 일신론에 대해 말하는지는 논쟁이 되고 있다). 이 구절은 유대인들의 기도에서 매일 아침과 저녁에 반복되고, 유대인들이 사용하는 **테필린**(*tefillin*, 성구함, 기도 상자, 그리고 끈)의 사용에 대한 토대다. 비록 핵심적이지는 않지만, 이 텍스트는 기독교에서도 중요한 역할을 해왔다. 예수께 가장 중요한 계명이 무엇인지 물었을 때 그의 대답은 **쉐마**의 일부분을 포함했다(막 12:28-31).

종합하자면 신명기는 하나님과 이스라엘의 특별한 관계 및 그들의 책임과 의무를 강조하는데, 이것은 언약 관계의 특징이다.

앞의 주제에 대한 단언적인 결과로서 신명기는 주변 나라들에 대한 이스라엘의 관계와 관련하여 심각하고 어려운 질문을 제기한다. 위에서 언급한 것처럼 여기서 이스라엘은 참된 한 분 하나님을 섬기며, 약속의 땅으로 가는 도중에 있는 선민으로 묘사된다. 그러나 그들은 그 여정에서 가나안에 이미 거주하고 있는 사람들을 포함하여 다른 사람들과 만날 것이다. 그리고 이 이슈는 여호수아서와 사사기로도 이어진다. 신명기 7:2에서 이스라엘 백성은 그들이 가나안에 들어가면 거기 살고 있던 사람들을 진멸하라(또는 파문에 처하다. **헤렘**[*herem*])는 명령을 듣는다. 헤렘은 역사적으로 결코 발생한 적이 없다거나 비유적으로 해석되어야 한다는 견해를 포함하여 **헤렘** 개념은 다양한 방식으로 이해되었다(다양한 해석에 관해서는 Lohr 2009와 Moberly 2013을 보라). 그러나 **헤렘**은 특히 이 텍스트들을 성경으로 보기 원하는 사람들에게 여전히 어려운 문제로 남아 있다. 신명기에는 이 주제에 어긋나고, 다른 나라들과 하나님의 상호작용을 암시하는 여러 요소가 존재한다(Miller 2000). 아무튼 그것은 여전히 문제가 많은 주제로 남아 있다.

우리가 신명기에서 발견하는 한 가지 추가적인 주제는 끝과 시작에 관한 것이다. 오경의 최종지점으로서, 신명기는 많은 이야기를 마무리하는데 그중 가장 유명한 것은 모세의 죽음이다. 그러나 신명기는 여호수아를 소개하고 백성을 약속된 땅의 경계에 둠으로써 앞도 가리킨다. 실제로 여호수아서는 신명기가 끝나는 지점에서 시작하는데(수 1:1-3), 이는 신명기와 그에 이어지는 책들 간의 관계에 대한 추측으로 이어졌다. 몇몇은 신명기가 원래는 오경에 포함된 다섯 권과 여호수아서를 포함하는 **육경**(*Hexateuch*)의 일부라고 주장한 반면에 다른 사람들은 신명기는 그 앞의 네 권의 책보다는 그것에 이어지는 책들과 더 유사하며, 본래 많은 역사서들로 확장되는 더 큰 일련의 자료의 일부였다고 주장했다(종종 신명기 역사서[the Deuteronomistic History]라고 불린다). 우리는 7장에서 이 이슈를 다시 살필 것이다. 어느 경우든 히브리 성경의 최종 형태에서 신명기가 오경을 종결하고 이스라엘 역사의 다음 단계를 준비한다는 것은 분명하다.

4. 중요한 이슈

위에서 언급된 것처럼 신명기는 중요한 많은 영역에서 중요한 질문을 촉발했는데 우리는 여기서 그 가운데 세 가지를 언급할 것이다.

첫째, 저자와 기원에 관한 이슈다. 전승은 모세가 오경의 다른 책들과 함께 신명기도 저술했다고 주장했다. 그러나 차츰 신명기의 독특한 언어, 다른 오경의 법률 자료들에 대한 수정, 신명기가 모세의 죽음을 이야기하고 있다는 사실이 독자들의 주의를 끌었다(신명기가 모세의 죽음을 이야기하고 있다는 사실은 이 책이 모세의 저술인지에 관한 질문과 관련하여 고대부터 주목받아왔으며, 몇몇은 그의 계승자인 여호수아가 이 책을 완성했다고 주장했다.) 성서비평의 출현으로 등장한 유력한 이론 중 하나는 신명기와 열왕기하 22-23장에 수록된 기원전 7세기의 유다 왕 요시야에 의해 시행되었다고 전해지는 개혁 간에 발견되는 많은 유사성에 기반을 두었다. 이로 미루어 지금은 신명기 또는 그것의 일부는 당시에 발생했던 대대적인 개혁의 일

환으로 기원전 7세기에 출현했다고 주장하는 학자가 많다.

두 번째 이슈는 신명기와 오경의 다른 책들 간의 관계와 연관된다. 율법에 대한 신명기의 자료들은 오경의 다른 법적 자료들과 일치하는 때도 있고 그것들을 수정하는 때도 있는데, 이는 심지어 성경 모음집 안에서조차 이미 해석이 일어나고 있다는 사실을 가리킨다. 게다가 신명기의 내러티브 부분 안에는 민수기 같은 다른 책들의 대응 부분과 쉽게 조화되지 않는 차이들이 존재한다. 따라서 신명기와 이들 다른 책들 및 전승들 간의 관계는 계속해서 많은 추측의 원천이 되고 있다.

마지막으로, 지난 수 세기 동안 이뤄진 고대 근동의 발견들은 특별히 조약 및 언약들과 관련하여 신명기 연구에 빛을 비춰주었다. 국가들 또는 민족들 간의 조약들—종종 강한 집단과 약한 집단 사이에서 체결되었다—이 고대 세계에서 상당히 일반적이었음이 명확해졌다. 여러 발굴은 이러한 조약들의 많은 사례를 찾아냈는데, 이 문서들에서 거듭 발견된 구조들을 신명기의 구조와 비교해보면 놀랄 만하다. 그러한 조약들은 종종 서문을 포함하고 있고, 조약 당사자들 사이의 역사적 배경 또는 관계를 전달하고, 조항들과 법들을 개괄하고, 공개적으로 낭독될 것을 이야기하고, 신적인 증언을 소환하고, 축복과 저주들을 나열했다. 이 모든 요소가 신명기에서 대개 이 순서로 발견되는데, 이는 언약에 대한 이스라엘의 이해 특히 신명기가 고대의 정치적 조약들과 어느 정도 관계가 있었음을 암시한다. 그러한 조약들은 기원전 2000년대 히타이트부터 기원전 7세기 아시리아까지 아우르는 시기들과 문화 집단들에서 발견되었기 때문에 어느 시기와 문화가 가장 좋은 비교 대상인가라는 질문은 여전히 논쟁의 대상이다.

신명기에 관한 유용한 주석으로는 밀러(Miller 1990), 바인펠트(Weinfeld 1991), 티게이(Tigay 1996), 룬드봄(Lundbom 2013)의 주석서가 있다. 오경 및 신명기 역사서에 관련한 신명기 논의는 뢰머(Römer 2000), 퍼슨과 슈미트(Person and Schmid 2012)의 저술에서 찾아볼 수 있다. 오경의 다른 법적 전승들과 관련된 신명기의 율법들은 레빈슨(Levinson 1997), 스태커트(Stackert 2007)의 저술에서 논의된다. 바레트(Barrett 2012)와 모벌리(Moberly 2013)는 신명기 안의 몇몇 신학적 요소들을 유용하게 해석한다.

AN INTRODUCTION
TO THE STUDY OF THE PENTATEUCH

주제별 탐구 및 비평적 탐구

제7장

오경의 기원과 형성

성경에 관한 학문적 연구가 시작되었을 때부터 오경에 관한 연구는 종종 성서학 발전의 선두에 서 왔다. 이번 장은 특히 성경에 관한 학문적 연구에서 중요했던 오경의 기원과 형성에 초점을 맞출 것이다. 우리는 여기서 (1) 이 텍스트들과 전승들의 저자와 기원, (2) 권위 있는 모음집으로서 토라의 발전이라는, 상호 연관된 두 가지 이슈에 초점을 맞춘다.

1. 오경의 저자와 기원

1) 모세의 저작

오경은 성경의 많은 자료와 마찬가지로 저자 미상이다. 모세가 오경의 저자라는 전통은 "모세가 이 율법을 써서 여호와의 언약궤를 메는 레위 자손 제사장들과 이스라엘 모든 장로에게 주었다"라고 기록되어 있는 신명기 31:9처럼 모세가 기록하였다고 언급하는 몇몇 진술로부터 발생한 것처럼 보인다(출 24:4도 보라). 차츰 "이 율법"은 신명기에서 모세가 백성에게 말한 율법만이 아니라 오경 전체로 이해되었을 것이다. 그 결과 에스라 시대에는 "모세의 율법책"이라고 언급할 수 있었다(느 8:1). 차츰 이

것이 전체 오경 저자에 대한 전통적인 견해가 되었는데, 이 관점은 수많은 유대교 텍스트와 기독교 텍스트에서 발견된다(예컨대 집회서 24:23; 요세푸스, *Ant.* 4.326; 미쉬나 *Pirke Avot* 1.1; 막 12:26 같은 다양한 신약 텍스트들).

2) 복잡한 텍스트

지금까지 오경에 대한 우리의 고찰은 창세기부터 신명기까지의 이 책들이 세상의 창조부터 이스라엘 백성이 약속된 땅의 경계에 도착한 때까지 하나의 연속적인 내러티브를 형성하는 것으로 이해될 수 있다고 가정했다. 오경은 실제로 전체를 아우르는 구조를 갖고 있지만, 그러한 묘사는 우리 앞에 있는 텍스트를 지나치게 단순화한다. 오경을 아주 피상적으로 읽더라도 우리는 오경이 다양한 문체를 포함하고 있음을 알 수 있다. 계보 목록에 이어서 유려한 내러티브가 나오고, 복잡한 법 규정이 하나님에 관한 정교한 사고와 더불어 나타난다. 오경의 내러티브는 처음부터 끝까지 매끄럽게 흐르지 않는다. 오히려 그 이야기는 다양한 장르를 사용하여 급속히 전개된다.

좀 더 자세히 관찰하면 몇몇 이야기와 법들은 다른 방식으로 두세 번 언급되는 것처럼 보인다는 사실을 포함하여, 텍스트에 당혹스러운 요소들이 있음이 드러난다. 〈표 7.1〉은 이러한 몇몇 예를 제공한다.

그러나 반복되는 요소들만이 모세를 저자로 보는 전통이 안고 있는 어려움은 아니다. 다른 요인들 역시 모세가 저술했을 가능성에 대해 의문을 제기하는데, 모세의 죽음이 오경 자체에 기록되어 있다는 점은 그런 이슈 중 하나다. 그러나 모세의 죽음은 신명기의 가장 마지막에 기록되어 있기 때문에(신 34:5) 이것이 극복할 수 없는 문제는 아니다. 오히려 창세

<표 7.1> 오경에 나타난 2행 연구와 3행 연구의 몇몇 예

1.	인간의 창조(창 1:26)	아담의 창조(창 2:7)	
2.	홍수의 물이 40일 동안 지속된다(창 7:17)	홍수의 물이 150일 동안 지속된다(창 7:24)	
3.	아브라함은 사라로 하여금 그의 누이 행세를 하게 한다 (창 12:10-20)	아브라함은 사라로 하여금 그의 누이 행세를 하게 한다 (창 20:1-18)	이삭은 리브가로 하여금 그의 누이 행세를 하게 한다 (창 26:1-11)
4.	요셉의 형제들이 그를 이스마엘 사람들에게 팔기로 합의한다(창 37:28)	요셉의 형제들이 그를 미디안 사람들에게 판다 (창 37:36)	
5.	모세는 야웨의 명령에 따라 산 위로 올라간다 (출 24:1-2)	모세는 야웨의 명령에 따라 산 위로 올라간다 (출 24:9-11)	모세는 야웨의 명령에 따라 산 위로 올라간다 (출 24:15-18)
6.	남자 노예의 해방 (출 21:1-6)	남녀 노예의 해방(신 15:12-18)	
7.	이스라엘 백성이 에돔을 우회하여 여행한다 (민 20:14-21)	이스라엘 백성이 에돔을 통과하여 여행한다 (신 2:1-8)	
8.	여호수아가 백성의 지도자로 지명된다 (민 27:18-23)	여호수아가 백성의 지도자로 지명된다 (신 31:23)	

기 36:31-39에 수록된 에돔 왕들의 목록이 더 문제가 된다. 이 왕들은 모세가 죽고 나서 오래 뒤에 살았기 때문에 그가 이 목록을 기록할 수 있었을 가능성은 없어 보인다. 또한 좀 더 자세히 조사해보면 다섯 권의 책들에서 내러티브 문체와 용어들 역시 상당히 다르다는 것을 알 수 있다. 이러한 증거들을 고찰한 후에 17세기의 철학자 바룩 스피노자는 "오경이 모세에 의해 쓰인 것이 아니라 모세보다 한참 뒤에 살았던 누군가에 의해 쓰였다는 것은 한낮의 태양보다 더 명백하다"(Blenkinsopp 1999: 2에 인용됨)라고 결론을 내렸다. 만약 스피노자의 주장이 옳고 모세가 오경의

유일한 저자가 아니었다면, 틀림없이 다른 사람들이 오경을 쓰고 수집하는 데 관여했을 것이다. 그 저자 또는 저자들이 누구였는지를 적시하려는 시도들이 이 다섯 권의 책에 관한 학문적인 연구에서 중요한 부분을 담당했다.

2. 자료비평: 벨하우젠과 문서가설

고대 때부터 오경의 독자들은 위에서 언급된 몇몇 이슈를 알아차렸다. 그러나 때때로 의혹이 발생하기는 했지만 근대 이전에는 유대교와 기독교 전통에서 모세가 오경의 저자라는 일반적인 생각이 유지되었다. 근대에 이르러 오경의 기원과 형성에 관한 문제가 더 절박하게 다루어지기 시작했다. 근대 초기에 중요한 발전이 이루어졌는데, 학자들이 오경에서 같은 문체와 용어를 사용하는 가닥들을 식별해서 텍스트 안의 불일치들이 무작위적인 것이 아니라 특정한 패턴을 따르고 있다고 주장했다. 나아가 이는 오경의 텍스트가 하나 이상의 원래 자료가 편집자나 개정 편집자에 의해 수집되어 하나로 합쳐져서 현재 형태에 도달했을 가능성을 제기한다. 성경 텍스트의 배후에 있는 다양한 자료 또는 전통들을 식별하려는 시도는 "자료비평"으로 알려져 있다. 특히 오경 배후에 있는 네 개의 서로 다른 자료들을 식별하는 이론은 "문서가설"로 일컬어진다.

오경의 최종 텍스트 배후에 많은 자료가 놓여 있다는 생각은 이르게는 17세기와 18세기에 R. 시몬(1678)과 아스트뤽(1753) 같은 학자들의 저술에서 제기되었다. 거기서 신의 이름과 독특한 문체 및 어휘 사용 같은 기준을 채택해서 다양한 자료를 구분했다. 그러나 이러한 초기 단계에서는 모세가 저자라는 전통이 강하게 남아 있었다. 예컨대 아스트뤽은 모세가 오경의 배후에 있는 이러한 자료들의 개정 편집자였다고 주장했다. 이후 두 세기 동안 학자들은 이 가능한 자료들의 수와 연대에 대해 논쟁하곤 했다. 이러한 발전에서 중요한 역할을 한 학자—W. M. L. 데 베테(1805), K. H. 그라프(1866), A. 쿠에넨(1869) 등—가 많지만, 독일의 J. 벨하우젠의 이름이 이 학파와 가장 자주 연관된다. 벨하우젠은 유명한 저서 『육경의 구성』(*Die Composition des Hexateuchs* 1876/7에 최초로 출판됨)에서 전통적 형태의 "문서가설"을 제시했다. 벨하우젠의 이론의 중요성은 그가 네 개의 자료를 열거한 데 있는 것이 아니라(그것은 전에 이미 행해졌다), 그가 자료들의 구성에 관해 제안한 순서에 있다. 이 제안은 학계에서 신속하게 수용되었다.

이 전통적인 형태에서 제안되었던 오경의 네 자료는 야웨 자료(독일어 단어 "Jahvist"에서 "J"로 줄여서 씀), 엘로힘 자료("E"), 신명기 자료("D"), 제사장 자료("P")다. 자료비평은 각 자료를 〈표 7.2〉에 표시된 특정한 특징에 따라 식별한다. 이 텍스트들을 이러한 자료로 나누는 배후에 놓여 있는 원리는 용어와 문체의 일관적인 사용이 한 자료의 문서들을 다른 것들로부터 구별한다는 것이다. 자료비평은 텍스트에 대해 이러한 기본적인 특징들을 적용해서 텍스트의 각 단위가 어느 자료에서 유래했는지를 파악할 수 있다. 실제로 오경을 절별로 네 개의 자료로 나누는 표들이 만들어졌다(Noth, [1948] 1972; Campbell and O'brien, 1993; Friedman, 2003을 보라).

<표 7.2> 문서가설의 자료들의 주요 특징에 관해 이뤄진 합의들

자료	야웨 자료("J")	엘로힘 자료("E")	신명기 자료("D")	제사장 자료("P")
하나님의 이름	야웨	하나님(엘로힘 또는 엘)	야웨	하나님(엘로힘 또는 엘)
시내산/호렙산의 이름	시내산	호렙산	호렙산	시내산
이스라엘의 특정 부분에 대한 집중	유다	북이스라엘 (에브라임)	유다	이스라엘 전체
주요 특징	원역사	원역사 없음	원역사 없음	원역사
	유려한 내러티브 스타일. 족장들의 삶에 집중함.	서사시 스타일. 도덕적 어조가 강함.	비내러티브: 권고적, 법률 자료 모음집	계보들의 연대와 순서에 관심이 있음.
	종종 단어들의 어원이 주어짐		긴 연설들. 예루살렘을 강조함.	제의 예식과 율법에 관심이 있음
하나님의 특징	하나님이 인간의 관점에서 묘사됨.	하나님이 종종 꿈에서 말함.	하나님이 이스라엘과 맺은 언약	하나님이 초월적인 존재로 간주됨.
		하나님 경외에 대해 자주 언급함.		
가능한 저술 연대	기원전 약 950-850년	기원전 약 850-750년	기원전 622년 이후, 그러나 "P" 이전	포로기 후기/ 포로기 이후 초기, 에스라 이전
오경 안에서 발견되는 장소	창세기, 출애굽기, 민수기의 일부	창세기, 출애굽기, 민수기의 일부	신명기	창세기, 출애굽기, 레위기, 민수기의 일부. 신명기의 마지막

벨하우젠은 이 기법을 사용해서 오경의 다른 자료들을 식별했다. 그는 이 작업을 한 이후에 자료들의 연대를 산정하기 위한 시도로서 자료들의 주요 특징을 연구했다. 그는 먼저 "J"와 "E"가 쓰였고 그 문서들이 쓰인 이후에 한 편집자에 의해 하나로 합쳐졌다고 주장했다. 흥미롭게도 벨하우젠은 이 두 자료를 항상 구별하지는 않았고 종종 그것들을 "JE"라고 지칭했다. 마찬가지로 그는 각 자료의 작성 연대를 "왕정 시기"보다 더 자세하게 산정하려고 시도하지 않았다(〈표 7.2〉에 제시된 연대들은 이후 학자들의 작업에서 유래한다). 그는 "D"가 "JE"는 알지만 "P"는 모르는 것처럼 보인다는 점을 근거로 "D"를 "JE" 뒤에 놓았고, "P"가 가장 마지막에 쓰였다고 주장했다. 벨하우젠은 창세기부터 신명기까지뿐만 아니라 여호수아서에도 자료비평 원리들을 사용했다. 그 결과 그는 "오경"(5권의 책들)만이 아니라 "육경"(6권의 책들)의 존재를 주장했다.

성서학자들은 JEDP라는 순서와 함께 "문서가설"을 신속하게 수용했다. 사실상 오경의 구성 역사에 대한 이러한 이해는 20세기 히브리 성서학에서 가장 영향력 있는 이론 중 하나였다. D. M. 카아는 등장한 합의에 대해 이렇게 유용하게 요약한다.

> 20세기의 첫 75년 동안 오경의 역사를 연구하는 학자들은 19세기 유럽의 개신교 학자들에게서 기원한 오경 발전의 광범위한 윤곽에 대한 합의에 의존할 수 있었다.…대다수 학자는 오경 중 가장 먼저 쓰인 자료들은 기원전 10세기 유다의 "야웨" 문서…(J)이고, 그보다 조금 뒤(아마도 기원전 8세기 초?) 북부의 "엘로힘" 문서…(E)가 작성되었다는 데 동의했다. 이 초기 자료들이 후에―아마도 북왕국이 파괴되었을 때(기원전 8세기 후반) 남왕국

에서 "야웨엘로힘" 문서(JE 결합)로 통합되었다고 생각되었다. 기원전 8세기 또는 7세기 초의 어느 시기에 신명기의 초기 형태가 쓰여서 개정되어 요시야 개혁의 토대 역할을 했으며, 궁극적으로 야웨엘로힘 문서와 통합되어 새로운 전체 JED를 형성했다. 마지막으로, 포로기 또는 포로기 이후 시기에 제사장 자료가 이 앞선 문서들로부터 독립적으로 쓰였고(부분적으로는 또 다른 법전인, 대체로 레위기 17-26장에서 발견되는 포로기의 성결 법전[H]을 중심으로 쓰였다), 그 이후에 이 제사장 자료 역시 현재의 오경(JEDP) 안으로 통합되었다. 오경의 형성에 대한 이 기본적인 네 자료 이론은…100년 이상 오경의 주제들에 관해 글을 썼던 대다수 학자에게 기정사실로 전제될 수 있었다(2015: 433-4).

문서가설의 영향의 정도는 측정하기 어렵다. 실로 본래의 이론으로부터 발전한 많은 제안과 반대 제안들은 현재 너무 복잡해서 그 가설은 생존을 위하여 투쟁하고 있다. 우리는 아래에서 그 점에 대해 살펴볼 것이다.

3. 문서가설: 전개와 난점

오경의 기원의 탐구에 관심이 있는 학자들의 한 가지 중요한 과제는 위에서 언급된 자료들과 전체적인 오경의 구성에서 그 자료들 각각의 역할에 관해 더 많이 이해하는 것이었다. 그런 노력들은 최근의 오경 연구에서 중요한 역할을 담당했는데, 많은 학자가 이 자료들에 관해 오래 유지되어왔던 가정들에 의문을 제기했다.

1) 야웨 자료

좀 더 대중적인 입장에서는 "J"가 창조부터 이스라엘 백성이 광야 시기를 거쳐 약속의 땅 바로 밖에 도달할 때까지에 걸친 연속적인 이야기(지금은 오경에서 나뉘어 있음)를 포함하고 있다(그리고 몇몇 학자에 따르면 여호수아서에서 발견되는 정복 이야기 역시 포함하고 있다)고 생각되었다. 오경 자료에서 "J" 문서는 창세기, 출애굽기, 민수기의 일부를 포함할 것이다. 많은 학자들이 주로 내러티브를 포함하고 있는 이 자료가 가장 오래된 오경의 자료로 생각하며 그 작성 연대를 통일 왕국 시기(기원전 약 950-850년)로 추정했다. 이 자료는 몇 가지 명확한 특징이 있다고 생각되었는데, 가장 현저한 특징(그리고 그 특징에서 이 자료의 이름이 유래했다)은 그것이 하나님의 개인적인 이름인 야웨를 채택한다는 점이다.

야웨 자료의 내용, 특징, 범위는 항상 논란의 대상이었지만(Römer 2006을 보라), 이 자료는 최근 수십 년 동안 추가적으로 상당히 많이 논의된 주제였다. 다양한 제안들이 네 가지 주요 영역—"J" 안에 있는 다양한 요소들의 식별, 창조적인 신학자로서의 "J"에 대한 고찰, 훨씬 더 후대 시기로의 "J"의 연대 재산정, 하나의 연속적인 자료로서의 "J"의 실제 존재에 관한 문제—에 집중되었다.

많은 학자들—벨하우젠 자신에게로 거슬러 올라가며, H. 궁켈 같은 다른 중요한 학자를 포함한다—이 기본적인 "J" 자료가 대개 보통 숫자나 문자의 위 첨자나 아래 첨자로 표시되는 둘 이상의 요소로 구성되어 있다고 주장했다(예컨대 J^1 또는 J_b). 다른 학자들은 더 이른 시기의 자료가 있었고 거기서 "J" 자료와 "E"자료가 유래했다고 주장한다(M. 노트는 이 자료를 "토대"를 의미하는 독일어 **그룬트라게**[*Grundlage*]의 첫글자인 "G"라고 부른다). 폰 라트의 이론은 반대 방향으로 움직였다. 그는 오경 이전의 문헌 배경에 관심이 있었음에도 불구하고 "야웨 자료 편집자"가 창조적인 신학자로서 그의 저술에 자신의 개성을 각인해두었다고 확신했다. 실제로 폰 라트는 "야웨 자료 편집자"가 가장 위대한 신학자들 중 한 명이었다고 믿었다.

> 야웨 자료 편집자 내러티브의 창조적인 천재성에 관해서는 오직 감탄만이 존재할 뿐이다. 누군가는 이 내러티브에 있는 예술적인 탁월함을 인류의 사상사(思想史)에서 가장 위대한 업적 중 하나라고 불렀다(von Rad [1956] 1972: 25).

문서가설에 관한 훨씬 더 급진적인 시각은 "J"의 연대를(사실은 오경 전체의 연대를) 포로기로 재산정했다. 이렇게 연대를 재산정한 근거 중 일부는 족장들이나 고대 이스라엘에 관한 고고학적 자료의 결여, 그러한 역사 재구성의 타당성에 관한 후속 질문들로부터 유래한다(Thompson, 1974). J. 반 세터스는 포로기 텍스트와 포로기 이후 텍스트의 관심 사항의 유사성에 주목해서 "J"는 여호수아서부터 열왕기하에서 발견되는 이스라엘의 역사에 대한 도입부로 쓰였고, 따라서 그 연대가 벨하우젠이 최초에 제안했던 것보다 훨씬 후대로 산정되어야 한다고 주장했다. 더 나아가 그는 전체 오경을 결합하는 기초를 제공한 것은 "P"가 아니라 "J"라고 제안했다. 대신에 그는 "P"를 "애초부터 더 이른 시기의 작품에 대한 보충으로 작성되었다"고 간주한다(1999: 211; 이러한 생각들은 Van Seters 1992, 2013에서 확장되고 상세히 설명된다). C. 레빈(1993)은 야웨 문서가 후대의 것이라는 데에 동의하지만 "J"가 비(非) "P" 문서 내러티브 자료들을 논리 정연한 형태로 하나로 합친 편집자 또는 개정 편집자로 이해되어야 한다고 주장한다. 그러나 두 경우 모두에서 "J"의 연대를 후대 시기로 재산정한 것은 그것이 더는 오경 자료 중 가장 이른 시기의 것이 아니라는 점에서 중요한 변경이다.

T. 뢰머는 "J"와 관련된 다양한 복잡성을 유용하게 요약한다.

> 폰 라트는 야웨 자료 편집자를 저자일 뿐만 아니라 신학자로 본다. 반 세터스 역시 J를 저자로 보지만, J가 폰 라트가 추정한 시기보다 5세기 후에 살았고, 신학자라기보다는 역사학자였다고 본다. 레빈은 J를 개정 편집자로 본다. 그는 반 세터스와 마찬가지로 야웨 자료 편집자가 포로기에 오경을 수정했다고 생각하지만, 반 세터스는 J가 개정 편집자라는 생각에는 전혀 동의하지 않을 것이다. 그리고 J의 역사적 위치에 대한 혼란스러운 복잡성이 계속 존재할 것이다. 오늘날에는 기원전 10세기와 6세기 사이의 모든 세기가 제안되고 있다(2006: 22).

마지막으로 "J" 자료의 존재 자체가 지난 반세기 동안 의문시되었다 (Dozeman and Schmid의 『야웨 자료 편집자에 대한 고별?』[*A Farewell to the Yahwist?*], 2006년에 수록된 논문들을 보라. 이 책은 Gertz, Schmid and Witte, 2002의 독일어 저서 *Abschied vom Jahwisten*에 뒤이어 나왔다). 이 대목에서 오경 안의 구전 전승들에 관한 연구와 관련된 중요한 발전을 언급할 가치가 있다. H. 궁켈([1901], 1964)은 문서가설과 자료비평의 타당성에 결코 의문을 제기하지는 않았지만, 자료 자체보다는 그 자료의 배후에 놓인 구전 전승에 관심이 있었다. 그는 초기 이스라엘 백성은 그들의 가장 이른 시기의 이야기들이 글로 쓰이기 전에 그것들을 거듭 이야기했다고 생각했다. 따라서 궁켈은 그 이야기들이 글로 쓰이기 전의 내용을 재발견할 수 있기를 희망했다. 이 점이 가장 중요한데, 그는 이 이야기들이 특정한 이유로 인해 기억되고 이야기되었으며, 그러므로 사안들이 그렇게 된 이유를 설명하기 위해 전해진 "원인론" 또는 전설들로 간주되어야 한다고 주장했다. 궁켈이 자신의 목적을 달성하기 위해 개발한 방법론은 양식비평이라고 불리는데, 이는 그가 어떤 이야기의 양식이나 장르가 그것의 역사에 관해 우리에게 많은 것을 말해줄 수 있다고 주장했기 때문이다. 그는 양식비평에 대한 자신의 관심을 창세기뿐만 아니라 시편에도 적용했는데, 이 이론은 이후 이 두 권의 성경 책들에 관한 연구에 큰 영향을 끼쳤다. 궁켈의 이론들은 나아가 두 명의 다른 위대한 히브리 성서학자인 폰 라트([1938] 1966)와 노트([1948] 1972)에게 영향을 주었다. 그들은 모두 오경의 구성에 있어서 "문자 이전" 단계의 중요성을 확신했고, 그것을 재구성하고자 했다. 그들은 궁켈과 마찬가지로 이야기들이 특정한 이유로 기억되었다고 믿었지만 궁켈과는 달리 고대 이스라엘의 예배를 그 이야기들을 거듭 말한 이유로 적시했다. 따라서 그들은 오경의 이야기들이 이스라엘의 "제의 생활" 또는 예배에서 사용되었기 때문에 보존되었다고 주장했다.

이후의 학자들은 구전 전승과 문서 자료의 연합 안에 있는 긴장 지점에 주목했다. 특히 R. 렌토르프(1990)는 폰 라트와 노트의 연구가 사실상 문서가설의 취약성을 가리킨다고 주장했다. 블렌킨솝이 설명하는 것처럼, "가장 작은 단위에서 전승의 더 큰 복합체로, 그리고 결국 작품의 최종 형태에 이르는 과정에서 성경 모음집 자체의 어디에서도 언급되지 않는 가상의 문서자료들을 위한 공간은 존재하지 않는다"(Blenkinsopp 1992: 23). 따라서 렌토르프는 전승의 더 작은 단위들로 관심을 돌렸고, 이것들이 좀 더 후대에 함께 편집되었다고 주장했다. 더 나아가 특히 T. 뢰머(1990)와 K. 슈미트([1999] 2010)는 족장 내러티브들과 출애굽 전승들처럼 오경 안에서 발견되는 전승들 간의 접촉점들의 고대성에 의문을 제기했다. 이러한 전개들은 전체적으로 오경의 다양한 책들에 걸쳐 있는 "J"와 같은 연속적인 내러티브에 심각한 의문을 던진다. 이로 인해 좀 더 큰 문서들보다는 좀 더 작은 전승들의 점진적인 성장 연구에 대해 새롭게 관심을 갖게 되었는데 이는 오경의 기원에 관한 최근의 이론들에 중대한 함의가 있다.

2) 엘로힘 자료

표준 문서이론들 안에서 "E" 자료는 "J"에서 발견되는 것과 평행을 이루는 이야기를 포함하고 있다―"J"에 수록된 것을 보충하는 이야기들을 제공하거나, 동일한 이야기들에 대한 이형(異形)이다―고 생각되었다. 이 자료는 또한 주로 내러티브들을 포함하고 있고, 기원전 약 850-750년에 북왕국 이스라엘에서 형태를 갖추었다고 생각되었다. 이 자료 역시 자신의 이름을 그것의 특징들 가운데 하나로부터 얻는다. 왜냐하면 이 자료는 하나님의 개인적인 이름인 **야웨**가 아니라 하나님에 대한 좀 더 일반적인 이름인 **엘로힘**(*elohim*)을 채택한다고 생각되었기 때문이다.

　　"E" 자료는 시작부터 문서가설에서 가장 흔하게 의문시되었던 자료였다. 여기에는 많은 이유가 있다. 우선 전통적으로 "E"에 귀속된 자료들은 본질상 상당히 단편적이고, 다양한 에피소드를 합하더라도 우리가 자료 텍스트에서 기대할 만한 논리정연한 내러티브가 되지 않는다. 추가적으로 "E"를 "J"부터 구별하기가 어려운데, 심지어 벨하우젠 자신조차도 "JE"를 자료로 언급했다. 우리는 이미 노트 같은 학자들이 이를 이 자료들이 공통 자료에 기반을 두었기 때문이라고 설명하는 것을 살펴보았다. 그러나 차츰 자료 "E"가 "J"에 추가된 좀 더 작은 단편들로 이해되어야 한다고 주장하거나, 심지어 두 자료가 모두 포기되어야 한다고 주장하는 사람이 많아지기 시작했다.

최근 몇 년 동안 자료의 용어 또는 신학이라는 기준에 덜 의존하고, 내러티브의 일관성에 좀 더 초점을 맞추면서 생존 가능한 자료로서 "E"의 개념을 회복시키기 위한 몇몇 시도가 있었다(Baden, 2012). 그럼에도 불구하고 "E"는 여전히 많은 사람의 눈에 문제가 있는 것으로 보인다. "E" 자료에 관한 좀 더 충분한 논의는 J. C. 게르츠(2014)의 저술에서 찾아볼 수 있다.

3) 신명기 자료

"D"는 처음부터 항상 문서가설에서 다소 특이한 위치에 있었다. 다른 자료들이 오경의 첫 네 권 전체에 비교적 고루 분포되어 있다고 여겨진 반면에 "D"의 대부분은 전통적으로 신명기 안에 포함되어 있다고 생각되었다. 신명기의 내용은 기원전 7세기의 유다 왕 요시야의 개혁과 많은 유사성이 있으며, 많은 이들은 열왕기하 22장에서 발견된 "율법책"이 사실상 신명기(적어도 신명기의 일부)를 가리킨다고 주장했다. 신명기와 요시야의 개혁 간의 연결을 여전히 고수하는 사람이 많은 반면에, 보편적으로는 신명기가 더 이른 시기의 자료와 늦은 시기의 개정 편집 모두를 포함하고 있다고 가정된다(Römer 2005).

"D"의 얼마나 많은 부분이 창세기부터 민수기까지(때때로 사경이라고 불린다)에서 발견될 수 있는지가 자료비평에서 핵심적인 문제다. 만약 그 대답이 "전혀 없다"라면 신명기 자료는 전체 문서가설에서 별 역할을 수행하지 못한다. 우리가 다른 곳에서 언급한 바와 같이 신명기는 여호수아서부터 열왕기까지와의 연속성 때문에 히브리 성경의 역사서들을 통하여 확장되는 소위 "신명기 역사서"의 일부분이라고 간주되었고, 이 연결에 더 많은 관심이 주어졌다(Noth [1943] 1967). 그러나 이 개념 역시 문제가 많았고, 히브리 정경 안에서 신명기와 그에 이어지는 책들의 관계에 대한 다양한 제안들로 이어졌다(Schearing and McKenzie 1999; Römer 2005; Schmid and Person 2012).

한편 J. 블렌킨숍 같은 학자들은 "고전적인 문서가설이 생각했던 것보다 더욱 광범위한, 아브라함부터 모세까지의 역사에 대한 D의 편집"을 주장했다(1992: 236). 이러한 생각은 오경 전체에 "D" 개정 편집 층이 존재한다고 주장하면서 "P"가 가장 중요한 역할을 했다는 전제하에 "D"를 오경의 형성과 관련하여 좀 더 중심적인 위치로 이동시키는 블룸(1990)과 공명한다.

4) 제사장 자료

제사장 자료는 전통적으로 내러티브와 법적 자료들을 모두 포함하고 있고, 포로기와 포로기 이후 시기의 제사장 지도자들의 손에서 유래한 오경의 마지막 자료로 간주되었다. 독특한 용어와 신학을 지닌 이 자료는 전통적으로 창세기, 출애굽기, 레위기, 민수기 일부와 신명기의 마지막에서 인식되었다.

제사장 자료에 관한 연구분야의 진전들은 야웨 자료 편집자 자료에서 이뤄진 주요 발전 영역을 반영한다. "P" 자료에서 둘 이상의 가닥들을 찾아내기, 저자 또는 저자/편집자 학파의 창의적인(또는 편집상의) 요소를 이해하기, "P" 내용의 범위를 재고려하기, 자료의 연대를 재산정하기가 연구의 초점이었다. "P"를 "J"와 차별하는 요소는 (비록 이 전승의 특징과 범위에 관한 논쟁이 계속되고 있음에도) 오경 안에서 제사장 자료의 존재가 결코 의문시되지 않았다는 점이다.

벨하우젠 자신은 제사장 자료의 내러티브 자료와 법률 자료 간에 차이가 있다고 지적했다. 어느 부분이 내러티브 자료로 간주되고 어느 부분이 법률 자료로 간주되어야 하는지에 대한 완전한 합의는 존재하지 않지만, 이후의 많은 학자가 이 제안에 동의했다. 내러티브 자료를 P^g로 지칭하고 법률 자료를 P^s로 지칭하는 노트의 축약은 그 자료 안에 있는 다양한 가닥을 지칭하는 가장 일반적인 방식이다. 물론 그것이 유일한 방식은 아니다.

또한 많은 학자들이 제사장 자료가 이전에 존재한 많은 자료로 구성된 것이라고 간주하는데 그중 가장 잘 알려진 두 가지는 "세대들의 책"(또는 **톨레도트**[*toledot*], 세대들에 대한 히브리어 단어)과 레위기 1-7장의 제사들과 관련된 법률 자료다. "세대들의 책"에 관한 이론은 오경이 여러 곳에서 긴 계보 목록으로 마무리된다는 사실에서 유래한다. 이 계보들은 히브리어 어구 **세페르 톨레도트**(*sepher toledot*)로 시작하는데, 이는 문자적으로 "세대들의 책"이라는 뜻이다(우리말 성경에는 "계보를 적은 책"이라고 번역되어 있다. 예컨대 창 5:1을 보라). 최소한 이 계보들이 원래의 자료를 형성했고 이후에 제사장 자료 안으로 통합되었을 수 있다.

이처럼 이미 존재하던 자료가 사용되었다는 사실은 오경의 형성에서 제사장 자료의 창조적인 역할에 관해 의문을 제기한다. 벨하우젠 이래로 대다수 학자는 "P"를 가장 나중에 쓰인 자료로 간주했고, 종종 현재 형태의 오경 편집에 책임이 있는 자료로 간주했다. F. M. 크로스는 훨씬 더 나아가 "P"는 자료로서보다는 개정 편집으로서 훨씬 더 중요하다고 주장했다. 그는 오경에 들어 있는 "P" 자료는 너무 빈약해서 그것은 전체 내러티브가 아니라 기껏해야 "P"의 요약으로 간주될 수 있을 뿐이라고 주장한다(1973:294). "P"는 오경을 현재 형태로 구성하는 데 책임이 있었지만, 본래 제사장 자료의 내용을 거의 포함하지 않는다. 제사장 자료를 이처럼 하찮게 보는 관점과는 대조적으로, 다른 학자들은 그 자료를 좀 더 중요하게 본다. N. 로핑크(1994)는 제사장 자료의 역사 내러티브를 식별할 수 있다고 믿는다. 카아(1996)와 J. L. 스카(2006) 역시 비슷하게 주장했다.

또 다른 문제는 원래의 "P" 내러티브의 범위와 관련이 있다. 제사장 자료 내러티브 자료들은 전통적으로 창세기 1장부터 민수기까지 그리고 신명기 34장의 일부에까지 존재한다고 이해되었다. 그러나 많은 연구는 원래의 "P" 자료가 민수기 훨씬 전에 끝난다고 주장했는데, 그들은 재구성된 "P"의 종점을 출애굽기 40장(Pola, 1995)부터 레위기 16장(Nihan, 2007)까지로 제안했다.

마지막 관심사는 "P"의 연대 산정과 관련이 있으며 이스라엘의 종교 발전에 관한 벨하우젠의 이론과 반대된다. 이스라엘의 종교 역사가 오랜 기간에 걸쳐 발전했고, 오경의 다른 자료에서 이런 발전을 추적할 수 있다는 그의 믿음이 다양한 자료에 대한 벨하우젠의 연대 산정 배후에 놓여 있는 하나의 동기였다. 그는 종교들이 매일의 삶의 사건들로부터 발생하는 자연스런 표현으로서 시작되었다고 믿었다. 종교는 이후에 점점 발전함에 따라 좀 더 제도화되고 궁극적으로는 모든 자연스러움을 잃었다. 따라서 그는 "JE"를 자연스러운 예배의 증거를 포함하고 있는 가장 오래된 자료로 보았고, 이스라엘의 예배를 중앙화하는 데 관심을 보이는 "D"를 그다음에 나타난 자료로 보았으며, 올바른 법적·제의적 준수를 주장하는 "P"를 맨 나중에 출현한 것으로 간주했다. 종교 제도로서의 유대교에 대한 벨하우젠의 반감은 유명하다. 유대교가 자연스러운 예배로부터 제사장들에 의해 주도되는 제도화된 종교로 발전했다는 그의 이론은 이러한 편견에서 비롯되었다. 이로 인해 많은 학자들이 오경의 배후에 놓여 있는 자료들의 연대 산정에 대한 그의 판단의 토대에 대해 의문을 제기했다. A. 후르비츠(1982) 등은 제사장 자료의 언어를 에스겔서와 포로기 이후 텍스트들의 언어와 비교해 제사장 자료 작성자의 언어가 더 이전의 것이라고 주장하면서 언어적·신학적인 근거에서 제사장 자료가 포로기 전에 출현했다고 주장했다. 그럼에도 불구하고 대다수 학자는 그러한 연대 산정에 대한 벨하우젠의 논리를 회피하기는 하지만, 여전히 "P"가—자료로서든 개정 편집으로서든 간에—포로기나 포로기 이후의 환경에 더 잘 들어맞는다는 입장을 고수한다(Ska 2006).

요약하자면 오랫동안 학자들 사이에 오경 자료들의 특성과 연대에 대한 광범위한 합의가 존재했었다. 위에서 제시된 간략한 연구는 이러한 합의가 더 이상 존재하지 않음을 보여준다. 다양한 요인들이 사람들로 하여금 "J"와 "E"의 존재부터 "D"와 "P"의 범위와 그것들의 편집상의 영향 그리고 각 자료의 상대적인 연대 산정 등과 관련된 가설들에 의문을 제기하게 했다. 이러한 전개로 인해 다양한 제안들과 접근법들이 만발했는데 우리는 이제 그에 관해 살펴볼 것이다.

4. 오경의 기원에 관한 현재의 연구 상황

전통적인 문서가설의 합의를 확실히 대체할 새로운 합의는 존재하지 않지만, 최근 수십 년 동안 오경의 기원을 설명하기 위한 다른 제안들이 등장했다. 몇 가지 대략적인 발전사항을 언급할 가치가 있는데, 지금은 자료들보다는 좀 더 작은 전승들과 단위들에 기초한 이론 전개 및 전통적인 문서가설의 요소들을 재작업하는 접근법이 주류를 이루고 있다.

1) 단편적, 보충적 접근법

최근 수십 년 동안 가장 중요한 변화 중 하나는 오경에 수록된 연속적인 내러티브에 대한 연구에서 벗어나 좀 더 작은 단위나 전승을 탐구하는 것이었다. 렌토르프는 폰 라트와 노트의 학문에 영향을 받았지만 그들과는 달리 구전 전승에 관한 그들의 이론이 문서가설에 의문을 제기했다고 생각했다. 그는 자신의 관심을 원역사, 족장 내러티브, 출애굽, 시내산에서의 율법 수여, 광야 방랑 등 그가 전승의 개별적인 단위라고 간주했던 것으로 돌렸다(그러나 렌토르프 전이나 그와 동시에 이렇게 제안하기 시작한 사람들도 있었다. Carr 2015를 보라). 렌토르프는 전승의 이러한 단위들이 ("J"

또는 "E" 같은) 연속적인 가닥의 일부가 아니라, 개별적으로 발전해서 후대의 편집자에 의해 하나로 합쳐진 독립적인 단위들이었다고 주장했다. 이 이론은 오경이 처음부터 끝까지에 걸친 연속적인 자료들을 포함한다는 문서가설의 토대에 의문을 제기하고 본래 서로 무관한, 더 작은 많은 단위를 선호한다. 이러한 사고의 맥락에서 큰 문서들이 하나로 합쳐졌다는 개념은 텍스트의 단편적·보충적 발전 및 이 자료들에 대한 상당한 편집과 수정에 관한 관심으로 대체된다.

이와 관련된 세 가지 전개 방향을 언급할 가치가 있다. 이 중 많은 내용이 위의 논의에서 다루어졌는데, 이는 그것들이 그러한 조사에서 발생한 다양한 자료들과 새로운 이론들에 관해 수행된 연구와 관련이 있기 때문이다.

첫째, 점점 더 많은 학자가 전승의 더 작은 단위에 더 많은 주의를 기울여야 한다는 렌토르프의 가설의 요소들을 확장하거나 재작업했다. 렌토르프의 제자인 E. 블룸은 전승을 기반으로 하는 이러한 보충적 접근법을 사용해서 두 권의 주요 저서를 출판했다(1984, 1990). 이 연구들에서 블룸은 우선은 창세기에서, 이후에는 더 넓은 오경에서 전승의 더 작은 단위들의 결합을 강조했는데 이로써 "J"와 "E"의 개념의 필요성을 일축했다(Carr 1996도 보라). 족장들과 모세의 이야기에서 발견되는 이스라엘의 기원 이야기들이 오랫동안 가정되었던 것처럼 원래 연결되어 있던 것은 아니라는 아이디어가 여기서의 중요한 발전이었다. 이 아이디어에서 더 나아가 게르츠(2000)와 슈미트([1999] 2010)는 출애굽기와 창세기의 조상 전승 간의 연결을 조사해서 이 전승들의 기원이 다름을 주목하고, 사실상 그 연결이 상당히 후대의 것이라고 주장했다. 이 이해에 따르면 기원들에 관해 서로 다른 이야기들이 포로기 이후에 합쳐져 일관성 있는 전체를 형성했을 가능성이 매우 크다. 이러한 기원 이야기의 요소들이 상당히 고대의 것일 가능성이 있고, 본래 전승의 기록자들이 이스라엘의 기원에 관한 다른 이야기들을 알고 있었을 수도 있다. 그럼에도 불구하고 기원에 관한 이러한 이야기들을, 전통적으로 간주되었던 것보다 훨씬 더 후대에 최초로 합친 것은 제사장 전승이었다고 주장하는 학자가 점점 더 많아지고 있다.

두 번째 경향은 "P" 전승과 "D" 전승에 대한 상당한 재탐색이었는데, 이는 그러한 재구성에서 점점 더 중요해졌다. 현재 많은 학자가 오경이 핵심에 해당하는 신명기 자료와 가닥에 해당하는 제사장 자료라는 두 가지 중심으로부터 발생했다고 주장한다(Otto 2000, 2013; MacDonald 2012a). 이 두 중심과 그것들 각각의 텍스트와 전승들이 결합해서 우리가 알고 있는 오경이 시작되었다. 이 관점을 따르는 대다수 학자는 이 모음집들이 포로기와 포로기 이후 시기에 형태를 갖추었다고 보는 경향이 있다. 또한 오경이 최종적으로 형성될 때 "P"와 "D" 모두 개정 편집되었다는 데 어느 정도의 합의가 존재한다. 그러나 제사장 자료와 신명기 자료가 얼마나 많이 개정 편집되었는지, 그리고 그 개정 편집들이 어떤한 순서로 발생했는지에 관해서는 합의가 덜 이뤄져 있다.

셋째, 최근 몇 년 동안의 관련된 경향은 오경에 대한 "제사장 자료 이후"의 추가라고 지칭되는 것에 대한 인식이었다. 즉 전통적인 "P"(그리고 "D") 자료의 좀 더 큰 덩어리들이 형성된 이후에 발생한 것처럼 보이는 추가적인 첨가와 편집에 대한 증거가 존재한다(Giuntoli and Schmid 2015). 이에 대한 예는 창세기 1-11장에 수록된 비제사장 자료인 원역사의 요소(Blenkinsopp 1992), 출애굽기와 창세기에 수록된 모세 전승과 족장 전승 사이의 연결(Schmid 2010), 민수기 전체가 제사장 전승과 신명기를 연결하는 "제사장 자료 이후의 가교"일 수도 있다는 좀 더 급진적인 개념(Achenbach 2003)을 포함한다.

이를 종합해 보면, 이 전승들의 좀 더 작은 단위들과 보충에 초점을 맞추는 이러한 최근의 접근법들에 상당한 공통점이 존재한다. 다음과 같은 합의가 이뤄졌다. (1) 조상들과 모세를 중심으로 하는 다양한 기원 이야기들이 별도로 발생했다. (2) 비록 그 안에는 수용된 더 오래된 전승에 대한 인식과 재작업이 있었을 수도 있지만, 제사장 전승과 신명기 역사 전승에서 유래한 법률 전승과 내러티브 전승이 독립적으로 발전했다. (3) 오경은 신명기 자료와 제사장 자료 모두의 개정 편집을 보여준다. (4) 제사장 자료 이후 얼마 동안 자료들에 대한 추가와 개정 편집이 계속되었다.

이것이 오경 자료의 연대 산정에 어떻게 관련되는가? 이 문제에 관해서는 심지어 보충 모델을 지지하는 사람들 사이에서조차 견해 차이가 존재한다. 몇몇 학자들은 이 모든 자료가 포로기, 포로기 이후, 또는 심지어 헬레니즘 시대에 형태를 갖추고 기록되었다고 주장한다. 다른 학자들은 비록 포로기와 포로기 이후 시기에 개정 편집되었을 수는 있지만 이 기록 중 일부는 초기 왕정 시기까지 거슬러 올라갈 수 있다고 확신한다(Carr 2011). 그러나 이 모든 재구성에서—비록 몇몇 내러티브와 법적 전승은 상당히 오래되었다고 할지라도—포로기와 그것의 여파가 우리가 지금 가지고 있는 전승의 형성과 발전에 중요했다고 이해된다.

이러한 발전의 결과 다양한 전승과 자료의 명명법이라는 문제가 추가로 대두되었다. 렌토르프의 뒤를 따랐던 많은 학자는 "J"와 "E"라는 언급을 포기하고, 대신 제사장 자료("P"), 비제사장 자료("non-P"), 제사장 이후 자료("포스트 P" 또는 Rp["P" 이후의 개정 편집])라고 말하는 경향이 있다. 카아(2010) 등 몇몇 학자는 이 전승들이 발생했던 것처럼 보이는 다양한 상황을 반영하여 "제사장" 전승과 "평민" 전승에 대해 각각 "P"와 "L"이라고 지칭하기 시작했다.

2) 문서가설 재고

한편 문서가설의 요소를 지닌 연구가 여러 방향에서 계속되었다. 위에서 언급한 것처럼, J. 반 세터스(1999)와 C. 레빈(1993) 같은 학자는 "J" 자료 및 다른 요소에 대해 중요한 재연구를 하고 그것들의 연대를 포로기 시기로 이동시키기는 했지만 "J" 자료 같은 가설의 요소를 유지했다. 이 이론들은 몇몇 명명법을 유지하고 있기는 하지만 사실 본래의 문서가설과는 상당히 구별된다.

전통적인 문서 모델들과 훨씬 더 유사한 최근의 또 다른 발전은 신(新)문서가설로 불릴 수 있다(Baden 2009, 2012; Schwartz 2011; Stackert 2014). 이들은 문서 자료라는 아이디어와 네 개의 구별되는 자료 개념(심지어 비난을 많이 받는 "E" 자료까지도 포함한다)에 관한 새로운 관심을 보여준다. 그럼에도 불구하고 이 연구들은 벨하우젠 등이 사용했던 것과는 다른 기준을 사용하는 것을 옹호하고, 독특한 용어나 신학적인 틀보다는 내러티브의 줄거리들에 좀 더 초점을 맞춘다. S. J. 베이든(2012)은 유럽 기반의 보충적 접근법들이 순환적이라고 주장한다. 즉 그 접근법들은 통일성을 암시하는 부분이 더 후대에 첨가된 것이라고 상정함으로써 통일성의 결여를 주장한다. 따라서 문제의 자료들이 거의 편집되지 않은 채로 결합했다는 신념이 개정 편집된 형태의 문서가설의 핵심 요소다.

최근 몇 년 동안 진행되었던 신문서 접근법들과 보충 모델들 간의 대화는 이 접근법들에 상당한 차이가 존재한다는 것을 강조했다 (Dozeman, Schmid and Schwartz 2011에 실린 논문들을 보라). 우리가 "자료"와 "보충 모델들"에 대해 말하지만, 보충 모델 옹호자들은 그것의 연구 과정이 문서 자료들과 전승들에 대한 보충 모두를 포함했을 가능성이 크다고 말할 것이다(Römer 2013). 따라서 특히 이 분야의 연구가 활발하게 지속되고 있으므로 그것들을 예리하게 구분하는 데 다소 주의할 필요가 있다.

다양한 접근법을 관통하는 몇몇 공통의 토대가 존재하며 이 문제들 역시 유념할 필요가 있다. 우선 오늘날의 주요 학자들은 단순하고 통일된 오경 텍스트는 존재하지 않는다는 데 동의한다. 전체로서의 텍스트에 초점을 맞추는 문헌 접근법 등이 최근에 점점 중요해졌는데 이 점은 8장에서 논의될 것이다. 그렇다고 해서 비평 접근법 이전의 단일 저자 개념들로 돌아가는 것은 아니다. 또한 비록 "P"의 범위와 연대에 관해 의견이 일치하지는 않고 있지만 오경에서 "P" 자료가 식별될 수 있다는 데 일반적인 합의가 이뤄져 있다. 마지막으로 대다수 학자는 현재 형태의 오경이 포로기와 포로기 후의 시기에 형성되었다는 데 동의한다. 이처럼 몇 가지 중요한 요소에 대해서는 다양한 접근법 모두 동의한다(Kratz 2011).

이 텍스트들 및 전승들의 기원과 관련하여 지금까지 개괄된 이슈들은 이것들이 권위 있는 모음집으로 등장한 것과 관련된 질문들에 밀접하게 연결되어 있다. 우리는 이제 이 일이 언제, 그리고 왜 발생했는지와 관련된 몇몇 문제를 탐구할 것이다.

5. 권위 있는 모음집으로서 오경

이 텍스트들 및 전승들의 기원과 권위 있는 모음집으로서의 등장이 밀접하게 관련되어 있기는 하지만 전자가 반드시 후자를 설명하는 것은 아니다. 우리는 여기서 모음집으로서의 토라가 출현한 이유를 제시하기 전에 그것의 존재를 가리키는 증거에 관해 조사할 것이다.

1) 모음집에 대한 증거

언제 이러한 전승들이 **권위 있는** 것으로서 출현하고 후에 **권위 있는 모음집**으로서 출현했는지에 대한 증거는 히브리 성경 자체 안에서 시작한다. (만일 의존이 있었다면) 의존의 방향을 정하기가 복잡하기는 하지만, 오경의 내러티브들이 히브리 성경의 다른 부분에서 반향되며 오경에서 발견되는 특정한 주제들이 성경의 다른 많은 책에서 다양한 형태로 발견된다. 이에 대한 사례는 창조(시 148:5), 족장들과 맺은 하나님의 언약(왕하 13:23), 출애굽(렘 2:6), 시내산에서 모세에게 율법을 수여한 것(느 9:13) 등이 있다. 또한 최소한 후대의 성경 저자들이 오경이 포함하고 있는 이야기들뿐만 아니라 실제 오경 자체의 일부분을 알았을 가능성이 있는 것처럼 보인다. 이스라엘 백성이 유배지에서 돌아온 뒤 에스라가 그들에게 "모세의 율법책"을 읽어주었다고 묘사하는(느 8:1-3) 느헤미야서가 이에 대한 하나의 사례다. 느헤미야서는 읽혔던 말들을 기록하지 않고, 에스라가 읽었던 율법을 들은 결과로 백성이 행했던 일을 기록한다. 그 책의 내용을 들은 결과로 말미암아 백성이 실행한 개혁은 레위기와 신명기에서 발견되는 계명들에서 영감을 받은 것처럼 보인다. 에스라가 읽은 율법책이 우리가 알고 있는 오경 전체로 이해되어야 하는지에 관해서는 합의가 이뤄지지 않고 있지만, 많은 학자는 그 책을 오경의 일부로 간주한다(Blenkinsopp 1988; Pakkala 2011).

어느 것이 먼저 출현했는지 결정하기는 어렵지만, 오경의 몇몇 구절은 다른 맥락들에서 거듭 발견된다. 출애굽기 34:6은 이에 관한 하나의 사례다. "여호와라, 여호와라, 자비롭고 은혜롭고 노하기를 더디하고 인자와 진실이 많은 하나님이라." 이 절은 하나님에 대한 표준적인 묘사가 되었고, 비록 그 원천은 적시하지 않지만 다른 많은 텍스트에서 사용된다(예컨대 느 9:17; 시 86:15; 103:8; 145:8; 욜 2:13; 욘 4:2을 보라). 따라서 히브리 성경의 다른 곳에서 발견되는 오경의 텍스트와 주제가 존재하지만, 이것들로부터 언제 이 다섯 권의 책이 구별되고 권위 있는 모음집으로서 이해되었는지에 관해 어떤 결론을 내리기는 어렵다.

서력기원 시기에 가까워지면 추가 증거가 발견된다. 기원전 2세기의 벤 시라는 모세의 율법이라는 표현을 사용하며, 이스라엘의 다른 이야기와 더불어 오경의 많은 내러티브를 바꾸어 말한다. 한편 우리에게 있는 가장 이른 시기의 문서 자료인 쿰란 자료들은 그곳의 공동체가 그들에게 권위가 있는 몇몇 문서를 갖고 있었음을 보여준다(White Crawford 2007). 마지막으로 우리는 신약성경에서 토라의 핵심 인물과 사건들에 대한 언급뿐만 아니라 "율법", "모세의 율법", "모세의 책"이라는 언급도 발견하는데, 이 언급들은 다섯 개의 두루마리들이 하나의 모음집이었고 기원후 1세기 유대교에서 권위와 특권적인 지위를 지니고 있었음을 보여준다(예컨대 마 12:5; 막 12:26; 눅 2:23-24; 요 7:23; 갈 3:10을 보라).

팔레스타인에 고대의 뿌리를 두고 있고 오늘날에도 여전히 소수가 존속하고 있는 집단인 사마리아인들은 오경의 권위 있는 지위에 관한 이러한 논의에 적실성이 있다(사마리아인들의 역사적 출현에 관해서는 Kartveit 2009와 Knoppers 2013을 보라). 많은 세부 사항이 역사 속으로 사라져 버리기는 했지만, 서력기원 전의 마지막 몇 세기 동안 포로기 후 유대 지역에서 사마리아인 공동체와 유대인 공동체는 많은 공통점에도 불구하고 서로 다른 정체성을 형성했다는 것은 명백하다. 사마리아 전승의 좀 더 흥미로운 측면 중 하나는 사마리아인들이 오경을 그들의 경전으로 사용하며 그들의 정경은 이 다섯 권의 책 뿐이라는 점이다(Anderson and Giles 2012).

유대인의 오경과 사마리아인의 오경 간에는 차이가 있는데, 그러한 차이로는 사마리아의 전승에서는 그들이 자기들의 성전을 건축한 장소인 그리심산에서 예배해야 한다는 명령이 포함되어 있다는 점을 들 수 있다. 그러나 두 오경 사이의 공통점이 차이점보다 훨씬 많다. 실제로 사마리아 오경 버전은 상당히 고대의 것으로서 서력기원 이전에 출현한 것으로 보인다. 이 점에서 두 전승은 그것들 모두에 수용된 텍스트들보다 이전에 출현했을 수도 있는 텍스트 전승을 공유한다(Knoppers 2011). 이에 비추어 보면 이 두 전승이 4권 또는 6권의 모음집(뒤에 논의할 사경 또는 육경)이 아니라 오경을 공유한다는 점을 주목할 가치가 있다. 이 점에 비추어 보더라도 오경에서 발견되는 자료들이 서력기원이 시작되기 전 몇 세기 동안 유대인의(그리고 사마리아인의) 전승에서 특별한 권위를 지녔던 하나의 모음집으로서 따로 구별되었던 것처럼 보인다.

따라서 비록 토라의 몇몇 전승들과 요소들은 틀림없이 훨씬 오래되었지만, 모든 증거−히브리 성경 텍스트, 사마리아 텍스트, 쿰란 텍스트, 다른 고대 유대 텍스트−를 종합해보면 적어도 기원전 4세기에, 또는 이르면 5세기에는 오경이 어느 정도 권위 있는 지위를 가진 모음집으로서 인식되었다고 추정할 수 있다.

언제 그리고 어떻게 이 텍스트들과 전승들이 창세기부터 신명기까지 다섯 권의 독립적인 책이 되었는지는 불분명하다. 필론(*Aet. Mund.*)과 요세푸스(*Apion*)는 특별히 이 다섯 권의 책들에 관해 언급하는데, 이는 이 유대인 저자들이 활동하던 시기까지는 오경의 다섯 권이 개별적인 부분을 지닌 모음집으로 잘 확립되어 있었음을 암시한다. 그렇게 나눈 데에는 두루마리 하나에 얼마나 많은 내용이 수록될 수 있었는지와 관련한 물리적인 이유도 존재했을 수 있다. 그러나 우리에게 있는 책들의 구분에는 명백하게 주제상 및 내러티브상의 단절들이 존재하며, 책들의 길이는 전혀 일정하지 않다. 이는 다섯 권의 책들로 나뉘었을 때 길이가 유일한 기준이 아니었음을 암시한다(Blenkinsopp 1992). 최근의 연구, 특히 민수기와 신명기에 관한 연구는 이처럼 좀 더 큰 책들의 연결이 오경 형성에 유익했다고 주장했는데, 이는 초기 단계부터 이 "책들" 간에 구별이 존재했음을 시사한다.

6. 권위와 관련된 이슈

무엇이 이 모음집에 권위를 부여했는가? 이 문제와 관련하여 외부의 압력, 내부 요인, 텍스트 모음에 관한 문제 등 많은 문제가 고려되었다.

1) 외부의 압력: 페르시아 제국의 인가

"페르시아 제국 인가 이론"으로 알려진 한 가지 견해는 오경이 페르시아 당국에 의해 인가된 포로기 후 예후드(Yehud, 유대) 지역의 법률로서 등장했다고 주장한다(Frei 1984; 추가로 Watts 2001에 수록된 논문들의 논의를 보라). 몇몇 학자는 그러한 페르시아의 인가에 비추어 오경 안에서 발견되는, 특히 "P" 전승과 "non-P" 전승 간의 다양한 편집층을 설명하려고 시도했다. 이에 관한 하나의 사례가 블룸(1990)에 의해 제공되었다. 그는 오경에서 "D" 구성(D-Komposition)과 "P" 구성(P-Komposition)이라는 두 개의 구성층을 탐지할 수 있다고 상정한다. 블룸의 견해에서는 이 두 구성층은 모두 포로기 후의 편집물이었고, 이 가닥들은 페르시아가 오직 하나의 권위 있는 문서만을 허용했을 것이기 때문에 하나로 합쳐진, 포로기 후 예후드 지역의 다양한 관점들 간의 타협으로 간주될 수 있다. 페르시아가 이런 종류의 지역적 사안에 관여했을지에 관해 의문이 제기되었기 때문에 이 이론은 최근 수십 년 동안 비평을 받아 왔다. 그러나 최근에 다른 학자들은 페르시아 제국이 지역적인 법들의 권위와 관련하여 특정 사안별 요청에 반응했을 수도 있다고 보여지기 때문에, 페르시아의 관심과 영향이 완전히 무시되어서는 안 된다고 주장했다(Schmid 2007).

2) 내부의 상황 전개

예후드 안에서의 타협이라는 제안은 오경이 어떻게 그리고 왜 그것의 권위 있는 지위를 얻게 되었는지에 관해 내부 요인들 역시 중요한 역할을 했음을 지적하는데, 몇몇 학자는 이러한 "토착적인 관심사들"이 텍스트와 전승의 수집과 관련하여 좀 더 많은 주목을 받아야 한다고 생각한다. 이러한 문제를 강조하는 많은 이론이 있다.

이런 이론 중 몇몇은 종교 공동체와 그 지도자들을 포함한 사회적 형성과 관련된 내부의 상황 전개를 언급한다. 예컨대 스카(2006)는 시민들이 성전에 연결된다는 개념을 지적한다. 스카는 고대 세계에서 성전들은 문화적·사회적 중심으로 기능했음을 주목하고서, 공동체가 재건된 성전을 중심으로 조직되었을 때 토라가 그 일원이 되기 위한 기준을 제공하고 지도부에 권위를 부여하는 데 도움이 되었을 것이라고 상정한다. 한편 J. W. 와츠는 "오경의 특권을 확립한 것은 다른 어떤 요인보다 바로 성전 제의 전통들의 권위"였음을 주목하고 토라는 그것의 제의적 권위 때문에 권위를 띠게 되었다고 주장한다(2007: 214).

다른 학자들은 이 시기 유대교 내부의 다양성이 그렇게 복잡한 토라가 권위 있는 모음집으로 출현한 데 대한 가장 타당성 있는 설명이라고 주장했다. 예컨대 D. 에델만 등은 "기원전 5세기말 또는 4세기초 예루살렘의 다양한 서기관 학파들 사이의 타협 문서로서 오경"으로 이어졌을 가능성이 있는 많은 요인을 개괄한다(2012: 105). 그들은 이렇게 말한다.

그 학파들은 그들이 권위가 있다고 간주한 다양한 전승—예컨대 제사장

문서―을 가져다 그것들을 결합해서 "이스라엘"의 기원에 대한 하나의
규범적인 설명, 또는 누군가가 그렇게 부르기를 선호한다면 "설립 전설"
을 만들어내기로 합의했다. 그 규범적인 설명은 상충하는 관점들을 보존
하고 있기는 하지만 세상의 기원(창 1장)부터 율법 수여자인 모세의 죽음
(신 34장)까지를 아우르는 포괄적인 내러티브 틀에 의해 통일되었다(2012:
105-106).

그들은 출애굽기 20:24-26과 신명기 12장에 수록된 제단들에 관한 논
의를 포함하여 많은 "해결되지 않는 갈등들"을 개괄한다. 그들은 계속
해서 이렇게 말한다.

토라가 예루살렘에서 작성되었을 가능성이 크지만, 예후드 밖의 야웨 공동
체에게 수용될 수 있도록 그들에게 많은 양보가 이루어졌다. 토라를 여호수
아의 정복으로 끝내지 않고 약속의 땅 밖에서의 모세의 죽음(신 34장)으로
종결시킨 결정은 중요하다.…이 종결은 디아스포라에 대한 양보라고 설명
하는 것이 가장 좋다. 토라에 부합하는 삶을 살기 위해 반드시 약속의 땅 안
에 살아야 하는 것은 아니다(2012: 106).

그들은 "오경의 상대적인 개방성은 다양한 집단이 자신이 과거 이스라
엘 왕국의 진정한 후예라고 주장할 수 있었던 페르시아 시기의 종교적·
인종적·정치적 상황의 복잡성을 다루기 위한 노력이었다"고 결론짓는다
(2012: 109).

3) 텍스트의 발전들: 사경, 오경, 육경, 또는 구경?

앞에서 다룬 이슈는 이 처음 다섯 권의 책이 히브리 성경의 다른 책, 특히 오경에서 발견되는 이스라엘의 이야기를 계속 이어가고 있는 책들과 어떻게 연관되는지와 밀접하게 관련되어 있다. 여기서 소개된 이슈들은 여전히 오경에 관한 연구의 최전선을 형성하고 있다(다양한 제안들이 Dozeman, Römer, and Schmid 2011에 수록된 논문들에서 논의된다).

다양한 학자들이 이 모음집을 5권의 작품이 아니라 6권의 작품(육경) 또는 4권의 작품(사경)으로 간주했다. 비록 J. 벨하우젠이 최초로 그렇게 제안한 사람은 아니었지만, 그는 19세기 말에 육경이라는 개념을 대중화했다. 육경은 창세기부터 신명기까지 다섯 권의 책 외에 여호수아서 역시 포함했다. 이 이론의 영향은 그 내러티브를 "오경"에서처럼 약속된 땅 경계에서 끝내는 것이 아니라 그 땅 자체 안에서 종결하는 것이다. 이 아이디어에 대한 난점은 "육경"에 대한 텍스트상의 증거가 없고, 하나의 모음집으로서 오경에 주어진 특별한 지위가 상당히 고대의 것처럼 보인다는 점이다.

반면에 노트는 육경이 아니라 사경을 주장했다. 『신명기 역사서』(The Deuteronomistic History)라는 제목으로 영어로 출판된 기념비적인 책([1943] 1981)에서 그는 신명기는 창세기부터 민수기까지를 마무리하는 것이 아니라, 히브리 성경이 "전기 예언서"(여호수아에서 열왕기하까지)라고 부르는 것에 대한 서막 역할을 한다고 주장했다. 다섯 번째 책이 떨어져 나간 창세기부터 민수기까지는 오경 대신 사경이 된다. 이 제안은 히브리 성경의 처음 책들에 대해 중요한 몇 가지 통찰을 제공했는데, 특히 창세기에서 민수기까지와 신명기 사이의 중대한 문체상 차이와 용어상 차이를 강조했다. 그러나 이 이론 역시 최근에 비판의 대상이 되었다. 이는 특히 신명기와 몇몇 역사서 간의 불연속성과 더불어 점점 더 많은 신명기적인 요소들이 오경의 다른 책 안에서 식별되었기 때문이다(Dozeman 2009; Otto 2013).

또 다른 제안은 창세기부터 열왕기까지의 책들이 창조부터 유배까지의 이스라엘에 대한 일관성 있는 이야기를 형성한다고 주장한다. 스피노자에게까지 거슬러 올라가는 아이디어인 이 모음집은 때때로 구경(9권의 책들) 또는 초기 역사(Primary History)로 불린다(Freedman 1962). 여기서는 이스라엘 이야기에 대한 넓은 범위가 강조되지만, 이 이야기는 그러한 모음집이 왜 오경에 특별히 권위 있는 지위를 주는 방식으로 좁혀졌는지를 설명해야 하는 자체의 어려움을 갖고 있다.

오경의 기원에 관한 최근의 연구는 비록 접근법에 미묘한 차이가 있기는 하지만 이 이슈들에 관해 새롭게 흥미를 보였다. 예컨대 R. G. 크라츠(2005)는 육경 개념을 따랐다. 그는 이스라엘의 기원에 관한 최초의 완전한 설명은 실제로는 정복을 포함하는 여호수아서까지 확장되지만, 여호수아서는 최종적으로 이 특별한 모음집으로부터 배제되었다고 주장한다. 한편 T. 뢰머(2011a)는 신명기의 위치에 초점을 맞춘 대안을 제시한다. 그는 포로기 후에 경쟁적인 편집 진영이 존재했는데, 그들이 신명기의 배치에 관해 견해를 달리했다고 상정한다. 그는 관련된 다른 텍스트들과 더불어 여호수아-열왕기와 신명기를 포괄하는 하나의 모음집이 발전했다고 주장한다(그는 이것을 신명기 역사 장서[Deuteronomistic Library]라고 부른다). 그러나 성결 학파(Holiness School) 진영에서 제사장 전승과 신명기 역사 전승을 합치기를 원했고, 이것이 별개의 모음집으로서 오경의 발전을 부추겼다. 그래서 신명기는 여호수아서 및 이어지는 책들보다 창세기-민수기와 더 관련이 있게 된다.

> 신명기 역사 장서에서 신명기를 떼어낸 것은 제사장 집단과 평신도 집단 간 양보 또는 합의로서 오경의 일관성이 모세라는 인물 안에서 발견되었다는 사실에 기인한다. 신명기가 토라의 종결부가 되자 그것은 새로운 지위를 얻게 되었다. 그것은 이제 시내산 계시에 대한 설명을 제공하는 것으로 여겨졌다. 이 모델에 따르면, 오경의 기원은 신명기가 뒤에 이어지는 역사서들로부터 떨어져 나온 것이었다(Römer 2011a: 39).

이 모음집이 어떻게 형성되었는지와 관련해서 고려되어야 할 유일한 요소는 아닐지라도, 이 과정에서 신명기의 역할은 계속 중요한 연구 대상이 되고 있다(Schmid and Person 2012).

이처럼 포로기 후 오경의 통합 및 권위 있는 지위 획득에 기여한 요인으로는 (페르시아의 영향 같은) 외부 요인뿐만 아니라 (다양한 집단들 간의 타협뿐만 아니라 텍스트들의 문학적인 수집과 관련된) 내부 요인과 텍스트상의 요인이 존재한다. 사실 많은 학자는 권위 있는 모음집으로서 오경의 발전과 관련하여 이러한 요인들의 조합이 고려되어야 한다고 상정한다(Schmid 2007).

7. 형성, 권위 부여, 텍스트의 안정성

마지막으로, 이 텍스트들과 전승들의 수집과 권위 부여가 이루어졌다 해서 우리가 그에 상응하는 텍스트의 안정성을 가정해야 한다는 것을 의미하지는 않음을 명심할 가치가 있다. 이는 텍스트의 안정성과 권위는 비교적 명확하게 평행한다고 생각하던 이전 세대들의 견해와는 상당히 다른 입장이다. 그러나 사마리아 오경 및 쿰란에서 나온 텍스트들은 서력기원이 시작될 무렵까지 "성경의" 텍스트 안에 상당한 양의 텍스트의 유동성과 불안정성이 존재했음을 가리킨다(Ulrich 2010). 비록 이 텍스트들이 경전화 과정을 거쳐 유대 공동체에서 좀 더 큰 권위를 갖게 되기는 했지만 상당한 텍스트의 이형들이 존재했는데 이는 권위 부여와 텍스트의 안정화가 하나의 같은 과정이 아니었음을 가리킨다.

8. 결론

이 장은 오경의 기원과 형성에 관한 질문들을 탐구했고, 이 텍스트들의 저자와 기원에 대한 질문 그리고 권위 있는 모음집으로서 이 텍스트들의 형성과 관련된 질문이라는 상호 연관된 두 개의 문제에 초점을 맞추었다. 위에서 제시된 간략한 조사는 이 논의들의 복잡한 특성을 강조한다. 제시된 논거들이 모호하거나 어려울 수 있으며, 그것들은 계속 변화하고 있다. 사실 J. J. 콜린스가 지적한 바와 같이 이 모든 발전은 "성경 텍스트의 더 이른 시기의 형태를 재구성하는 것은 매우 사변적인 작업"

임을 보여준다(2014: 66). 그러나 그런 질문들은 여전히 오경 연구의 중심으로 남아 있고, 이는 이 텍스트들이 학계에서뿐만 아니라 그것들을 경전으로 삼고 있는 종교 전통들에서도 지속적인 중요성을 갖고 있음을 가리킨다.

오경의 기원 탐구는 오랫동안 학자들의 주의를 사로잡았는데, 최근 수십 년 동안 이 다섯 권의 책을 연구하고 해석하는 다양한 접근법들이 등장했다. 우리는 다음 장에서 이러한 접근법들을 살펴볼 것이다.

더 읽을 자료

문서가설을 포함하여, 오경 비평의 역사적 발전에 대한 유용한 논의는 와이브레이(Whybray 1987), 니콜슨(Nicholson 1998), 스카(Ska 2006)를 보라. 문서자료들의 다양한 난점, 가설에 대한 도전, 오경 연구의 새로운 방향은 블렌킨솝(Blenkinsopp 1992), 크라츠(Kratz 2005), 스카(Ska 2006), 카아(Carr 2015)의 저술에서 언급된다. 위에서 대략적으로 설명된 다양한 문제에 관한 현재의 논의 상황을 가리키는 논문 모음집으로는 도즈먼과 슈미트(Dozeman and Schmid 2006), 그리고 도즈먼, 슈미트와 슈바르츠(Dozeman, Schmid, and Schwartz 2011)의 저술이 있다. 사경, 오경, 육경, 구경에 관한 논의에서 작용하고 있는 다양한 이슈는 도즈먼, 뢰머와 슈미트(Dozeman, Römer, and Schmid 2011), 그리고 퍼슨과 슈미트(Person and Schmid 2012)의 저술에서 개략적으로 설명된다. 이 다섯 권의 책이 언제 어떻게 권위를 갖게 되었는지에 관한 문제는 노퍼스와 레빈슨(Knoppers and Levinson 2007)이 편집한 논문집에서 탐구된다.

제8장

오경 읽기와 연구에 대한 학문적 접근법

7장에서 개괄한 바와 같이 오경의 기원이나 형성에 관한 문제는 현대의 오랜 시기 동안 오경 연구의 최전선이었고, 지금도 중요한 역할을 하고 있다. 그러나 최근 수십 년 동안 성서 연구는 일반적으로 단순한 역사적 접근법에서 벗어나 텍스트가 어떻게 하나의 문학작품으로서 기능하는지, 그리고 이런 책들이 다양한 독자와 시각에서 어떻게 이해될 수 있는지와 같은 여러 문제로 이동했다. 이러한 다양한 유형의 질문에 대한 추구는 이 텍스트들이 어떻게 연구되고 이해될 수 있는지에 관한 일련의 방법을 개척했다.

이번 장은 이러한 발전을 염두에 두고 역사적 접근법, 문학적 접근법, 독자 중심 접근법과 이론적 접근법, 신학적 접근법이라는 네 개의 큰 범주(Moyise 2013)를 사용해서 현재 오경 연구에서 사용되는 다양한 방법과 접근법에 집중할 것이다. 아래에서 이러한 접근법 중 몇 가지를 간략히 소개한다. 그러나 오경에 비판적으로 접근하기를 원하는 독자들이 이용할 수 있는 대안은 광범위하다.

1. 역사적 접근법

오경 연구에는 역사적인 내용에 초점을 맞추는 다양한 방법과 접근법이 존재한다. 실제로 성서학에서는 "역사비평" 또는 "역사비평적" 방법론이라는 어구가 광범위하게 사용된다. 이 명칭은 하나의 특정한 방법론 또는 접근법을 가리키는 것이 아니라 역사적 관심사와 비평적 해석 틀을 지향하는 다양한 방법과 접근법을 포함하는 포괄적 용어다. 학자들은 이 도구들을 사용해서 **텍스트 배후의 세계**를 탐구하는데, 이러한 방법론은 그 텍스트가 어디에서 유래했는가, 무엇이 그 텍스트가 발전하고 정경의 위치를 차지하도록 이끌었는가, 고대 세계를 이해하는 것이 우리가 성서 자료를 더 잘 이해하는 데 어떻게 도움이 될 수 있는가와 같은 질문을 포함한다.

7장은 오경의 기원이나 형성에 관한 연구에 상당한 학문적 노력이 기울여졌음을 보여주었다. 실제로 성경에 관한 학문적 연구의 뿌리는 B. 스피노자나 J. 벨하우젠 같은 학자의 이러한 형태의 질문들과 밀접한 관련이 있다. 기원에 관한 탐구는 다양한 접근법을 포함하는 다면적인 영역이지만, 일반적으로 이러한 연구와 가장 관계가 깊은 접근법은 자료비평이다. 이 방법은 오경에서 특정한 자료들뿐만 아니라 그 자료들의 독특한 요소들도 떼어내려고 한다. 오경의 기원 탐구는 계속 이어져 새로운 방향으로 발전했다. 예컨대 R. 렌토르프(1990) 등은 기원에 대한 탐구에서 단편적 또는 보충적 모델—좀 더 작은 전승 단위들이 차츰 합쳐지고 보충되었다는 아이디어—로 관심을 돌렸다.

역사비평적 연구의 또 다른 핵심적인 구성 부분은 텍스트비평이다

(Tov 2011). 이 방법론은 텍스트와 텍스트의 역사적 발전을 밝힐 수도 있는 유사점, 차이점, 채용에 대한 텍스트의 증거들(쿰란과 다른 고대의 히브리어, 그리스어, 아람어 사본들 같은 텍스트)을 비교한다. 우리가 성서 텍스트들의 "원래" 자필 원고들을 갖고 있지 않기 때문에, 학자들은 텍스트비평을 사용해서 이용 가능한 자료들을 비교하여 가급적 가장 진정한 텍스트 버전을 만들어내고자 한다("원래"의 텍스트를 재생산하려고 할 때의 난제에 관해서는 Breed 2014를 보라).

텍스트의 역사적 발전에 토대를 둔 방법론 중 또 다른 방법론은 S. 모이스가 "맥락 탐구"라고 부른 것을 중심으로 전개된다(2013: 43-60). 이 접근법들은 성경이 형성된 맥락을 이해함으로써 성경을 더 잘 이해하려고 노력한다. 맥락 탐구에 관한 예가 사회과학적 연구에서 발견된다(Simkins and Cook 1999). 사회과학적 연구는 사회학적 또는 인류학적 접근법에 의존해서 성경 텍스트와 그 텍스트 배후의 세계에 대한 사회적·문화적인 차원에 초점을 맞춘다. 이 방법은 고대 세계의 가족 생활, 제도적 구조, 예언자들이나 예언 개념, 이동이나 이주의 영향과 정도, 하나의 문화적 가공물로서 성경 자체와 같은 문제에 집중함으로써 성경의 세계의 문화와 전통을 탐구하는 것을 포함한다. 여기서는 성경 자료의 역사적 맥락 및 이 텍스트들과 전승들이 출현했던 세계를 더 잘 이해하기 위해 노력한다.

텍스트 배후의 세계를 탐구하는 또 다른 중요한 부분은 고고학이다. 이 분야는 고대 세계의 물질문화를 조사하는 것과 관련이 있다. 오경에 묘사된 사건들과 직접적으로 관련이 있는 고고학적 증거는 거의 존재하지 않는다. 따라서 몇몇 학자들은 출애굽이나 광야 방랑 같은 사건들의 역사성을 재고하게 되었다. 그럼에도 불구하고 고대 근동의 다른 문화에서 나온 고고학적 발견들은 성경의 세계와 특히 처음 다섯 권의 책들을 이해하는 데 중요한 빛을 비춰줬다. 이러한 발견에는 고대의 종교관습들을 보여주는 발견들과 우리가 성경에서 발견하는 내용의 맥락을 이해하는 데 도움을 주는 다른 문화의 텍스트들이 포함된다. 이런 의미에서 고고학은 오경에 관한 비교 연구의 중요한 요소다. 이러한 접촉점들은 이어지는 장들에서 좀 더 자세하게 논의될 것이다.

2. 문학적 접근법

20세기 후반의 성서 연구에서 중요한 발전 중 하나는 성경의 텍스트에는 역사지향적인 질문 외에도 물을 만한 가치가 있는 타당한 질문들이 존재한다는 인식이었다. 즉 성경에는 텍스트 배후의 세계 이상의 것, 즉 **텍스트의 세계** 역시 존재한다. 몇몇 학자들은 문학 연구 같은 다른 분야와 학문의 발전에 영향을 받아 지금 우리에게 있는 성경의 텍스트에 대해 새롭게 흥미를 느끼게 되었다.

　　오경에 관한 문학적 연구는 대개 내러티브 자료들에 사용되었다. 그런 접근법들은 특히 구성, 성격 묘사, 언어유희 같은 요소들에 집중한다. 문학과 내러티브 요소들에 대한 이해에 있어서 중요한 발전은 R. 알터의 책인 『성서의 이야기 기술』(*The Art of Biblical Narrative* 1981, 아모르문디 역간)이었다. 히브리 성경과 그 언어에 정통한 유대 문학비평학자인 알터는 성경 전체, 특히 내러티브 텍스트들에서 발견되는 문학적 예술성을 강

128

제2부
주제별 탐구 및 비평적 탐구

조했다. 알터는 성경과 그것의 기원에 관련된 다양한 역사적-비평적 이슈들에 대해 알고 있었지만, 의도적으로 문학적 창조성을 발휘하여 형성되었음을 암시하는 텍스트들이 존재한다고 주장했다. 알터는 그 책에서 그런 사례에 해당하는 오경의 많은 텍스트를 찾아냈고, 그 책은 그 분야에서 큰 영향력을 갖게 되었다. 이후에 그가 주석을 단 오경 번역(2004) 역시 성경의 처음 다섯 권의 책들의 많은 문학적·내러티브적 차원들을 강조했다.

학자들은 때때로 오경 전체에서, 그러나 대체로 오경의 일부분에서 발견되는 다양한 자료에 대해 점차 이런 식으로 문학적인 초점을 맞추는 연구를 수행하게 되었다. 우리는 우선 D. J. A. 클라인즈를 언급할 수 있을 것이다. 그는 오경 전체에 대한 문학적 해석을 제공하고 그 모음집 전체를 아우르는 주제를 찾아낸다. 클라인즈는 오경에 들어 있는 하나의 자료나 한 권의 책의 주제를 조사하기보다는 오경의 "최종 형태", 즉 지금 우리에게 있는 오경이라는 주제를 연구한다. 이렇게 하는 배후의 동기는 유대교와 기독교 전통 모두에서 모음집으로서 오경의 중요성에 대한 인식이다. 클라인즈는 오경의 주제를 "조상들에 대한 약속 또는 축복의 부분적인 성취"—이는 부분적인 미성취도 암시한다—라고 적시한다 (1997: 30). 그는 이 약속에는 후손, 하나님과 인간 사이의 관계, 땅이라는 세 가지 요소가 있다고 주장한다. 그는 이 요소들이 상호의존적이라고 주장한다. 야웨의 약속은 하나님과 인간 사이의 관계와 관련이 있어야 하는데, 이 약속은 후손에 대한 약속이고 땅을 포함함으로써 가치를 얻는다. 그는 자신이 오경의 중요한 세 부분이라고 간주하는 것—창세기 12-50장, 출애굽기와 레위기, 민수기와 신명기—을 적시하는데, 이 부분들은 각각 이 삼중의 약속의 한 요소를 포함하고 있다. 창세기 12-50장은 아브라함과의 약속을 통한 후손과 관련이 있고, 출애굽기와 레위기는 하나님과 인간 사이의 관계에 초점을 맞추며, 민수기와 신명기는 땅이라는 개념을 탐구한다.

반면에 오경에 관한 대다수의 문학적인 연구는 텍스트의 좀 더 작은 단위 및 다섯 권의 책 안에서 발견되는 등장인물들과 주제들에 초점을 맞췄다. 이에 대한 몇몇 사례에는 창세기의 내러티브 이슈에 대한 연구(Fokkelman 1975), 창세기에 나타난 하나님의 문학적 특징 탐구(Humphreys 2001), 문학으로서 레위기 연구(Douglas 1999)가 포함된다. 이 모든 것들은 다양한 방식으로 텍스트의 세계와 거기서 발견되는 문학적 요소들로 초점을 옮겼다.

3. 독자 중심 접근법과 이론적 접근법

위에서 언급된 문학적 접근법들의 가치는 그 접근법들이 텍스트의 내용을 진지하게 다룬다는 것이다. 그러나 누군가에게 어떤 주제를 하나의 책 또는 모음집의 중심적인 메시지로 식별하게끔 이끄는 요인들은 종종 개인적인 해석에 맡겨진다. 사실 클라인즈는 1978년 저서에 대한 "후기"인 1997년 저서에서 바로 이 점을 인식한다. 그는 전에는 자신이 식별했던 주제가 저자가 의도했던 의미라고 생각했지만, 지금은 그것이 반드시 본래 의도되었던 의미는 아니고 단지 자신이 그 텍스트에서 만났던 의미라고 간주할 것이다. 이렇게 이해하는 방향으로 전환한 학자는 클라인즈만

이 아니다. 지난 수십 년간 성서학에서는 주관성이 비난받아서는 안 되며, 객관적이라고 간주된 접근법들 자체도 주관성으로 오염되어 있다고 인식하는 경향이 있었다. 실제로 현재의 성서 연구 풍토에서는 다양한 독법의 가치가 인식되고, 독자의 주관적 역할이 인정된다. 그런 인식은 독자 중심 접근법과 이론적인 접근법에서 중요한 역할을 한다. 우리는 이런 접근법을 **텍스트 앞의 세계**에 대한 탐구로 간주할 것이다. 이 접근법들은 읽는 사람의 관심사들과 관점들에 의존하고, 텍스트를 다양한 사회적·문화적·이론적 관점에서 조사하는 방법론들을 포함한다.

아마도 페미니스트 독법이 이러한 유형의 해석 중 가장 유명한 해석일 것이다. 그런 독법들은 성서 연구와 오경 연구에 중요한 공헌을 했다. 페미니스트 독법들은 종종 무시되었던 여성에 관한 이야기들을 재요구·재발견하기, 텍스트를 읽고 가부장제 이슈를 강조하며 그 텍스트와 그것의 전제들에 도전하기 등 여러 형태를 취할 수 있다. A. 브렌너(A. Brenner)가 『창세기에 대한 페미니스트 안내자』(*A Feminist Companion to Genesis*) 서론에서 쓴 것처럼, 페미니스트 접근법은 "반여성적 편견을 드러내거나, 텍스트를 새롭게 읽음으로써 그 텍스트를 교정하거나, 수정주의 접근법을 통해 그러한 편견을 개혁할 수 있다." 그러나 그녀는 이 모든 독법에서 "몇몇 형태의 반대로 읽기가 불가피하다"고 말한다(1993: 1). 브레너가 편집한 『창세기에 대한 페미니스트 안내자』(1993)와 『출애굽기-신명기에 대한 페미니스트 안내자』(*A Feminist Companion to Exodus-Deuteronomy* 2000)는 페미니스트 해석이 성경 텍스트와 관련을 맺는 다양한 방식을 제공한다는 점에서 유용하다. 이러한 다양한 관점을 반영한 오경 자료 해석을 제공하는 다른 연구로는 I. 피셔([1995] 2005), P. 트리블

(1984), J. C. 엑섬(2016)의 저술이 있다.

의도적으로 독자들과 그들의 사회적 위치에 집중하는 추가적인 접근법으로는 해방주의 독법과 탈식민주의 독법이 있다. 해방신학에서 영감을 끌어낸 해방주의 독법은 텍스트가 어떻게 특히 사회의 주변부에 있는 사람들에게 해방을 위한 힘이 될 수 있는지에 초점을 맞춘다. G. V. 픽슬리의 출애굽기 주석(1987)은 출애굽과 그에 관련된 사건들이 어떻게 해방 모티프 관점에서 읽힐 수 있는지에 초점을 맞춘다. 한편 A. 래피(1998)는 그녀가 "해방-비평적 읽기"라고 부른 오경 연구를 제시했는데, 이 방법은 페미니스트와 해방주의자 모두의 텍스트 읽기에서 영감을 도출해서 텍스트가 해방의 원천으로 사용될 수 있는 건설적인 방식에 초점을 맞춘다.

탈식민주의 성서비평은 이와 관련이 있으면서도 구별되는 접근법이다. 이 접근법은 식민주의가 성경 텍스트들의 출현에 어떤 영향을 주었는지에 관심을 기울일 뿐만 아니라, 성경이 이러한 역학들에 비추어 어떻게 해석되어왔고 지금도 어떻게 해석되고 있는지에 관해서도 관심을 기울인다(Sugirtharajah 2006). 따라서 탈식민 비평은 이스라엘의 경전이 주로 이 백성 집단이 고대 근동의 대제국 통치하에 있었을 때 출현했다는 것이 무엇을 의미할 수 있는지 묻는다. 그러나 이 접근법은 이스라엘과 그 이웃들 간의 복잡한 관계의 함의, 그리고 그 관계와 이스라엘의 땅(또는 식민지화) 사이의 관계도 탐구한다. 마지막으로, 탈식민 비평은 역사 전체를 통하여 성경을 사용해서 민족들과 사회들을 예속시킨 다양한 방식 및 식민지 개척자들과 식민지 주민들의 관점에서 텍스트를 읽는 것이 어떻게 빛을 비춰주기도 하고 도전적이기도 할 수 있는지를 살핀다. 오경과 관련해서는 주로 이 책들의 발전과 형성이 어떻게 그 시기의 제국들(이집트부터 페르시아까지)과 관련이 있을 수 있었을지 및 이 텍스트들이 어떻게 다양한 상황에서 제국주의적인 목적(땅에 대한 신적 권위 등; Yee 2010을 보라)을 위해 사용되었는지에 대해 관심이 기울여졌다.

우리는 페미니스트 독법과 탈식민주의 독법 모두 텍스트의 관점에 도전할 수 있음을 지적했다. 그러한 독법들은 종종 이념적 성서 비평 또는 이념적 비평으로 불린다. 이 독법들은 성경을 뒷받침하는 이념 또는 사상 체계의 정체를 드러내려고 노력한다. 이러한 독법 중 텍스트 안에 나타난 힘의 체계로 돌아가서 성경이 계속해서 억압의 도구로 사용되는 방식을 강조하는 독법이 많다. R. 리드가 말한 것처럼, "이념**으로서** 텍스트에 초점을 맞추면⋯질문의 위치(locus)가 바뀐다. 문제는 더 이상 텍스트가 자료 조작이나 전승의 역사를 통해 그것의 메시지를 왜곡했다는 것이 아니라 텍스트 자체의 메시지다"(2010: 116). 성경의 유일신론과 그것의 함의에 관한 R. 슈바르츠(1997)의 연구는 오경 자료에 대한 이러한 종류의 이념적 비평 사례 중 하나다. 거기서 그녀는 히브리 성경에 제시된 유일신론 개념이나 선택 개념은 하나님과 종교적 정체성의 이름으로 폭력과 억압으로 이어진 위험한 아이디어라고 주장한다.

페미니스트 관점과 탈식민주의 관점 같은 독법의 등장으로 다른 이론적 접근법들이 성서 연구의 전면에 등장하게 되었다. 이런 접근법에서는 새로운 방식으로 성경의 자료를 해석하고 그 자료와 관계를 맺는 것을 목표로 하는 특정한 관점이나 관심사에 비추어 성경 텍스트를 읽는다. 이러한 접근법에는 아래와 같은 예가 포함된다.

1. 성경의 텍스트에서 공간과 장소가 어떻게 생각되고 사용되는지를 살피는 공간 이론의 사용(Berquist and Camp 2008),

2. 충격적인 사건들이 어떻게 성경의 텍스트를 형성했는지를 탐구하는 트라우마 이론의 사용(Carr 2014),

3. 텍스트들의 제의적 측면들을 더 잘 이해하기 위해 제의 이론을 사용하는 연구들(Watts 2005),

4. 최근 수십 년간 환경에 관한 관심의 출현에 대응하는 환경적·생태학적 독법들(Habel 2011).

마지막으로, 수 세기 동안 이어져 내려온 성경의 사용과 영향을 탐구하는 넓은 영역인 수용사에 관한 관심 증가를 언급할 가치가 있다(Lyons and England 2015). 여기서 초점은 성경의 텍스트에 맞춰지는 것이 아니라 그 텍스트가 역사상 다양한 장소의 다양한 사람에게 어떻게 읽히고, 이해되고, 사용되었는지에 맞춰진다. 수용사는 이 텍스트들이 오랫동안 독자들과 청자들에게 어떻게 사용되고 이해되었는지에 초점을 맞추기 때문에 독자들과 텍스트 앞의 세계의 역할을 강조한다. 오경과 관련해서는, 그러한 연구는 다양한 종교 전통에서 모세라는 인물의 수용에 관한 탐구(Beal 2014), 창세기의 다양한 사용에 대한 조사(Hendel 2013), 그리고 오경의 이야기들이 영화에서 어떻게 수용되었는지에 대한 연구(Shepherd 2008) 등을 포함했다. 음악, 역사, 정치학, 예술 같은 다른 분야 및 학문과의 관련성 때문에 수용사는 성서 연구에서 학제 간 연구가 전면으로 그리고 중심으로 등장하는 데 도움이 되었다. 우리는 14장에서 오경의 수용을 다시 다룰 것이다.

4. 신학적 접근법

여기서 논의되고 있는 성경책들이 유대교와 기독교에서 중심이 되는 신성한 텍스트들이기 때문에 독자들이 오랫동안 이 글들의 신학적인 측면에 관심을 기울였다는 것은 놀랄 일이 아니다. 실제로 우리가 14장에서 논의하는 바와 같이 이 처음 다섯 권의 책들은 기독교와 특히 유대교가 등장할 때부터 매우 중요했다. 그러나 성경에 관한 학문적 연구에 흥미가 있던 사람들은 신학적 질문과 관심사들을 추구했으며, 그러한 연구들은 흔히 위에서 언급된 많은 방법론과 접근법을 사용한다는 점을 언급할 가치가 있다. 실제로 텍스트 배후의 세계(역사적 관심사), 텍스트의 세계(문학적 관심사), 텍스트 앞의 세계(독자 중심적 관점)를 이용하는 신학적 접근법들이 존재한다.

우선, 성경에 대한 신학적 성찰은 역사적 연구를 이용하고, 아마도 그것과 결합하기까지 해야 한다고 주장하는 사람들이 있다. 오경의 기원과 형성에 관한 연구가 이 텍스트들에 관한 신학적 성찰을 제거하지 않았다는 사실에서 우리는 이에 대한 예를 발견할 수 있다. 예컨대 N. 로핑크는 오경의 배후에 놓여 있는 자료들에 대한 기본적인 전제를 수용하고, 여기서부터 그가 "P"와 "D"에서 식별한 몇몇 주요 주제들을 연구한다. 이는 개별적인 몇몇 특정 텍스트들을 자세하게 살펴보는 것만 아니라 그 자료들 안에서 특정한 주제들을 조사하는 형태도 취한다. 그의 논문 "제사장 내러티브와 역사"(The Priestly Narrative and History)는 재미있는 사례다. 이 논문은 제목이 암시하듯이 제사장 전승의 글들에서 발견되는 역사에 대한 이해를 탐구한다. 로핑크는 제사장 내러티브가 특별한 청중과 목적을 염두에 두고 쓰였다고 주장한다. 그는 이것이 유배지에 있는 사람들을 격려하고 그들에게 미래에 대한 희망을 주기 위해 쓰였다고 말한다. 로펭크는 제사장 문서의 이야기들을 "전형적"인 이야기로 간주한다. 즉 그 이야기들은 어떻게 이스라엘이 존재할 수 있었는지에 대한 예를 제공한다. 그 내러티브에서 세상은 "반복적으로 완전한 형태에서 불완전한 상태로" 타락한다(1994: 172). 이는 유배지의 독자들에게 그 과정 안으로 다시 들어갈 것과 하나님이 의도한 상태의 양상으로 돌아갈 것을 촉구한다.

학자들이 역사적인 렌즈를 통하여 신학을 탐구하는 접근법만 취한 것은 아니다. 실제로 위에서 개괄된 좀 더 넓은 전환들―최종 형태의 성경 텍스트의 문학적 요소들에 대한 인정 및 성경 해석에 영향을 준 다양한 관점과 신학적 틀에 대한 인식으로의 전환―은 성경의 신학적 차원을 탐구하는 데 흥미가 있는 사람들에게 중요한 함의가 있었다. 이 점에서 핵심인물이 B. S. 차일즈(1985)다. 그는 이 텍스트들의 최종 형태의 신학적 측면을 탐구했다. 차일즈는 정경 형태의 텍스트―즉 유대인들과 그리스도인들이 물려받은 대로의 텍스트―를 해석 노력의 중심에 위치시켰기 때문에 이것을 정경 접근법이라고 불렀다. 차일즈의 연구는 이 텍스트들과 그 기원에 관련된 중요한 역사적 이슈에 대해 알고 있으면서도 성경 텍스트의 문학적·신학적 차원을 탐구하는 데 흥미가 있었던 많은 학자에게 영감을 주었다.

오경과 관련하여, 다섯 권 전체와 관련된 이러한 문학적·신학적 관심사들을 결합한 많은 연구가 제시되었다. T. E. 프레타임은 오경을 현재 형태대로 연구하고 클라인즈처럼 전체를 아우르는 주제를 찾아내는

데, 그는 그 주제를 "독자들의 삶과 신앙을 형성하기 위해" 텍스트 안에 존재하는 의도로 본다(1996: 62). T. D. 알렉산더(2012)는 그가 오경에서 찾아낸 많은 주제에 관심을 집중한다. 그는 오경이 다양한 주제가 합쳐져서 아브라함, 이삭, 야곱의 자손들과 하나님 간의 관계라는 통합적인 주제를 형성한다고 이해한다. 오경의 신학에 대한 이러한 총체적인 연구도 있지만, 오경의 부분들 안에 있는 신학적 요소를 더 잘 이해하기 위해 좀 더 작은 단위, 주제, 등장인물을 조사하는 연구들이 더 흔하다. 오경 안의 개별 책들의 신학에 관한 연구로는 R. W. L. 모벌리의 창세기의 신학 분석(2009) 및 R. S. 브릭스와 J. N. 로어(2012)가 편집한, 토라 각 권을 탐구하는 논문 모음집이 있다. 선민으로서 이스라엘 개념(Lohr 2009) 같은 오경 안의 신학적 모티프를 고려했거나, P. D. 밀러의 십계명 연구(2009)처럼 오경 안의 특정한 텍스트 단위에 초점을 맞춘 학자들도 있다.

마지막으로, 독자 중심 접근법과 신학적 관심사를 결합한 많은 연구가 등장했다. 따라서 페미니스트와 신학적 관심사에 민감한 독법(Trible 1984) 및 성경 텍스트의 이념적인 측면을 고려하려고 시도하는, 신학적 소양이 잘 갖춰진 독법(Brueggemann 1997)이 나타났다. 여기서 언급된 독법들의 경우, 신앙 공동체의 삶에서 성경이 여전히 중요하기 때문에 필요할 경우―예컨대 여성의 소외와 같은―텍스트의 가정에 대해 의문을 제기하는 것은 신학적 과업의 일부로 간주된다.

따라서 다른 관점 및 접근법에서와 마찬가지로 신학적 해석은 최근에 새로운 흥미와 관심을 받았다. 그런 연구는 역사적·문학적 또는 독자 중심적 연구를 활용할 수 있고, 오경 전체를 포괄하는 연구에서뿐만 아니라 이 모음집 안에 있는 특정한 텍스트, 주제, 등장인물에 초점을 맞추는 연구에서도 발견될 수 있다.

5. 예: 창세기 22장

위에서 대략적으로 설명된 다양한 관점이 하나의 특정한 오경 텍스트와 관련하여 어떻게 사용될 수 있는지 예를 들어보면 도움이 될 것이다. 우리는 여기서 아브라함이 이삭을 제물로 바칠 뻔했던 이야기(때때로 **아케다** 또는 이삭의 "결박"이라고 불린다)인 창세기 22장에 초점을 맞출 것이다.

우선, 우리가 이 텍스트에 관해 질문할 수 있는 역사 지향적인 질문이 존재한다. 예컨대 학자들은 창세기 22장의 기원과 형성에 대해 탐구하고서 마지막 절들(15-18절)이 다른 자료나 전승에서 유래한 이야기에 대해 후대에 추가된 것이라고 주장한다(Westermann 1995). 다른 학자들은 이 텍스트의 사회적·문화적 측면들을 조사해서 이 이야기가 고대 세계 때부터 알려진 관습인 아동 제사를 고대 유대교에서 폐지한 것에 관한 내러티브적 설명이라고 주장한다(Green 1975). 이 두 사례에서 학자들은 텍스트의 배후로 가서 텍스트의 기원, 메시지, 맥락을 더 잘 이해하려고 노력한다.

학자들은 또한 창세기 22장에서 문학적 이슈 및 텍스트와 관련된 이슈를 주목하고, 그 이야기가 좀 더 넓은 성경 정경에서 차지하는 위치뿐만 아니라 내러티브 요소에도 집중했다. 고대의 랍비들은 인신 제사를 드리려고 했던 장소인 모리아 산의 위치에 초점을 맞추었는데, 그들은 성경에 나오는 이곳의 지리적 위치에 관한 다른 언급들을 토대로 이 사건이 사실은 예루살렘의 거룩한 산에서 발생했다고 주장한다(Moberly 2000). 반면에 문학비평학자인 E. 아우어바흐(1953)는 이야기 안에 있는 간결한 언어와 다양한 틈을 주목하고 그 텍스트가 "배경으로 가득 차" 있어서 독자를 이야기 안으로 끌어당기는 효과가 있다고 평한다.

독자 중심 접근법과 이론적 접근법은 이 이야기를 읽으면서 주목하게 되는 다른 이슈들을 강조하는 경향이 있다. 예컨대 페미니스트 비평은 사라가 이 내러티브에 등장하지 않는다는 점에 주목했고, 이삭의 어머니인 그녀가 왜 이 비참한 장면에서 아무런 역할을 하지 않는지를 질문했다(Trible 1991). 반면에 이념적 비평은 하나님이 아브라함에게 그의 아들을 죽이라고 요구한 사실에 의해 제기된 윤리적 도전을 지적했다. 아브라함이 그 행위를 완수하도록 강요받지 않았다고 할지라도 애초에 아들을 죽이라고 요구받았다는 사실은 엄연한 실재다(Gunn and Fewell 1993). 수용사에 관심이 있는 학자들은 이 장면의 음악적 표현(Dowling Long 2013), 이슬람 전통에서 이 일화의 재연(Firestone 1989) 등 다양한 이슈에 집중했다.

마지막으로, 이 일화는 신학적 해석에 많은 영감을 제공했다. 아브라함은 오랫동안 유대교와 기독교 전통 모두에서 경건, 신앙, 순종의 모델로 여겨졌다(예컨대 히 11:17-19을 보라). 현대 학자 중에서는 J. D. 레벤슨(1993a)이 상징적으로 죽지만 결국 새 생명을 받은, 사랑받는 아들이라는 더 넓은 성경의 모티프에 대한 이 이야기의 역사적·신학적 기여를 탐구했다. 기독교의 관점에서는 모벌리(2000)가 아브라함이 어떻게─신약성경의 예수와 비슷한 방식으로─시험을 극복하고 진정한 하나님 경외를 보여준 사람들의 모델인지를 탐구했다.

이처럼 학자들이 창세기의 이 한 장을 읽고 해석할 때에도 다양한 방법론과 접근법이 사용되었다. 물론 이 접근법들은 상호 배타적인 것이 아니다. 학자들이 이 이야기를 이해하려고 할 때 종종 역사적·문학적 접근법과 더불어 독자 중심적 또는 신학적 관심사들을 사용하듯이 말이다.

6. 결론

이 장의 서두에서 언급되었듯이 독자들이 오경을 포함하여 성경의 텍스트에 관여하는 방법이 점점 더 많아지고 있다. 당신의 특별한 흥미나 관심사가 무엇이든 간에, 우리는 성경을 연구할 때 역사적·문학적·독자중심적·신학적 관심사가 좋은 출발점이라고 제안한다. 점점 더 많은 학자가 그들의 연구에 다양한 방법론과 접근법을 채택하고 있으며, 많은 학자들이 위에서 개략적으로 설명된 다양한 경계를 넘나든다(Roskop Erisman 2014)는 점을 다시 언급할 가치가 있다. 자신의 연구에서 몇 가지 역사비평적 도구들을 사용할 뿐만 아니라 문학적·독자중심적 접근법도 사용하는 성서학자를 발견하는 것은 특이한 일이 아니다. 이런 의미에서 방법론과 접근법들은 학자들이 사용하는 도구들이며 다양한 도구들은 다양한, 그러나 때때로 보충적인 목적에 적합하다는 것을 유념해야 한다.

이어지는 장들에서 우리는 오경의 많은 부분과 주제를 탐구할 것이다. 그러는 과정에서 우리는 역사적·문학적·독자중심적·신학적 접근법 등 위에서 개괄된 다양한 방법론과 접근법을 사용해서 이 텍스트들이 읽히고 해석될 수 있는 다양한 방법을 보여줄 것이다.

성서 연구에서 사용되는 다양한 방법론과 접근법에 대한 유용하고 이해하기 쉬운 개론으로는 모이스(Moyise 2013)의 저서가 있다. 특별히 히브리 성경(그리고 그 안에서의 오경) 연구에 초점을 맞춘 다른 연구로는 바튼(Barton 1996), 길링험(Gillingham 1998), 베이커와 아놀드(Baker and Arnold 1999)의 저서들이 있다. 성서 연구에서 좀 더 최근의 발전과 접근법에 관해서는 클라인즈(Clines 2015)를 참조하라. 창세기(Hendel 2010), 출애굽기(Dozeman 2010)에 대한 접근법들에 관한 논문 모음집과 같이 오경 안의 특별한 책들에 대한 접근법에 초점을 맞추는 유용한 자료도 있다. 성경 해석의 역사에 흥미가 있는 사람에게는 소울렌(Soulen 2009)이 이해하기 쉬운 개론을 제공한다. 한편 하우저와 왓슨(Hauser and Watson 2003, 2009)의 여러 권으로 된 시리즈는 좀 더 포괄적인 탐구를 제공한다.

제9장

원역사
(창 1-11장)

창세기의 첫 장들은 성경에서 가장 유명한 몇몇 이야기를 포함하고 있다. 세상의 창조, 아담과 하와, 에덴동산, 가인과 아벨, 노아와 홍수 등은 유대 전통과 기독교 전통에 영향을 끼쳤을 뿐만 아니라, 우리가 사는 세상에도 헤아릴 수 없는 영향을 준 이야기들이다. 중요하고 잘 알려진 이 이야기들은 매우 복잡하며 생각할 거리도 많이 제공한다. 역사, 인류학, 성(gender), 생태학에 관한 질문들 모두 이 이야기들이 어떻게 읽히고 이해되어야 하는지에 관해서 일정한 역할을 담당한다. 이 장에서 우리는 창세기 1-11장 연구에서 등장하는 이런 이슈 및 기타 여러 이슈를 탐구할 것이다.

1. 창세기 1-11장의 구성과 형성

창세기의 첫 장들에는 다양한 자료나 전승이 작용하고 있음이 명백하다. 그러나 이 전승들의 관계를 어떻게 이해할지는 또 다른 문제다. 전통적인 자료비평은 원역사가 "J"와 "E" 문서(또는 "JE")뿐만 아니라 "P" 문서에서 채택한 자료로 구성되었다고 주장했다. 지배적인 "야웨" 자료는 초기 왕정 시기에 출현했고 오경 안에 들어 있는 이후의 "J" 자료와 결합되었다고 주장되었다. 반면에 "제사장" 자료는 포로기 또는 포로기 후에 출현해서 이 장들에 들어 있는 "JE" 자료를 보충한다고 여겨졌다.

몇몇 학자들은 여전히 대체로 문서가설과 비슷한 발전 이론을 지지하는데, 특히 창세기 1-11장에 들어 있는 "J"는 "P"보다 먼저 출현했고 창세기 12-50장과 연속성이 있다고 주장한다(Hendel 2011). 그러나 우리는 7장에서 최근 수십 년간 오경 연구의 몇몇 전개에서 "J" 자료와 "E" 자료에 의문을 제기했음을 지적했다. 점점 더 많은 학자들이 창세기 1-11장에서 "P" 전승과 "non-P" 전승에 대해 말하기를 선호하기 때문에 이러한 전개는 원역사의 연구에 큰 영향을 끼쳤다. 작성 연대와 관련된 질문도 제기되었다. 따라서 최근의 연구들은 "P" 자료들이 포로기 또는 포로기 후의 배경을 갖고 있기는 하지만 사실상 원역사에서 가장 초기의 자료이고, "non-P" 자료는 제사장 문서가 등장한 뒤에 첨가된 것이라고 주장했다(Blenkinsopp 2002). "non-P" 자료가 "P" 자료를 보충하는 첨가물인지, 아니면 이 "non-P" 자료가 조상들 이야기와 같이 오경 안의 다른 전승들과는 무관하면서도 일관성 있는 하나의 단위를 형성하는지에 관한 논쟁이 계속되고 있다(Gertz 2011, 2012에 수록된 논의를 보라). 따라서 학자들은 원역사에는 하나로 합쳐진 최소한 두 개의 식별 가능한 문서층이 존재한다는 데 일반적으로 동의하지만, 어느 자료나 전승이 가장 초기의 것인지, 또는 "non-P" 자료가 그 자체로 독립적인 단위인지 아니면 다른 오경의 전승에 연결되었는지에 관한 문제에는 합의가 존재하지 않는다.

2. 창세기 1-11장의 장르와 배경

유대인, 그리스도인 그리고 관심이 있는 기타 독자들은 오랫동안 창세기 1-11장에 매료되기도 하고 당혹스러워하기도 했다. 많은 사람이 성경은 어떤 의미에서는 역사라고 가정하기 때문에 현대의 독자들에게 이 장들은 특히 혼란스러워 보일 수 있다. 이와 관련하여 특히 근대에 들어와서 이 장들을 과학 발전에 비추어 어떻게 이해할 것인가라는 문제가 두드러지게 되었다. 특히 북미에서는 심지어 뉴스를 얼핏 보기만 해도 창조나 진화에 관련된 질문들이 많은 사람에게 여전히 중요한 문제임이 드러날 것이다.

물론 성경에는 상당한 양의 역사가 존재하고, 실제로 역사적인 내용이 존재한다. 그러나 원역사는 확실히 현재 우리가 이해하는 의미의 역사는 아니다. 그리고 비록 이 텍스트들이 존재론적·우주론적인 문제에 관심을 기울이기는 하지만 현대적 의미에서 과학적인 서술은 아니다(창세기와 과학에 관련된 질문들에 관해서는 Barton and Wilkinson 2009에 수록된 논문들과 Harris 2013을 보라). 그렇다면 독자들은 이 장들에 관해 어떻게 생각해야 하는가? 이 장들의 장르와 그러한 이야기들이 나타나게 된 역사적 배경이 고려될 필요가 있다.

앞에서 우리는 창세기 1-11장을 "원역사"라고 불렀는데 이 용어는 학자들이 창세기 1-11장에서 묘사된 사건들을 가리킬 때 종종 사용하는 어구이며, 일반적으로 고대의 역사가들이 기록된 역사에 앞서는 시기를 가리킬 때 사용하는 용어다. 많은 문화에 존재하는 원역사의 이야기들은 종종 세상의 기원과 관련이 있다. 학자들은 이러한 "원역사" 안에 포함된 이야기들을 대개 신화로 지칭한다. 특히 현대의 용어에서 신화는 점점 더 사실이 아닌 어떤 것을 가리키는 데 사용되기 때문에 원역사 이야기를 신화로 지칭하는 것은 문제가 될 수 있다. 몇몇 사람은 "신화"라는 단어에서 공상적인 동화, 즉 대체로 허구이고 사실에 근거하지 않은 이야기를 떠올린다. 그 단어를 "도시 괴담" 즉 "친구의 친구"에게 발생했다고 전해지지만 결코 실제로 입증된 적이 없는 이야기와 동일한 것으로 간주하는 사람도 있다. 그러나 성경의 이야기들이 "신화"로 지칭될 때, 이 단어는 위에서 말한 것을 의미하지 않는다. 오히려 창세기 1-11장에 수록된 것과 같은 이야기들은 비록 원시의 과거를 배경으로 하고 있을지라도 이 내러티브들을 말하고 전달했던 사람들의 세계관을 반영했기 때문에 고대 세계에서 중요했다(Gertz 2012). 이 문제 및 다른 문제들 때문에 신화라는 언어가 충분치 않다고 생각하는 사람이 많다(Fretheim 1994b; Moberly 2009).

현대의 학자들은 "신화"에 대한 대안적인 정의를 많이 제공했지만, 그 용어를 사용할 경우의 어려움은 상존한다(Rogerson 1974; Fishbane 2003). 그것의 사용에서 발생하는 문제들에도 불구하고 "신화"라는 단어는 창세기 1-11장에 있는 이야기들의 예외적인 성격에 대한 신호를 보내기 때문에 유용하다. 이 이야기들에서 뱀이 말하고, 천상의 존재가 인간 아내들을 취하며, 여러 동물이 한 배 안에서 여러 날 동안 평화롭게 지내고, 인간들은 하늘에 닿는 탑을 지으려고 시도한다. 우리가 이 내러티브들에 관해 무엇을 생각하든 간에, 그것들의 이례적인 성격을 부인할 수는 없다. 그 이야기에 등장하는 인물들은 우리의 세상과는 전혀 다른 세상에 거주한다. "신화"라는 단어는 우리에게 이 차이에 대한 신호를 보내고,

창세기 1-11장에 포함된 이야기들의 형태에 대해 우리를 준비시킨다. D. E. 캘린더(2014)의 논문들은 신화와 성경 사이의 관계에 관한 유용한 설명을 제공하며, 몇몇 장들은 창세기 1-11장의 측면들에 관해 언급한다.

장르 문제와 더불어 이 텍스트들의 고대의 역사적 배경도 고려해야 할 중요한 문제다. 이 이야기들은 고대 근동에서 출현했는데, 성경 저자들은 명백히 자신이 처해 있던 세상에서 개념, 이야기, 모티프들을 끌어왔다. 19세기와 20세기의 고고학적 발견으로 고대 세계의 다른 곳에 많은 신화가 존재했음이 밝혀졌다. 대부분의 문화는 어떤 방식으로든 자신의 기원을 묘사하려고 시도하기 때문에, 세상의 기원을 묘사하려고 시도한 다른 이야기들이 존재했다는 것이 놀라운 일은 아니다. 이 텍스트들에 관해 주목할 점은 그것들이 성경의 이야기들과 비슷한 지역과 문화에서 유래했고 어떤 측면에서는 비슷한 세계관을 반영한다는 것이다.

"고대 근동"(〈지도 9.1〉을 보라)은 지중해 해안(남쪽의 현대의 이집트부터 북쪽의 현대의 터키까지)부터 동쪽(현대의 이란과 이라크)까지 펼쳐진 지역에 살았던 다양한 민족 집단을 묘사하는 느슨한 용어다. 고대 근동 전역과 그곳 이외의 지역에서 유래한 텍스트들에서 많은 평행 텍스트가 발견되었지만, 수메르, 아카드, 바빌로니아, 이집트 그리고 우가리트에서 발견된 평행 텍스트들이 가장 현저하다. 수메르, 아카드, 바빌로니아의 텍스트들은 모두 유프라테스강과 티그리스강에 의해 경계가 지어지는 영역인 메소포타미아에서 다양한 시기에 유래했다. 수메르 문명은 기원전 3000년대에서 2000년대 초에 전성기에 도달했다. 수메르인들은 셈족이 아니었고, "수메르어"를 사용했는데, 이 언어는 구어로서는 기원전 2000년대에 소멸되었지만 문자 언어로서는 훨씬 더 오랫동안 계속 사용되었다. 아카드인들은 셈족이었는데, 그들의 힘은 기원전 3000년대 말 무렵에 커지기 시작했다. 기원전 2000년대에 그들의 영향력은 북부 메소 포타미아의 아시리아인들과 남부 메소포타미아의 바빌로니아인들에 의 해 대체되었다. 남쪽에서는 이집트 제국이 오랜 기간에 걸쳐 여러 중요한 텍스트들을 생성했다. 유명한 이 대제국들에서 생성된 텍스트들은 오랫 동안 창세기 내러티브들과 평행하는 자료를 포함하고 있는 것으로 인식 되어왔다. 한편 20세기에 발견된 고대 왕국 우가리트의 자료 역시 성경 의 자료와 평행하는 내용을 포함하고 있다. 우가리트는 오늘날 시리아의 지중해 해안에 있었고, 우가리트 왕국의 수도였다. 이 왕국의 세력은 기 원전 2000년대에 절정에 달했다. 따라서 이 자료는 메소포타미아 텍스트 들보다 이스라엘/유다 땅에 지리적으로 더 가까운 곳에서 유래한 것으로 보인다.

〈지도 9.1〉 고대 근동의 세계

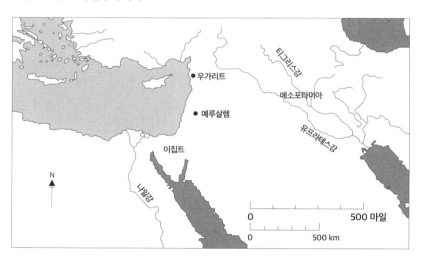

다른 고대 근동 문화에서 나온 많은 신화가 창세기 1-11장의 이야기들과는 상당히 다르지만 그것들 중 창조 이야기나 홍수 기사를 포함한 몇몇은 놀랍도록 유사해 보인다. 이로 인해 학자들이 성경의 이야기들과 다른 고대 텍스트들 사이의 연관성에 관해 숙고하게 되었다. 몇몇 학자는 창세기 1-11장을 전체적으로 읽으면 그것은 고대 세계의 이념과 신화에 대한 전복적인 비평으로서 하나님, 세계, 인간에 대한 이스라엘의 관점을 제시한다고 주장했다(Middleton 2005). 우리는 앞으로 그러한 사례 몇 가지를 살펴볼 것이다(추가 논의와 사례는 Hays 2014에서 찾아볼 수 있다).

종합하자면, 장르와 역사적 배경 모두 창세기의 앞 장들을 이해하는 데 매우 중요한 요소들이다. 우리가 이 장들에 대해 어떤 방법으로 접근하기로 결정하든 간에, 그 장들의 장르와 그것들이 등장했던 역사적 배경에 관한 질문들이 고려될 필요가 있다.

3. 창세기 1-11장의 구조상 요소와 주제상 요소

창세기의 이 첫 장들이 다양한 전승으로부터 하나로 합쳐진 것으로 보이기는 하지만 구조상 연결과 주제상 연결을 식별하는 것이 가능하다. 그러한 접근법 중 하나는 창세기 1-11장을 선과 악 사이에서 정교하게 균형을 이루고 있는 세상을 서술하는 것으로 본다. 선(善), 그에 이어지는 불완전 그리고 그에 이어지는 처벌이라는 순환은 창세기 1-11장 전체에서 반복되고 오경의 나머지 내러티브에서도 이어진다.

창세기의 첫 두 장은 창조 과정과 이 창조의 "선함"에 대한 묘사에 할애된다. 불완전은 창세기 3장에서 아담과 하와가 하나님이 동산에 있는 나무 열매 중 하나를 먹는 것을 금지한 것을 통해 그들에게 두었던 경계를 위반함으로써 시작된다. 그들에 대한 하나님의 심판으로 그들은 동산에서 추방되고 삶의 수고가 증가했다. 이 양상은 창세기 4장에서 그들의 아들 가인의 죄에서 계속된다. 이 이야기에서 가인은 하나님이 그에게 두었던 경계―이번에는 움직이지 못하는 나무와 관련된 경계가 아니라 자기의 동생과 관련된 경계다―를 허문다. 계속적인 추방이 그에 대한 처벌이다. 그는 여기저기를 떠돌아야 한다.

창세기 6:1-4에서 이 양상이 계속된다. 이번에는 "하나님의 아들들"이 하나님이 정한 경계를 허물고 하늘과 땅 사이의 경계를 넘어 인간을 그들의 아내로 취한다. 처벌이 선언되지는 않지만, 곧바로 홍수가 발생하고 그 홍수는 모든 인간에 대한 처벌로 나타난다. 다시금 처벌은 추방이라는 주제를 포함한다. 움직이는 모든 피조물이 하나님이 만든 세상에서 추방된다. 예외적으로 노아와 그의 가족 그리고 모든 종류의 대표적인 동물은 살아남아서 하나님의 약속을 받는다. 창세기 9:20-29에서 이 양상에 대한 새로운 요소가 출현한다. 함은 "그의 벌거벗음을 봄"(그 행동의 의미는 불확실하다)으로써 자기 아버지에 대해 죄를 짓는다. 따라서 그는 하나님에 의해 저주받는 것이 아니라 그의 아버지에 의해 저주받는다. 창세기 1-11장의 내러티브는 두 개의 계보들 사이에 끼어 있는, 경계 위반과 추방에 관한 마지막 이야기로 끝난다. 여기서 하늘과 땅 사이의 경계는 창세기 6장에서처럼 천상의 존재들에 의해 위협받는 것이 아니라 인간에 의해 위협받는다. 하늘의 영역을 침범하려는 시도로 바벨탑이 세워진다. 처벌로서 서로로부터의 추방이 선언된다. 하나님은 인간들 사이의 의사소통을 막고, 그들을 온 세상에 흩어지게 한다.

그러므로 우리는 창세기 1-11장의 양상을 점증하는 경계 위반과 그에 따라 점증하는 인간의 소외로 볼 수 있다. 하나님에 의해 확립된 창조 질서의 선함을 유지하기 위해서 특정한 경계들이 설정된다. 이러한 경계들을 넘으려는 시도들은 더 큰 통일이 아니라 더 큰 분리로 이어진다. 그럼에도 불구하고 그 그림이 완전히 음울하기만 한 것은 아니다. 하나님은 이 모든 과정에서 인간과 관계를 유지한다. 그리고 각각의 소외 이야기에서 하나님에 의해 제공된 은혜의 표인 두 번째 기회가 오고, 그럼으로써 그 이야기가 계속된다.

4. 창조와 에덴으로부터 추방(창 1-3장)

창세기의 첫 세 장은 중요한 많은 주제, 등장인물, 이슈를 소개한다. 이 이야기들이 다양한 방식으로 읽히고 이해되었다는 것은 놀라운 일이 아니다. 그 텍스트의 역사적 배경 파악에 관심을 가진 해석들은 일반적으로 그 텍스트의 배후에 놓여 있는 자료와 전승 및 고대 근동의 평행 텍스트라는 두 개의 주요 질문에 집중했다. 한편 다른 접근법들은 이 텍스트들로부터의 통찰을 특히 인류학, 성(gender), 환경상의 이슈들에 의존했다.

1) 두 개의 창조 이야기

창세기의 첫 두 장은 세상의 창조를 묘사한다. 하나님의 말씀으로 혼돈으로부터 새로운 세상이 출현한다. 그러나 우리가 그 텍스트를 대략적으

로 조사해보면 창세기 2장이 창세기 1장에 자연스럽게 이어지지 않는다
는 것을 알 수 있다. 오히려 창세기 1장(더 정확하게 말하자면 창 1:1–2:4a)과
창세기 2장(창 2:4b–25)은 창조에 대한 두 개의 구별되는 이야기를 제공
한다. 창세기 1장은 창조를 두 세트의 세 가지 행동에서 발생한 것으로 묘
사한다. C. 베스터만은 첫 번째 세트를 "세 개의 분리"로 부르고 두 번째
세트를 "세 개의 태동"으로 부른다(1988: 8, 9). 첫 번째 세트는 땅의 기초
들을 놓고, 두 번째 세트는 그것으로부터 생명을 야기시킨다. 〈표 9.1〉이
보여주듯이 각각의 분리는 어느 정도 태동들 중 하나에 대응한다.

〈표 9.1〉 창세기 1장의 분리와 태동

날	행동	날	행동
1	하나님이 **어둠**과 **빛**을 분리한다	4	하나님이 **광명체들**이 하늘에 떠 있도록 명령한다
2	하나님이 **하늘**과 **바다**를 분리한다	5	하나님이 **바다 생물들**과 **새들**이 생기게 한다
3	하나님이 **바다**와 **마른 땅**을 분리한다	6	하나님이 **동물들**이 생기게 하고 **인간**을 창조한다

그러나 창세기 2장에서는 이 내용은 어느 것도 언급되지 않는다. 창세기
1:11에서 하나님이 땅에게 모든 종류의 식물과 나무를 내도록 명령한다
는 사실에도 불구하고, 창세기 2:5에서는 어떤 식물도 아직 창조되지 않
았다고 말한다. 창세기 1장에서 인간은 식물들과 나무들 뒤에 창조되지
만, 창세기 2장에서는 그것들보다 먼저 창조되기 때문에 이 이야기는 창
세기 1장의 반복으로 간주될 수도 없다.
　또 다른 차이는 창세기 1장의 이야기는 창조가 어떻게 발생했는지

를 묘사하는 데 관심이 있는 반면에 창세기 2장의 이야기는 최초의 불순종 행위와 그것의 결과가 묘사되는 창세기 3장의 서막 역할을 한다는 점이다. 실로 이 두 번째 창조 이야기에서는 창조 행위에 대해서보다 이에 이어서 곧바로 등장하는 불순종 이야기에 대해서 더 관심이 있는 것처럼 보인다. 이처럼 이 두 개의 이야기는 다르게 기능한다.

이 차이들은 창세기 1장과 2장이 두 개의 독립적인 자료 또는 전승에서 유래했을 수도 있음을 암시한다. 창세기 1장은 널리 제사장 전승으로부터 작성되었을 것이라고 간주되는 반면에 창세기 2장은 비제사장(또는 전통적 자료비평에서는 "J") 전승에서 유래한 것으로 간주된다. 창세기 1장은 창조 이야기를 거의 목록 또는 시로 제시하는 반면에(첫째 날, 둘째 날 등), 창세기 2장은 사건들을 훨씬 더 유려한 이야기처럼 묘사한다. 창세기 1장에서 하나님은 멀리 있는 초월적인 존재로서 그가 명령을 내리면 그대로 실현된다. 창세기 2장에서 하나님은 창조 시에 땅 위에서 그의 손에 흙을 묻히고 아담의 반려자를 찾으려고 노력하는 등 창조 행위에 좀 더 밀접하게 연관된 것처럼 보인다. 첫 번째 이야기에서는 하나님이 신에 대한 좀 더 일반적인 이름인 엘로힘으로 불리는 반면 두 번째 이야기에서는 줄곧 하나님의 개인적인 이름(야웨)이 사용된다.

2) 창세기의 창조 기사들과 평행하는 고대 근동의 기사들

우리가 위에서 언급한 바와 같이 최근 몇 세기 동안 고대 근동에서 발견된 텍스트들이 창조 기사들 및 기타 기원 이야기 등 성경의 이야기들을 해석하는 데 빛을 비춰줌에 따라 많은 것들이 알려졌다. J. B. 프리처드의 저서『구약성경과 관련된 고대 근동 텍스트』(*Ancient Near Eastern Texts*

Relating to the Old Testament, 1969. 일반적으로 *ANET*로 줄여서 부른다)에 중요한 고대 근동 텍스트들이 많이 수록되어 있다. 좀 더 접근하기 쉬운 형태의, 가장 중요한 텍스트들의 축약된 단락들은 V. H. 매튜스와 D. C. 벤자민 (2006)의 저서에서 찾아볼 수 있다.

다른 고대 텍스트들에 창세기 1-3장의 이야기에서 발견된 몇몇 모티프들과 놀라울 정도의 평행이 발견되는데, 이러한 유사점들은 다양한 수준에서 존재한다. 몇몇 유사점들은 이야기에 포함된 모티프나 세부 사항들과 관련된다. 예컨대 창세기 2장이 하나님이 진흙으로 아담을 만들었다고 묘사한다는 사실과 같은 경미한 유사점이 존재한다. 이 개념은 다양한 고대 근동 텍스트들에 등장하지만 가장 주목할 만한 내용은 『아트라하시스 서사시』(*Atrahasis Epic*)에 들어 있다. 여기서 여신 마미는 진흙 덩이를 잘라서 인간을 만든다(*ANET*, 99-100).

그러나 유사한 세계관을 반영하거나 유사한 이야기 구조를 보여주는 좀 더 중대한 유사점 역시 존재한다. 우주론의 영역에 그러한 사례가 존재한다. 창세기 1장의 기사는 세상의 구조에 대하여 제한적으로만 묘사하지만, 예컨대 기원전 2000년대에 쓰인 것으로 추정되는 바빌로니아의 서사시 『에누마 엘리쉬』(*Enuma Elish*)에 묘사된 세상의 구조와의 평행들에 주목할 만한 충분한 정보가 존재한다. 기본적인 유사점은 창공의 존재에 대한 믿음이다. 창세기 1:6-7은 하나님이 "궁창"(dome)을 통해 물을 분리했다고 묘사한다. 히브리어 단어는 좀 더 모호하며, 문자적으로는 두드려 편 것 또는 쭉 펼쳐진 것(예컨대 얇은 금속 조각)을 의미한다. 이는 하나님이 빽빽한 물 중간에 공간을 파내고 그 안에 땅을 만들었음을 의미한다. 물이 하늘 위와 땅 아래로 흘렀지만 그 사이에는 공간이 존재했다. 『에누마 엘리쉬』에도 비슷한 개념이 존재하는데 그것은 세상의 창조를 신들 사이의 전쟁으로 제시한다. 여기서 마르두크는 여신 티아마트를 제압한 이후 그녀의 시신을 둘로 나눠서 절반으로는 하늘을 만들고 또 다른 절반으로는 땅을 만든다. 이 창조 행위는 압수(Apsu, 땅속 깊은 곳에 있는 담수-편집자 주)의 물을 봉함으로써 물 안에 생명이 존재할 수 있는 공간을 파냈다. 창세기 1장과 『에누마 엘리쉬』 사이의 유사점은 이것만이 아니다. 또 다른 놀라운 평행은 창조의 순서다. 창세기 1장은 창조의 순서를 빛의 창조, 물들 사이의 분리, 마른 땅의 창조, 하늘에 태양·달·별들을 놓음, 바다 생물들의 창조 그리고 마지막으로 동물들과 인간의 창조로 제시한다. 『에누마 엘리쉬』 역시 인간의 창조에서 절정에 달하는, 유사한 창조 순서를 제시한다. 그러나 창세기 1장과 달리 『에누마 엘리쉬』는 이러한 각 행위를 시간의 간격으로 나누지는 않는다.

이러한 유사성들은 이 전승들의 관계(만일 그런 관계가 존재한다면)와 관련된 질문을 제기한다. 몇몇 학자는 비록 텍스트들의 기능은 다르지만 창세기 1장이 『에누마 엘리쉬』(또는 고대 근동의 기사들)에 모종의 방식으로 빚을 지고 있다고 주장한다. 그 유사점들은 창세기가 그런 텍스트들을 직접 차용한 데 기인한 것이 아니라 그 텍스트들 모두 유사한 세계관을 반영하기 때문일 뿐이라고 결론지은 학자도 존재한다. 이러한 유사점들이 존재하는 이유가 무엇이든 간에, 우리는 차이점들 역시 존재한다는 것을 놓칠 수 없다. 가장 주목할 만한 차이는 성경 텍스트에 나타난 하나님의 절대적인 능력이다. 『에누마 엘리쉬』에서는 창조가 신들 사이의 전쟁의 부산물로 발생하지만, 창세기에서는 창조주로서 이스라엘의 (한 분이신) 하나님께 초점이 맞춰진다. 게다가 창세기 기사에서는 창조의 평화와 창조의 질서 정연함이 『에누마 엘리쉬』 기사에 나타난 혼돈과 뚜렷이 대조된다. 창세기 기사의 저자들이 고대의 다른 창조 기사들에 관해 알았을 수도 있지만, 그들의 신관은 근본적으로 다르다. 그럼에도 불구하고 이러한 평행 기사들은 성경의 텍스트들이 진공 상태에서 출현한 것이 아니라 고대 세계의 다른 곳에 이미 알려졌던 사상과 주제를 반영한다는 점을 상기시켜 주는 중요한 자료들이다.

3) 창세기 1-3장의 문학적 문제들과 신학적 문제들

이 장에서 지금까지 논의된 창세기 1-3장에 대한 해석들은 그 텍스트에 대한 이해에 좀 더 관심이 있었다. 예컨대 이 텍스트들이 하나님, 인간, 환경을 어떻게 보는가에 관해 이해하기 위해 문학적·신학적·독자중심적 질문을 탐구하는 해석도 존재한다.

창세기의 이 첫 장들은 유대교와 기독교 전통 모두의 신학적 담론에서 매우 중요한 텍스트였다. 특히 창조, 인류학, 불순종 및 죄 같은 주제에 대한 성찰이 중요했는데, 이 중에서 많은 주제들은 이 장들의 문학적인 측면들과 그것들이 해석되는 방식에 관련된다. 이 장들에 대한 숙고에서 등장하는 다양한 종류의 문제에 대한 맛을 보여주기 위해, 우리는 여기서 몇 가지 사례를 개괄할 것이다.

창조라는 주제는 대체로 유대교 신학과 기독교 신학의 중심적인 위치를 차지한다. 이 주제는 구약성경과 신약성경에서 반복적으로 등장하며(예컨대 욥 38:4 이하; 시 8편; 요 1장 등을 보라), 교리 논의와 윤리 논의의 중요한 부분으로 다뤄진다. 따라서 창세기에 묘사된 창조 기사는 다양한 방식으로 해석되었고, 다양한 입장을 입증하기 위해 사용되었다. 해석자들이 주목하는 흥미로운 문제 하나는 창조가 발생한 시점인 "태초"의 성격과 관련된다. 신학적 담론에서 공통적인 사상 중 하나는 하나님이 아무것도 없는 데서 세상을 창조했다는, 무(無)로부터의 창조(*creatio ex nihilo*) 개념이다. 비록 많은 사람에게는 이것이 상식적인 이해로 보이겠지만, 그 텍스트가 실제로는 이 문제에 관해 다소 모호하다. 창세기 1:2에서 저자는 형태가 없는 물 같은 혼돈에 대해 묘사하고, 계속해서 하나님이 창조를 시작할 때 바람이 그 물을 교란했다고 묘사한다. 그렇다면 물이 이미 존재했고, 이 절들이 펼쳐짐에 있어서 중요한 역할을 한 것으로 보인다. 따라서 성경은 하나님의 창조로부터 시작하고, 유일한 창조주로서 하나님의 역할에 관해 명백히 서술하지만, 그러나 이것이 "무에서" 창조된 것으로 묘사될 수 있는지는 덜 명백하다.

특히 결실이 많았던 또 다른 탐구 영역—성경 연구를 훨씬 넘는 범위로까지 확장된다—은 인간이 하나님의 형상대로 창조되었다는 개념과 관련이 있다(이 사상에 대한 유명한 라틴어 어구는 *imago dei*다). 창세기 1:26-28은 인간이 하나님의 형상(*tselem*)대로 창조되었다고 묘사하지만 이것이 무엇을 의미하는지에 관한 추가 정보는 제공하지 않는다. 이로 인해 오랫동안 상당한 논쟁이 계속되고 있다. 여기서 "형상"은 영혼, 인간의 이성, 땅에 대한 인간의 지배권, 심지어 인간의 물리적 형태와 동일시되었다(하나님의 형상 해석사에 관한 논의는 Clines 1968과 MacDonald 2013을 보라). 좀 더 최근에는 성서학자들이 고대 근동에서는 왕만이 하나님의 형상을 지닌다고 여겨졌음에 주목했다. 이는 왕의 권위를 입증하는 동시에 그의 권위와 행위들을 신들의 의지와 연결하는 효과가 있다. 학자들은 점점 더 창세기 1:27의 진술이 이처럼 널리 퍼져 있던 믿음에 비추어 읽힐 필요가 있다고 주장했다. 이 관점에서는 창세기 1장에 나타난 제사장 전승은 이러한 왕의 이데올로기를 민주화하고 있다. 모든 인간은 하나님의 형상을 반영하며, 따라서 모든 인간은 지상에서 하나님의 왕적 대리인으로서 그의 목적을 성취하는 기능을 한다(Middleton 2005; Day 2013). 나아가 이 독법은 이스라엘에게 그들의 하나님에 대한 이미지나 성상을 만드는 것이 금지된 것은(출 20:4-5) 인간이 이 목적을 수행하기 위함이라고 주장한다.

창세기의 이 첫 장들은 최초의 불순종 행위와 그 결과에 연관된 다수의 복잡한 신학적 문제 역시 제기했다. 그러한 문제 중 하나는 만일 아담과 하와가 동산에 있는 금지된 과일을 먹으면 죽을 것이라는 하나님의 진술을 중심으로 전개된다. R. W. L. 모벌리(1988, 2009)와 J. 바(1993, 2006)는 이 기사를 두고 논쟁을 벌였다. 바는 인간이 그 과일을 먹었을 때 경고된 대로 죽지 않았기 때문에 이 장들에 수록된 하나님 진술들의 진실성에 대해 의문을 제기한다. 그러나 모벌리는 유대교 전통과 기독교 전통은 이 이야기로 말미암아 제기된 질문을 더 깊이 탐구하는, 즉 하나님과 인간 사이의 관계에 있어서 신뢰와 불순종의 조건이 어떠할 수 있는지, 그리고 죽음이 그 이야기가 밝혀지는 것에 비추어 은유적으로(신 30:15, 19에서처럼) 이해되어야 하는지에 대한 질문을 깊게 살피는 좀 더 미묘한 독법이 필요하다고 주장한다.

마지막으로, 타락과 원죄 개념 문제가 있다. 기독교 전통은 오랫동안 아담과 하와의 최초의 불순종 행위가 인간의 "타락"으로 이어졌고, 인간이 죄악된 상태로 태어나는 상황으로 인도했다고 주장했다. 이 개념은 이레나이우스나 아우구스티누스 같은 교부들로 거슬러 올라가는데, 그들은 로마서 5:12-21과 고린도전서 15:22에서 이 개념의 요소들을 발견했다. 그러나 모든 사람이 창세기 3장의 이야기를 이런 식으로 보는 것은 아니다. 바(1993)는 창세기 2-3장의 이야기가 죄 안으로의 "타락"에 대한 전통적인 기독교의 이해를 지지할 수 있는지에 대해 의문을 제기하고, 대신에 이 이야기는 불멸성의 상실과 관련된 이야기라고 주장한다. "타락"에 대한 대안적인 이해들이 사실상 더 적합할 수 있다고 주장한 학자도 있다. T. E. 프레타임은 이러한 다양한 아이디어를 개괄한다.

> 전통적으로 그 은유는 "실패" 또는 "부족"을 가리킨다. 이에 대한 이형(variation) 중 하나는 "하나님과 같이 됨"이라는 주제를 강조하는데, 거기서 인간은 스스로 하나님과 같은 능력을 떠맡는다. 이것은 어떤 상태에 도달했으나 인간이 그것을 제대로 다룰 수 없기 때문에 실패할 수 밖에 없게 된 것을 의미한다. 그러나 창세기 3-6장의 주요 은유는 에덴동산, 인간 상호 간 그리고 하나님으로부터 점점 멀어지는 반목, 소외, 분리 그리고 추방에 대한 은유다. 아마도 이러한 주제들은 "타락"(fall) 은유, 즉 "사이가 틀어짐"(fall out)에 대한 이형을 허용할 것이다. 이 은유는 또한 여기서 발생하는 사건의 기본적으로 관계적인 특성에도 부합할 것이다.

따라서 프레타임은 이렇게 결론짓는다,

> 창세기 3장은 3-6장에 걸쳐 확대되는 소외의 심화 과정을 시작하는 죄에 대해 증언한다. 이 과정을 통해서 죄는 우주적인 규모로 편만하고 불가피한 영향을 지녔다는 의미에서 "근원적"이다. 창세기 3장의 이야기가 얼마나

일반화될 수 있든, 그 이야기만으로는 전통적 관점을 지지할 수 없다. 타락은 결국 하나의 행동의 산물로 이해되지 않는다. 그러나 그것은 결코 작지 않은 결과의 시작이며, 창세기 3-6장은 전체적으로 이후의 세대들이 타락이라고 부를 만한 이유가 있는 실재를 증언한다(1994b: 152-153).

4) 창세기 1-3장의 페미니스트 해석

창세기 1-3장은 줄곧 남성과 여성의 특성 및 그들의 관계에 관한 논쟁의 중심 주제가 되어왔다. 가장 이르게는 신약성경 디모데전서 2:13-14이 여성이 남성에 대해 권위를 가질 수 없음에 대한 근거로 창세기 2-3장을 인용한다. 여성이 남성에 종속한다고 보는 이러한 묘사는 종종 남성과 여성 모두 하나님의 형상대로 창조되었다고 진술하는 창세기 1:27과 대조된다. H. 셩엘-슈트라우만은 이 두 텍스트의 해석사에 관한 유용한 조사를 제공하고, 그녀가 "반여성"(anti-woman) 논증이라고 부른 것에서 창세기 1장이 어떻게 사용되었는지를 보여 준다(1993: 64).

창세기 기사들에 나타난 성의 중요성에 대해 성찰한 해석이 많은 것은 놀랄 일이 아니다. 이와 관련하여 P. 트리블은 중요한 해석을 제공했다. 트리블은 창세기 2-3장의 텍스트 자체보다 그 텍스트에 대한 이후의 해석들이 문제라고 주장한다. 그녀는 그 내러티브를 "틀어진 사랑 이야기"(1978: 72-143)라고 부르는데, 그녀의 해석은 창세기 2:7의 히브리어 언어유희를 중심으로 전개된다. 여기서 남성(히브리어 *adam*)은 땅(히브리어 *adamah*)으로부터 만들어진다. 트리블은 이 언어유희는 고의적이고, 여기서 "남성"은 "땅의 피조물"로 번역되어야 한다고 주장한다(77).

그 **아담**('*adam*)은 여성이 창조되고 난 뒤에야 성적 정체성을 얻는다. 타락에서 그들의 시초의 연합이 분리되기 때문에 그 이야기는 틀어진 사랑이야기다. "남자는 여자를 하나님께 일러바침으로써 여자와 대립했다. 여자는 하나님께 대한 대답에서 남자를 무시함으로써 남자로부터 분리된다"(120). 트리블은 이 사건의 결과로 "여러 계층의 분리"가 일어났다고 주장한다(128). 트리블은 여기서 여성에 대한 문제는 창세기에 놓여 있는 것이 아니라 창세기에 대한 여성 혐오적인 해석에 놓여 있다고 주장한다(Bird 1981도 보라).

C. 메이어즈(1988)는 다른 곳에 초점을 맞추는 독법을 제공한다. 그녀는 그 텍스트를 생산했던 환경에 관심이 있는데, 창세기 3장이 철기 1기 시대의 이스라엘의 상황을 반영한다고 주장한다. 그녀에 따르면 이 구절은 팔레스타인 구릉 지대 정착이라는 상황을 묘사한다. 이 시기의 삶은 고된 농업 노동으로 구성되었고, 남자와 여자 모두로부터 최대의 헌신을 요구했다. 그녀는 창세기 3장에 의해 묘사된 성 역할이 이러한 맥락에서 등장했으며, 그렇게 이해되어야 한다고 주장한다.

5) 창세기 1-3장에 대한 환경상의 독법

최근 몇 년 동안 창세기의 이 첫 장들을 포함하여 성경 일반의 생태학적 차원 및 환경적 차원에 관심을 둔 독법이 등장했다(Davis 2009; Habel 2011). 성 문제에서와 마찬가지로 이 문제에 관한 텍스트들이 다양하게 해석될 수 있다. N. C. 하벨은 성경에는 이 문제에 관한 논의에서 건설적으로 사용될 수 있는 "녹색" 텍스트들이 존재하는 반면에, 창조를 평가절하하는 것처럼 보이는 "회색" 텍스트들 역시 존재한다고 지적했다. 그럼에도 불구하고 학자들은 창세기의 이 첫 장들에 관해 점점 더 생태학적 관심사에 민감한 해석을 제공하고 있다. 예컨대 프레타임은 창세기에 수록된 창조 기사의 하나님은 자기의 피조물과 창조 활동을 공유하는 존재이며, 이러한 관계적 모델은 "피조물, 그들의 상호관계, 그들의 환경적 책임에 관한 추가 성찰을 위한 중대한 함의"를 지닌다고 주장한다(2012: 686).

N. 로핑크 역시 인간과 세계 사이의 관계, 특히 창세기 1:28의 "땅을 정복하라"는 명령에 집중한다. 그는 세계의 자원들에 대한 착취를 지지하는 텍스트 해석을 비판한다. 대신에 그는 창세기 1:28이 출애굽기 25-31장과 35-40장에서 제시되고 있는 것처럼, "예술적 및 기술적인 성취"에 대한 제사장 전승의 이해에 비추어 읽혀야 한다고 주장한다(1994: 16). 출애굽기의 이 장들에 담겨 있는, 성막을 세우고 장비를 갖추라는 명령은 창세기 1장에 수록된 신의 창조 행위를 지속하는 것처럼 보인다. 이 점과 인간이 "하나님의 형상대로" 창조된 것에 비추어, 로핑크는 창세기 1:28의 명령은 "땅이 하나님이 거처하는 장소가 될 수 있도록 하늘과 유사하게 발전될 수 있게 하기 위한 것이라고 결론짓는다"(17). 이 절은 땅에 대한 착취를 지지하기는커녕 땅이 천상의 거주지로 변화되는 것을 장려한다.

이처럼 성이나 생태학 등 우리 시대의 가장 중요한 몇몇 문제에 비추어 창세기의 이 첫 장들을 탐구하는 영역이 점점 증대하고 있다. 비록 이러한 독법의 관점이나 접근법이 균일하지는 않지만 말이다.

5. 가인과 아벨(창 4장)

아담과 하와가 에덴동산에서 쫓겨난 뒤 곧바로 이어지는 이야기는 그들의 후손인 가인과 아벨에 초점을 맞춘다. 이 유명한 이야기는 최초의 살인에 관한 기사를 제공한다. 하나님이 자기 동생의 제사에 호의를 보인 뒤 가인은 거절당했다고 느껴서 아벨을 죽인다. 신약성경은 이 구절을 아벨 편의 내재적인 "의로움"과 가인 편의 내재적인 "악"을 보여주는 것으로 해석한다(마 23:35; 요일 3:12). 히브리서는 훨씬 더 나아가 아벨의 제사는 그가 "믿음으로" 드렸기 때문에 수용되었다고 말한다(히 11:4). 유감스럽게도 창세기 4장의 텍스트는 그다지 분명하지 않다. 아벨의 제사는 수용하고 가인의 제사는 거부한 데 대한 어떤 이유도 주어지지 않는다.

    G. 웬함(1987)은 이에 대해 다섯 가지 가능한 이유를 제시한다. 세 가지는 하나님의 태도와 관련이 있고, 두 가지는 가인과 아벨의 태도와 관련이 있다. 첫 번째 가능성은 하나님이 농사하는 자(가인)보다 양치는 자(아벨)를 선호한다는 것이고, 두 번째는 하나님이 곡물 제사보다 동물 제사를 선호한다는 것이며, 세 번째는 하나님의 행동은 헤아릴 수 없고 그 선택은 단지 신의 선택의 신비를 반영한다는 것이다. 마지막 두 가지 가능성 중 하나는 히브리서 11:4을 해결책으로 제시하고, 다른 하나는 그 차이는 질의 차이라고 제안한다. 즉 아벨은 자기의 가축 떼로부터 가장 좋은 것을 드렸고 가인은 단지 "땅의 소산물로 제물을 삼아" 드렸다는 것이다. 하나님이 한 제물을 수용하고 다른 제물은 거절한 이유가 무엇이든 이것은 (비록 많은 해석에서 그것이 핵심적인 초점이 되었을지라도) 이 이야기의 핵심적인 초점이 아니다. 대신에 이 내러티브는 자신의 제사가 거절된

데 대한 가인의 반응과 가인에 대한 하나님의 지속적인 관여에 초점을 맞춘다. 가인이 드린 제사의 성격이 아니라 그가 보인 반응이 가인의 죄였다(Kaminsky 2007을 보라).

G. 웨스트는 이 이야기에 대해 남아프리카에서 등장한, 이 이야기에 대한 해방주의 독법 둘을 대비한다. 둘 모두 그 내러티브에 의해 제공된 갈등에 관심을 갖지만 하나는 그것을 억압받는 자들에 대한 지지로 보았고, 다른 하나는 억압하는 자에 대한 지지로 보았다. A. 보에삭은 이 이야기를 투쟁 상황에서 유래한 투쟁 이야기로 읽는다. 그는 이 이야기에서 자신의 현재 상황과의 유추를 식별하는 데 관심이 있으며, 이 내러티브가 하나님의 세계에 억압이 들어설 자리가 없음을 주장한다고 이해한다. 하나님은 아벨을 살해한 가인의 억압 행위에 대해 그를 명확하게 책망한다. 이와는 대조적으로 I. 모살라 역시 "투쟁 상황"으로부터 글을 쓰면서도 그 내러티브의 역사적 배경에 좀 더 관심을 가졌다. 역사비평학자들은 오랫동안 가인과 아벨 내러티브에서 고대 세계의 유목민과 정착 농민 사이에 존재했던 긴장에 대한 언급을 인식했다. 목양업자인 아벨은 유목민을 대표했고 땅의 경작자인 가인은 정착 농민을 대표했다. 모살라는 그 내러티브가 정착 농민이 그들의 땅에서 축출된 것을 지지한다고 주장했다. 정착 농민인 가인은 그의 유목민 형제인 아벨에 대해 죄를 지었고, 그의 땅을 떠나 세상에서 방황할 수밖에 없었다. 모살라는 이 사건이 "이스라엘에서 시골 소작농들에게서 땅을 빼앗는 가혹한 과정의 시작이었다"고 주장했다(West 1990: 307에 인용됨). 그 내러티브에 대한 이처럼 대조적인 관점들은 같은 텍스트에 대한 해석에서 등장할 수 있는 차이를 잘 보여준다. 보에삭은 이 이야기를 억압에 대한 비난으로 보는 반면에

모살라는 억압에 대한 지지로 본다. 가인과 아벨 이야기가 읽히고 이해된 방식에 관해 좀 더 자세한 내용은 J. 바이런(2012)을 보라.

6. 계보

계보들은 창세기 1-11장 전체에서 규칙적으로 등장한다. 계보의 가치는 두 가지다. 한편으로 계보는 내러티브의 저자로 하여금 사건에 대한 세부적인 묘사를 제공하지 않고도 긴 기간을 다룰 수 있게 해준다. 다른 한편으로, 계보는 그 이야기에 등장하는 고대의 인물이 그 이야기의 원래 독자들과 어떻게 관련되어 있는지를 보여준다. 계보의 이러한 두 번째 특징은 그 내러티브의 독자들로 하여금 그들 자신의 "시작들"의 이야기로서 무엇이 발생했는지 파악할 수 있게 해준다. 이것은 신약성경의 저자, 특히 마태와 누가에 의해 계속되었다(마 1:1-16; 눅 3:23-38). 그들은 계보라는 기법을 사용해서 기독교를 이스라엘의 이야기에 연결시켰다.

　　창세기 1-11장에 포함된 계보들을 자세히 살펴보면 계보 형태의 자료(이 자료는 "직선적 계보들"과 창 10장에서 발견되는 민족들의 표를 포함한다)를 전달하는 방식이 두 가지임을 알 수 있다. 첫 번째 형태의 계보(창 4:17-26; 10:8-19, 24-30)는 상당한 양의 내러티브를 포함하고 있으며, 특정한 민족(창 10:10), 직업(창 4:19-22), 속담(창 10:9)의 기원을 설명한다. 창세기에 수록된 다른 형태의 계보(5장; 10:1-7, 20-23, 32; 11:10-32)는 이름들의 목록에 더 가까운 것으로 보이고, 창세기 5장의 경우 기록된 사람의 수명을 열거하는 데 관심이 있다. 자료비평학자들은 일반적으로 좀 더 내러티브 같은 첫 번째 형태의 계보를 비제사장 전승으로 돌리고, 좀 더 목록 같은 두 번째 형태의 계보를 "P" 전승으로 돌린다(후자는 종종 히브리어 단어 *toledot*를 포함하고 있는데, NRSV에서는 이 단어가 "후손들"로 번역된다).

성경의 텍스트에 대한 흥미로운 고대의 해석 하나는 창세기 5:21-24에서 므두셀라의 아버지로 언급된 에녹이라는 인물에 초점을 맞춘다. "에녹이 하나님과 동행하더니 하나님이 그를 데려가시므로 세상에 있지 아니하였더라"(창 5:24)는 구절은 그에 관한 어떤 전승들을 낳았던 것처럼 보인다. 에티오피아 에녹서(종종 「에녹 1서」라고 불린다)와 슬라브 에녹서(종종 「에녹 2서」라고 불린다)는 에녹의 승천에 관한 확장된 추측과 하늘의 영역에서의 그의 역할을 포함한다. 이 추측의 중요성은 에티오피아 에녹서의 아람어 번역본이 쿰란에서 발견되었다는 사실과 신약성경의 유다서(15절)가 마치 경전에서 인용하는 것처럼 이 책에서 인용하고 있다는 사실로 미루어 알 수 있다. 이것은 계보에 언급된, 외견상 중요해 보이지 않는 인물들이 어떻게 후대의 전승에서 성경 자료 자체에서의 그들의 역할을 훨씬 능가하는 영향력을 미칠 수 있는지에 대한 하나의 사례일 뿐이다.

7. 하나님의 아들들과 사람의 딸들

창세기 5장의 계보와 홍수 내러티브 사이에 하나님의 아들들과 사람의 딸들 간의 결합이라는, 짧지만 기이한 이야기가 끼어 있다. 그러나 이 "하나님의 아들들"이 누구인지에 관해 어떠한 설명도 제공되지 않는다(창

6:3-4). 이 내러티브에는 여러모로 놀라운 측면이 있다. "하나님의 아들들"이라는 표현이 히브리 성경의 다른 곳, 특히 욥기 1:6 이하에서 등장하기는 하지만 그 표현은 극히 드물게 나타난다. 게다가 이 내러티브는 2중의 목적을 지닌 것처럼 보인다. 3절은 하나님의 아들들과의 결합에도 불구하고 인간은 죽을 수밖에 없는 존재이고 영원히 살지 못함을 강조한다. 한편 4절은 그 기사를 사용해서 네피림의 존재를 설명하는데, 네피림은 민수기 13:33과 신명기 2:10-11에서 다시 등장하는 힘이 센 거인들이다. 실로 4절은 그 자체의 수수께끼를 제공한다. 네피림의 기원은 홍수 전 시기로 추적되는데, 그 이야기는 그들이 "그 후에" 있을 홍수에서 어떻게 살아남았는지는 설명하지 않는다(4절).

그 기사는 신들과 사람들이 강력한 후손을 낳는 다른 문화의 신화들을 연상시키는 것처럼 보이지만, 어떤 이야기도 성경 내러티브에 어떠한 영향을 주었다고 암시할 만큼 충분히 가깝지는 않다. 아마도 그 내러티브가 포함된 이유는 창조 이야기들에서처럼 창세기 전승과 다른 고대 근동 텍스트들 간의 차이를 가리키기 위한 것이었다고 설명하는 것이 최선일 것이다. 다른 곳에서는 신들과 인간들 사이의 결합은 초인적 능력을 지닌 자손을 낳는다. 여기서 3절은 그 결합이 불멸을 가져다주지 않는다는 것을 명확히 해둔다. 창세기 1-11장 내러티브의 전반적인 흐름에서 추가적인 경계가 무너졌다. 하나님의 아들들이 인간의 딸들과 결합함으로써 창세기 1장에서 정해진 하늘과 땅 사이의 경계를 허물었다.

창세기 5:21-24의 수수께끼 같은 절들과 마찬가지로 이 내러티브는 에티오피아 에녹서에서 방대한 추측의 주제가 되었다. 이 긴 작품의 첫 번째 부분은 "감시자의 책"(the book of the Watchers)으로 알려져 있는데, 창세기 6:1-4에 묘사된 하늘과 땅 사이의 경계를 허문 "천사들" 또는 "감시자들"의 운명을 다룬다. 감시자의 책은 타락한 천사들의 행동에 관한 몇몇 전승을 담고 있는데, 그중 하나는 사람들에게 신적인 비밀을 가르친 아사셀과 그의 추종자들이 이러한 존재들의 타락에 책임이 있었다고 주장한다. 최근에 대런 애러노프스키의 2014년 영화 "노아"는 이 감시자들에 대해 좀 더 관심을 기울였다. 거기서 이들은 홍수 이야기에서 중요한 역할을 담당한다. 감시자들은 창세기의 홍수 기사에는 등장하지 않지만 애러노프스키의 해석은 후대의 에녹서 전승을 성경 이야기 안으로 소급해서 집어넣어 읽는 것처럼 보인다.

8. 홍수 기사(창 6-9장)

오경 안의 다른 요소들과 마찬가지로 홍수 이야기도 성경의 기사에 대한 역사적 토대와 관련하여 많은 추측을 고취했다. 실제로 이따금 노아의 방주가 발견되었다거나 고고학 조사에서 발굴되었다는 보도가 나오기도 한다. 그러나 주변의 다른 장들과 마찬가지로 창세기 6-9장은 본질상 신화적이며, 홍수 이야기들은 고대 세계에 잘 알려져 있었다. 그러나 그러한 이야기들이 어떤 목적을 가지고 발생한 것이 아니라는 의미는 아니다. 광범위한 지역적 홍수의 가능성이 고대 근동인들에게 큰 걱정을 야기했을 수도 있으며, 홍수 이야기들은 그런 사건들에 대한 문화적 기억을 반영할지도 모른다. 이 성경 이야기의 역사성을 밝히는 시도들은 별 증거를 내놓지 못했음에도 불구하고 이 이야기는 문학적·신학적·역사적 성찰에서 매우 생산적이었다. 성경의 홍수 이야기의 광범위한 사용과 해석 사례에 대해서는 플레인스(2003)를 보라.

1) 두 개의 홍수 이야기

학자들이 창세기 1–2장에서 두 개의 창조 이야기를 식별했던 것처럼 그들은 홍수 내러티브 배후에도 두 개의 자료 또는 전승이 존재한다고 지적했다. 그러나 창조 기사들과 달리 홍수 기사 배후의 두 자료는 그 텍스트에서 하나가 끝나고 나서 다른 하나가 시작하는 식으로 나란히 배치된 것이 아니라 같은 내러티브 안에 얽혀 있는 것처럼 보인다. 홍수 내러티브는 하나의 전체적인 구조로 이루어져 있지만, 그 이야기의 흐름 안에서 다른 세부 사항들이 서로의 옆에 배치된다. 예컨대 창세기 6:19–20에서 노아는 각 종류의 동물 두 마리씩 방주 안으로 들여보내라는 명령을 받는다. 창세기 7:2–3에서 그는 정결한 동물의 일곱 쌍과 부정한 동물들 한 쌍을 방주 안으로 들여보내라는 명령을 받는다. 그러한 불일치들은 두 개의 분리된 기사들이 섞여서 하나의 이야기를 만들어 냈음을 암시하는 것으로 보인다. 이 사례에서, 각 이야기에 모든 세부 사항이 포함되어 있지는 않다는 사실로 인해 자료비평의 과업이 훨씬 복잡해진다. 그 내러티브를 두 개의 구성 부분으로 "해체하는" 과업을 수행하기 위해서는 그 텍스트의 문체, 신학, 용어에 대한 세심한 주의가 요구된다. 이 일이 복잡하다는 것은 그 내러티브의 큰 부분들의 자료에 관한 합의는 존재하지만, 절들의 좀 더 작은 하위 부분들에 대해서는 그러한 합의가 존재하지 않음을 의미한다. 〈표 9.2〉에 제시된 그 이야기의 구분은 C. 베스터만의 저서에서 가져온 것이다(1988: 45–50)

<표 9.2> 홍수 내러티브의 "P"와 "non-P" 요소들

"P"		"non-P"	
제목과 서론	6:9-10		
인간의 악함에 대한 하나님의 심판	6:11-13	인간의 악함에 대한 하나님의 심판	6:5-8
노아가 방주를 만들라는 명령을 받음	6:14-18a		
노아가 그의 가족과 모든 종의 두 마리씩 방주 안으로 들여보내라는 명령을 받음	6:18b-22	노아가 그의 가축, 정결한 짐승 일곱 쌍, 부정한 짐승 한 쌍을 방주 안으로 들여보내라는 명령을 받음	7:1-5
노아의 나이	7:6		
홍수의 날짜	7:11		
		40일간 비가 내림	7:12
노아, 그의 가족, 동물들이 방주 안으로 들어감	7:13-16a	노아, 그의 가족, 동물들이 방주 안으로 들어감	7:7-10
땅에 홍수가 남	7:17a	땅에 홍수가 남	7:16a, 17b
홍수에 대한 묘사	7:18-21	홍수에 대한 묘사	7:22-23
홍수가 150일 동안 지속됨	7:24		
하나님이 홍수를 중단시킴	8:1-2a	홍수가 멈춤	8:2b-3
물들이 물러나고 방주가 아라랏산 위에 멈춤	8:3b-5	노아가 새들을 보내 물들의 수준을 테스트함	8:6-12
홍수가 마르기 위한 기간	8:13a, 14a	노아가 땅이 마른 것을 알게 됨	8:13b
노아가 방주를 떠나라는 명령을 받음	8:15-19		
		노아가 하나님께 제사를 드림	8:20-22
하나님이 노아와 언약을 맺음	9:1-17		
노아의 수명	9:28-29		

우리가 그 텍스트를 이런 식으로 분해하면 많은 것을 알 수 있다. 우선, 비록 "P"로 돌려진 절들과 "non-P"로 돌려진 절들이 반복되고 있지만 그 두 개의 홍수 내러티브가 완벽하게 교차되지는 않는다. "non-P" 내러티브는 방주를 만드는 것이나 노아가 방주를 떠나는 것 같은 다양한 지점에서 그 이야기의 핵심적인 부분들을 포함하지 않는다. 이 경우 독자들은 "P" 기사에 의존해서 그 내러티브를 이해해야 한다. 전승들이 하나로 합쳐질 때 그 이야기의 특정한 부분이 왜 제거되었는지에 관한 질문이 여전히 남아 있고, 학자들은 계속해서 이 문제를 조사하고 있다(Gertz 2012의 논의를 보라).

2) 홍수 내러티브와 평행하는 고대 근동의 기사들

창조 기사들은 다른 고대 근동 문명의 신화들과 놀라운 평행을 포함했다. 홍수 내러티브들은 인접 국가들의 기사들과 훨씬 더 많은 평행을 포함한다. 홍수 기사들은 창세기에만 독특한 이야기가 아니다. 성경의 홍수 이야기에 가장 가까운 홍수 기사들은 메소포타미아 지역에서 유래한다. 그 이야기들은 다양한 언어로(가장 중요한 언어는 수메르어, 아카드어, 그리고 아시리아어다), 다양한 영웅들과 함께(우트나피쉬팀, 아트라하시스, 지우수드라 등) 그리고 다양한 수준의 완성도를 지니고 존재한다. 이 내러티브의 가장 완전한 버전은 『길가메쉬 서사시』(*Gilgamesh Epic*)인데, 이 서사시는 홍수 내러티브를 좀 더 고대의 작품인 『아트라하시스 서사시』(*Atrahasis Epic*)에서 끌어왔을 수도 있다. 『아트라하시스 서사시』는 창조에 대해 묘사한 후 홍수를 묘사함으로써 그것을 원역사의 맥락 안에 위치시킨다.

　『길가메쉬 서사시』는 다양한 시기에 다양한 버전으로 재구성되었는데 그중 가장 완전한 것은 고바빌로니아 시대(기원전 1750-1600)와 신아시리아 시대(기원전 750-612)에 작성된 것이다. (Sasson 1992는 그 텍스트와 그것의 자료 및 기원에 관해 이해하기 쉬운 논의를 제공한다.) 반신반인(半神半人)인 길가메쉬 왕의 행위들을 기록하는 그 기사는 길가메쉬가 기원전 3,000년대에 남부 메소포타미아에서 통치했다고 기록한다. 그 기사는 길가메쉬와 그의 친구 엔키두의 행동에 대한 긴 묘사를 담고 있다. 그 내러티브의 마지막 부분에서―아마 그 서사시에 본래 포함된 내용은 아니었겠지만―길가메쉬는 우트나피쉬팀이라는 인물을 찾아가는데, 그는 길가메쉬에게 자신이 불멸을 얻은 방법을 말해주었다.

이 불멸은 신들이 땅을 전멸시키려고 의도했던 세계적인 홍수에서 구원받은 뒤 우트나피쉬팀에게 주어졌다. 그 내러티브의 일반적인 양상은 창세기의 이야기와 놀라운 유사점을 지닌다(영어 버전들은 *ANET* 93-5에서 찾아볼 수 있다). 엔릴 신은 땅에 홍수를 일으키기로 결정했다. 에아 신에게 경고를 받은 우트나피쉬팀은 그의 집을 헐고 정육면체 모양의 배를 만들어서 그 안으로 보물, 그의 가족, 가축과 야생 짐승들을 들어가게 했다. 폭풍우가 6일 동안 몰아 닥쳤다. 7일째에 폭풍우가 잠잠해졌고, 그 방주는 니시르 산 위에 멈췄다. 배는 6일 동안 좌초해 있었다. 7일째에 우트나피쉬팀은 비둘기를 내보냈지만, 비둘기는 쉴 곳을 찾지 못해서 그에게 돌아왔다. 그 뒤에 그가 제비를 보냈으나 제비 역시 돌아왔다. 마지막으로 그는 까마귀를 보냈는데, 까마귀는 돌아오지 않았다. 이 시점에 우트나피쉬팀은 방주에서 생물들을 내보내고 신들에게 제사를 드렸다. 신들은 "달콤한 냄새를 맡았고", "파리 떼처럼 제물 주위로 모여들었다"(160-161행). 엔릴 신은 모든 인간을 멸종시키려고 했기 때문에 우트나피쉬팀이 홍수에서 살아남은 것을 보고 격노했다. 자신의 계획을 보존하기 위해서 그는 우트나피쉬팀과 그의 아내를 신으로, 따라서 불멸의 존재로 만들었다.

이 기사와 성경 기사 사이의 평행은 명백하다. 홍수에서 살아남을 한 사람의 선택, 방주 만들기, 그의 가족과 몇몇 동물들의 보존, 홍수의 끝부분에서 다양한 새들을 내보내기 같은 모티프들은 성경의 기사와 확실한 유사성을 지닌다. 가장 현저한 평행 중 하나는 홍수 후의 제사에 대한 신들의 반응이다. 『길가메쉬 서사시』와 『아트라하시스 서사시』 모두에서 신들은 제물의 달콤한 향취를 맡았다. 창세기 8:21은 "여호와께서 그 향기를 받으셨다"라고 보도한다. 그 기사들 사이의 그런 평행들은 적어도 성경 저자들이 메소포타미아의 저자들이 알고 있던 홍수에 대한 전승을 알고 있었음을 보여준다. 그럼에도 불구하고 창조 기사와 고대 근동 신화 간의 평행의 경우에서와 마찬가지로, 이 기사들 사이의 중대한 차이들은 하나님과 세상의 관계에 대한 매우 다른 견해를 보여준다. 창세기에서는 인간이 그 내러티브에서 훨씬 더 중요한 역할을 담당한다. 인간의 죄를 없애려는 하나님의 시도로 홍수가 발생했고, 하나님의 자비가 노아의 구원으로 이어졌다. 성경 저자들이 홍수에 관한 유사한 이야기들을 알고 있었고 심지어 그것들로부터 끌어왔을 수도 있지만, 그들의 저술 목적은 매우 달랐던 것처럼 보인다.

3) 홍수 기사에 대한 문학적·신학적·생태학적 접근법들

창조 기사들에서와 마찬가지로 홍수 이야기의 문학적 차원과 신학적 차원에 상당한 주의가 기울여졌다. 예컨대 홍수는 창세기 1장에서 제시된 우주론의 관점에서 보면 사실상 "창조를 무효로 돌리는" 큰 행위다. 창조에서 하나님은 점진적으로 물의 한가운데 공간을 분리해내서 인간이 거기서 살고 번성할 수 있게 했다. 홍수에서 하나님은 그 공간을 다시 채웠다. 땅의 위와 아래에 있던 물은 하나님이 그것들을 분리하기 전에 있던 곳으로 다시 흘러갔다. 창조가 혼돈에 질서를 부여한 것이었다면 홍수는 질서에 혼돈을 부여한 것이었다. 그럼에도 불구하고 세상은 창조되지 않은 상태에 머무르지는 않는다. D. J. A. 클라인즈(1997)는 이것을 창조(Creation)-반창조(Uncreation)-재창조(Recreation) 주제로 파악했다. 홍수가 끝날 때 물은 다시 한번 분리되고, 번성하라는 명령이 다시 발해지고, 혼돈에 질서가 돌아온다. 이 의미에서 창조 기사와 홍수 기사는 주제상으로 및 문학적으로 연결되어 있다.

이 장들을 읽을 때 많은 신학적 질문이 대두된다. 이 중에서 가장 명백한 것은 성경 텍스트와 이 이야기가 아동용으로 사용되기 위해 채택되는 방식 사이의 명백한 괴리다. 어린이를 겨냥해서 노아, 홍수, 방주에 들어간 동물들이라는 독특한 이야기를 강조하는 성경, 책, 장난감, 영화들이 많이 등장했다(Dalton 2015). 그러나 우리는 이 이야기를 피상적으로만 읽어도 이 장들 안에는 단순한 동화를 훨씬 뛰어넘는 일들이 진행되고 있음을 알게 된다. 사실 이 이야기에 등장하는 어두운 그림을 고려할 때 이 이야기가 아동용으로 사용된다는 것 자체가 다소 놀라운 일이다. 창세기 6:6은 하나님이 "땅 위에 사람 지으셨음을 한탄하사" 홍수를 통해 자신의 창조 행위를 무효로 돌리기로 작정했다고 진술한다. 여기서 이 장들에 관해 어린이를 겨냥하여 개작된 것들과는 완전히 다른 애러노프스키의 2014년도 영화가 언급될 만하다. 이 내러티브의 신학적 복잡성을 강조하는, 이 이야기에 대한 다양한 비평도 제시되었다(Dawkins 2006).

그럼에도 불구하고 하나님의 본성에 관한 탐구 등 이 장들에 대한 상당한 신학적 성찰도 존재했다. 예컨대 프레타임은 "이 이야기에 나타난 하나님을 이해하기 위한 기초는 하나님이 세상과 진정한 관계 안으로 들어갔다는 것이다"라고 말한다(2010: 55-56). 우리는 하나님의 행동에 동기를 부여하는 요인이 분노가 아니라 후회와 슬픔이라는 사실에서 이것을 알 수 있다(창 6:6-7). "이처럼 후회하는 하나님의 반응은 인간이 창조에 대한 하나님의 의지에 성공적으로 저항했음을 가정한다. 따라서 이 텍스트는 진행되고 있는 창조 안에 존재하는 신적 취약성에 대한 증언이다. 이 하나님은 위험을 감수하는 존재이고, 스스로를 피조물의 삶의 우여곡절에 취약하게 만든 존재다"(2010: 58-59). 더구나 인간은 계속 사악하고 하나님의 계획으로부터 돌아설 것이라는 사실에도 불구하고 다시는 땅을 이런 식으로 멸망시키지 않겠다는 하나님의 약속이 주어진다(창 8:21). "무슨 일이 있어도 악한 세상과 함께 가겠다는 하나님의 이 결정은 하나님에게는 지속적인 상심을 의미한다.…이제 가능해진 창조의 미래는 이처럼 하나님이 기꺼이 지속적인 고통과 슬픔을 견디겠다고 작정한 데 뿌리를 두고 있다"(61).

다른 독법들은 자비와 은혜가 어떻게 이 이야기의 중요한 요소인지에 초점을 맞췄다. 모벌리는 성경의 세계관에서는 이스라엘의 하나님 외에는 그러한 홍수를 일으킬 수 있는 존재가 없기 때문에, 재앙적인 홍수 개념이 당연하게 여겨졌던 고대 세계에 긴장이 발생한다고 주장한다. 그러나 성경 기사에서 "야웨의 행동에 대한 이유는 도덕적 관심으로 가득 차 있다"(2009: 109). 하나님은 창조의 완전성에 관심을 기울이며, 그 이야기가 전개되는 방향에 대한 슬픔으로 인해 반응한다. 이 관점에서 읽으면 노아와 그의 가족 그리고 동물들의 구원은 하나님의 자비에 관한 이야기이다. "그 텍스트는 전반적으로 앞으로도 지상에 생명을 유지하겠다는 야웨의 결심을 강조한다.…이스라엘과 세상 모두에게 있어서 생명은 은혜의 선물이다"(118, 120).

마지막으로 최근의 연구들은 이 이야기의 생태학적 차원과 환경적 차원 역시 탐구하기 시작했다. 비록 독자들은 이 이야기에 존재하는 환경적 요소들을 덜 긍정적으로 읽을 수도 있지만(하벨의 "회색" 텍스트들), 독자들은 여전히 이 이야기에서 건설적인 창조적 측면을 찾아낼 수도 있다. 예컨대 B. R. 로싱은 이 이야기와 현대의 생태학적 상황 사이의 몇 몇 연결점을 지적한다. 첫째, 이 이야기는 인간의 행동에는 그에 따른 결과가 있으며 인간의 타락이 물리적 세계에 영향을 미친다는 점을 명백히 보여준다. 둘째, 이 이야기는 종들이 멸종하지 않도록 구해준 이야기를 함으로써 지상의 생명을 보존하고 보호하기 위한 헌신을 가리킨다. 셋째, 이 이야기에서 땅에 대한 저주가 걷히고(창 8:21), 언약에서 세상과 그것의 복지에 대한 하나님의 헌신이 되풀이된다. 이와 더불어, 이 이야기는 계절과 농사력에 대한 인식과 이해를 보여줌으로써 우리가 유사하게 생태학적 관심사를 인식하도록 촉구한다(창 8:22). 마지막으로 창세기 9장의 언약은 노아 및 모든 피조물과 맺은 것이다. 이러한 의미에서, "노아 이야기는 전체 창조세계의 완전성에 대한 하나님의 사랑을 강조한다"(Rossing 2011: 115).

9. 제사장 전승과 언약

홍수 이야기의 결론은 오경의 또 다른 중요한 주제인 언약 또는 특수한 계약 개념을 소개한다. 홍수 이야기의 끝부분에서 하나님이 노아와 언약을 맺는 것은 대개 제사장 전승으로 돌려졌으며, 언약이라는 이 주제는 오랫동안 "P" 전승의 결정적인 요소로 간주되었다. J. 벨하우젠은 역사의 중요한 네 시기를 언급했는데 그것은 아담 시대, 노아 시대, 아브라함 시대, 모세 시대로서 그 각각은 언약으로 특징지어진다. F. M. 크로스(1973)가 지적했듯이 하나님이 아담과 언약을 맺은 것이 아니라 아담이 축복을 받은 것이라는 점이 일반적으로 인식되었는데, 〈표 9.3〉이 보여주는 것처럼 이 축복은 노아, 아브라함, 모세에게도 주어졌다. 이에 비추어 볼 때 이후의 언약들에서 유사한 공식이 사용되는 것은 창조 시에 인간에게 주어졌던 원래의 축복으로 돌아가는 것을 나타낸다. 노아, 아브라함, 모세와 맺은 언약들은 모두 창조의 이상적인 상태로 돌아갈 수 있는 가능성을 암시했다.

주목할 만한 또 다른 요소는 더 많은 내용이 더 적은 사람에게 계시되었다는 점에서, 각각의 시대에 맺은 각각의 언약이 "더 깊어지고 더 좁아졌다"는 것이다(Cross 1973: 296). 언약들이 의로운 인간 전체로부터 이스라엘 백성의 지도자인 모세에게로 좁아짐에 따라 하나님의 본성에 관해 더 많은 내용이 계시되어 이스라엘의 토라에서 절정에 도달했다. 따라서 노아와 맺은 언약은 창조 시에 주어졌던 최초의 축복으로 거슬러 올라가고, 이스라엘이 야웨와 맺을 언약 관계를 미리 가리키면서 오경 전체를 주제상으로 연결하는 기능을 한다. 우리는 본서의 12장에서 오경의 법을 탐구할 때 언약이라는 주제로 돌아갈 것이다.

〈표 9.3 〉아담, 노아, 아브라함, 모세에게 주어진 축복

이름	구절	축복의 내용
아담	창 1:28	하나님이 그들에게 복을 주시며 하나님이 그들에게 이르시되 "생육하고 번성하여 땅에 충만하라, 땅을 정복하라, 바다의 물고기와 하늘의 새와 땅에 움직이는 모든 생물을 다스리라"고 하셨다.
노아	창 9:7	"너희는 생육하고 번성하며 땅에 가득하여 그중에서 번성하라."
아브라함	창 17:6	"내가 너로 심히 번성하게 하리니, 내가 네게서 민족들이 나게 하며 왕들이 네게로부터 나오[게하]리라."
모세	레 26:9	"내가 너희를 돌보아 너희를 번성하게 하고 너희를 창대하게 할 것이며, 내가 너희와 함께 한 내 언약을 이행하리라."

10. 바벨탑(창 11장)

원역사의 내러티브는 사람들이 하늘까지 탑을 쌓으려고 시도하다가 그로 인해 흩어지고 언어가 혼란해졌다는 이야기로 끝난다. 창세기 6:1-4에서는 하나님의 아들들이 인간의 딸들과 결합함으로써 하늘의 경계들이 무너졌다. 이곳 창세기 11장에서는 인간이 탑을 쌓아 하늘의 영역에 닿으려고 시도함으로써 경계 위반이 더 심화된다.

이 이야기의 기원을 이해하기 위해 다양한 시도가 이루어졌다. 다소 놀랍게도 이 내러티브와 가까운 고대 근동의 평행 텍스트는 존재하지 않는다. 이 이야기는 어떤 면에서는 원인론적이다. 즉 그것은 민족과 언어의 다양성에 대한 경험을 이해하려는 시도다. 많은 학자가 제시한 또 다른 가능성은 이것이 바빌로니아에 대한 비판이라는 것이다. 히브리어 텍

스트는 "바벨"이라는 이름이 "혼란시키다"를 의미하는 히브리어 단어 **발랄**(*bll*)과 연결된 데 기인했다고 주장하면서 언어유희를 한다. 문헌증거와 고고학적 증거 모두 바빌로니아에 탑이 많았음을 보여준다. 위에서 언급된 『에누마 엘리쉬』는 바빌로니아의 성전인 에사길의 건축을 축하하며, 바빌로니아에서는 성전의 꼭대기가 하늘에 닿았다는 보편적인 믿음이 있었다. 이 외에도 메소포타미아에 피라미드 형태의 탑인 지구라트들이 많이 있었다는 고고학적 증거가 있다(Rogerson 1991).

바벨 이야기는 종종 반어법으로 이해된다. 인간은 하늘까지 닿는 탑을 세우려고 하지만 하나님은 그것을 보기 위해 하늘로부터 내려와야 한다. 그러므로 그 이야기의 목적은 하늘에 도달하고자 하는 인간의 노력, 특히 외견상 매우 강력해 보이는 바빌로니아인들의 노력을 조롱하기 위한 것으로 보인다. 창세기의 전반적인 구조에 관해 살펴보면, 이것은 하나님에 의해 창조질서 안에 설정된 경계에 대한 궁극적인 위반으로 보일 수 있다. 인간의 교만은 이제 하늘에 침입하려고 시도할 지경으로까지 심화되었다. 그러나 이 기사를 좀 더 긍정적으로 읽는 학자도 있다. 그러한 접근법 중 하나는 사람들의 흩어짐에서 발생한 다양성이 인간의 문화와 번성에 관한 이야기에서 긍정적으로 전개될 수 있는 가능성을 강조한다. 이는 창세기 1장에서 주어진 "땅에 충만하라"는 축복을 한층 더 성취하도록 허용한다(Briggs 2012의 논의를 보라).

11. 결론

성경은 일련의 잘 알려진 이야기로 시작하지만 이 기사들을 주의해서 읽어보면 우리는 그 내러티브들이 역사, 성, 생태학, 신학과 관련하여 중요한 문제를 제기한다는 것을 알 수 있다. 실제로 이 기사들은 2000년 이상 다양한 방식으로 독자들의 상상력을 사로잡았고, 그 기사들의 중요성은 오늘날에도 계속 이어진다.

창세기 1-11장에 수록된 원역사는 하나의 계보로 끝나는데, 이 계보는 인류 전체에서 이스라엘의 조상 아브라함으로 이야기의 초점을 좁힌다. 이와 함께 오경의 초점은 우주의 역사로부터 가족사로, 전체 세상으로부터 한 특정한 인물 아브라함과 그의 후손들의 세상으로 전환된다. 우리는 다음 장에서 이스라엘의 조상에 관한 이 이야기들을 탐구할 것이다.

더 읽을 자료

2장에서 창세기와 관련하여 언급된 주요 주석들이 여기서 논의되고 있는 많은 문제를 연구하는 유용한 출발점이 될 것이다. 특히 창세기 1-11장에 초점을 맞추는 책으로는 밀러(Miller 1978), 블렌킨솝(Blenkinsopp 2011), 하벨(Habel 2011), 데이(Day 2013)의 저술이 포함된다. 게르츠(Gertz 2012)는 원역사의 기원과 형성에 관련된 문제들에 관한 철저하고 유용한 논의를 제공한다. 창세기와 고대 근동의 평행 텍스트에 관해서는 헤이스(Hays 2014)를 참조하라. 이 장들에 나타난 신학적 관심사들은 모벌리(Moberly 2009)의 저서에 논의되어 있다. 창세기의 수용에 관한 헨델의 저서((Hendel 2013)는 이 텍스트들이 여러 해 동안 사용되고 이 해된 방식에 대한 매력적인 많은 사례를 제공한다.

제10장

조상 내러티브
(창 12-50장)

THE ANCESTRAL NARRATIVES
GENESIS 12-50

세상의 시작들에 관한 이야기는 창세기 11장의 바벨이라는 도시에서 끝난다. 거기서 언어와 문화가 분열되었다. 창세기 12-50장은 관심 대상을 전체 인간에서 아브라함의 가족과 후손이라는 특정한 민족 집단으로 돌린다. 지금까지의 내러티브에서 처음으로 이스라엘의 시작이 내러티브의 초점이 된다. 창세기 12-50장의 내러티브는 아브라함의 후손이 고대근동의 서쪽에 도달하는 여정을 따라가다 그들을 이집트에 남겨두는데, 거기서 출애굽기가 시작된다.

창세기 12-50장은 대략적으로 세 개의 부분으로 나뉘는데 각각은 동일한 가족의 특정한 구성원에 초점을 맞춘다. 창세기 12:1-25:18(종종 아브라함 사이클로 불린다)은 아브라함, 그의 아내 사라, 그의 조카 롯, 그의 아들 이스마엘과 이삭의 삶을 중심으로 전개되는 사건들을 다룬다. 창세기 25:19-35:29(종종 야곱 사이클로 불린다)은 아브라함의 쌍둥이 손자인 야곱과 에서, 그리고 그들의 관계를 둘러싼 긴장으로 관심을 돌린다. 마지막 부분인 창세기 37-50장(종종 요셉 내러티브로 불린다)은 야곱의 열두 아들 중 한 명인 요셉과 외국에서의 그의 경험을 다룬다. 따라서 이 세 부분은 세 명의 주요 등장인물인 아브라함, 야곱, 요셉을 중심으로 전개되며 세 가지 주요 주제인 혈통의 연속성, 형제 간의 갈등, 외국에서의 고립을 중심으로 이야기를 펼친다. 따라서 이 이야기들은 옛적의 중요한 조상들의 삶을 묘사할 뿐만 아니라, 모든 사회의 삶에서 핵심주제인 연속성, 갈등, 장소를 탐구한다.

창세기의 이 장들이 아브라함, 이삭, 야곱, 요셉이라는 족장들과 관련이 있기 때문에 독자들은 오랫동안 이 장을 "족장의 역사"로 지칭했다. 그러나 이 이야기들에는 족장들 외의 요소들도 존재한다. 실제로 이 내러티브 모음집 전체를 통하여 여성들이 특별히 중요한 역할을 한다. 이에 비추어 이 장들을 "조상 내러티브들"로 지칭하는 것이 더 적절할 것이다. 비록 문화적 상황으로 인해 이 장들에서 남성들에게 대부분의 지면이 할애되고 있지만 이 텍스트들은 이스라엘의 남성 조상과 여성 조상 모두를 묘사한다. 따라서 이 이야기들에서 여성들이 소홀히 취급되어서는 안 된다(Schneider 2008).

1. 조상 내러티브의 기원과 형성

전통적인 자료비평학자들은 "J", "E", "P"를 창세기 12-50장의 배후에 놓여 있는 주요 자료들로 간주했고, 몇몇 학자는 여전히 이러한 분해 또는 이 분해의 개정 편집된 버전을 고수한다. 그러나 우리가 7장에서 개괄했던 것처럼, 점점 더 많은 학자가 오경 전체에 퍼져 있는 일관성 있는 "야웨" 자료 개념 같은 문서가설의 많은 기본 전제에 의문을 제기하고 있다. 오히려 차츰 하나로 합쳐진, 조상들의 이야기를 포함하는 좀 더 작은 전승 단위가 차츰 하나로 합쳐졌다고 보는 것이 최근의 경향이다.

아브라함, 이삭, 야곱과 관련된 전승들이 원래는 연관된 것이 아니라 그들에 관한 이야기들이 각각 다른 조상에 관한 독립적인 전승이었는데 이후에 하나로 합쳐졌다는 개념은 새로운 아이디어가 아니다. 그러나 그 개념은 최근의 학계에서 상당한 지지를 얻었다(Rendtorff 1990; Carr 1996; Schmid 2010). "P"는 이러한 많은 독법에서 여전히 식별되는 반면에, 한 때 일관성이 있다고 생각되던 "J" 자료는 개별 조상들에게 독특한 것으로 간주되는 다양한 "non-P" 자료로 대체되었다. 예컨대 이 내러티브들에서 세 명의 주요 족장들이 서로 다른 지리적 위치와 연결된 것처럼 보인다—아브라함은 헤브론과 연결되고, 이삭은 브엘세바와 연결되며, 야곱은 벧엘과 연결된다—는 점이 주목되었다. 이는 이 전승들이 각각 다른 지역의 다른 부족에게서 발전했는데 훗날 하나로 합쳐져 연속적인 가닥을 형성했음을 암시할 수 있다(Gertz 외 2012의 논의를 보라). 조상들 배후에 있는 자료와 전승에 관련된 이러한 전개와 더불어 이 이야기들과 전승들의 연대 역시 계속 논쟁이 되고 있다. 전통적인 자료비평학자들은 이 이야기들 중 많은 내용의 연대를 초기 왕정 시대로 추정하는 반면에, 최근에는 학자들이 이 내러티브들 안에서 반복되는 땅, 포로, 귀환과 관련된 이슈들로 인해—비록 이 전승들의 일부는 훨씬 더 오래되었을 수 있다고 할지라도—포로와 그것의 여파가 이 전승들을 하나로 합치도록 이끌었던 상황이었다고 추정하게 되었다.

2. 조상들: 역사적 질문

창세기 12-50장이 1-11장과 상당히 다르기는 하지만, 조상들의 역사성에 관련된 질문을 포함하여 복잡한 역사적 질문들이 여전히 남아 있다. 창세기 12장은 가장 이른 시기의 보편적인 이야기로부터 특정한 가족의 역사로 관심이 이동함에 따라, 1-11장에 수록된 이야기들과는 다른 성질의 이야기를 시작한다. 이처럼 소수의 개인들의 삶에 집중함으로써 그 기사는 그들이 어떻게 살았는지에 관해 훨씬 더 자세한 통찰을 제공한다. 이로 인해 많은 학자가 아브라함과 그의 자손들을 그 텍스트가 조상들을 위치시키고 있는 배경인 기원전 제2천년기 메소포타미아와 가나안이라는 특정한 문화와 시기에 위치시키려고 노력했다.

〈지도10.1〉 아브라함의 여정

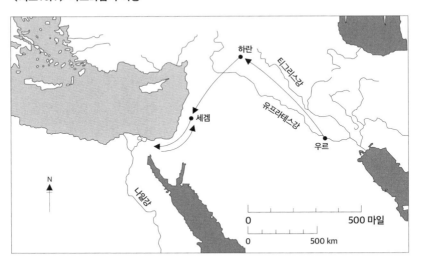

많은 학자가 창세기 이야기들 안의 다양한 특징이 기원전 제2천년기로 추적될 수 있음을 보여주기 위해 노력해왔다. 그런 연구들은 고고학적 증거와 다른 문화들의 기원전 제2천년기의 문헌증거를 사용해서 족장 내러티브들이 기원전 제2천년기라는 연대 산정에 일치하는 특징을 포함하고 있음을 보여주려고 한다. 그런 연구에서 인용된 예로는 그 이야기들에 사용된 데라, 아브라함, 야곱 같은 개인의 이름들이 기원전 제2천년기 메소포타미아 지역에서 사용된 이름들에 부합한다는 사실과 이주가 이 시기 고대 근동에서 흔한 일이었다는 사실이 포함된다(Bright [1960] 2000). 반면에 이 요소들이 기원전 제1천년기에도 부합한다고 지적한 학자도 있다(Thompson 1974). 그 증거는 기원전 제2천년기를 가리킬 수 있지만, 그 이후의 시기를 가리킬 수도 있다.

족장 내러티브들의 역사성에 대한 회의는 새로운 현상이 아니다. J. 벨하우젠은 그 내러티브의 역사성에 의문을 제기하고 아브라함이 "무의식적인 예술의 자유로운 발명품"일 수 있다고 주장했다(1885: 320). 실제로 창세기 기사의 특정한 요소들은 아브라함에 대해 일반적으로 추정되는 연대인 기원전 제2천년기 초보다 후대의 시기에서 유래한 것처럼 보인다. 예컨대 창세기 21:34은 아브라함이 "블레셋 사람의 땅에서 여러 날을 지냈다"고 진술하지만, 블레셋 사람들은 아브라함의 시기보다 후대인 기원전 1200년대까지 가나안에 정착하지 않았다. 또 다른 시대착오는 아브라함을 아랍인들의 조상으로 언급한 것이다(창 25:1-5). 아랍인들은 기원전 800년대에나 비로소 상당한 영향력을 가진 세력으로 기록된다. T. L. 톰슨(1974)과 J. 반 세터스(1975) 모두 족장 내러티브들의 역사성을 지지하는 주장에 납득되지 않았다. 그들은 위의 예들 및 그 밖의 다른 예들을 사용해서 증거들을 자세하게 살핀 후 조상들에 관한 내러티브들은 기원전 2000년대에서 유래한 것이 아니라 훨씬 더 후대에 유래했다고 주장했다.

　　R. 헨델은 대안적인 입장을 제시했는데, 그는 문화적 기억이라는 관점에서 탐구한다. 헨델은 이 내러티브들을 "역사적 기억, 전통적인 민간전승, 문화적 자기규정, 내러티브의 재치"의 합성물로 이해한다(2005: 46). 그는 역사적 인물로서의 아브라함, 이삭 또는 야곱에 관련된 역사적 증거가 존재하지 않음을 명백히 한다. 그러나 이 인물들을 중심으로 발전한 전승들은 탐구될 수 있고, 그런 전승들은 역사적으로 위치가 부여될 수 있다. 헨델은 지리적 위치들과 이스라엘 역사의 다른 역사적 표지들의 사례를 살펴본 뒤 "족장 전승들의 여러 측면은 고대의 뿌리를 갖고 있다. 이 뿌리들로부터 유래한 이야기들은 기록될 때까지 각 세대의 이야기꾼들에 의해 성장하고, 변하고, 채택되고, 각색되었다"고 주장한다(55). 헨델에게 있어서 이는 그런 기억에 대한 집단적·문화적 측면들을 가리킨다. "서사시적인 과거에 관한 그런 이야기들은 공동체에 대한 상징적인 형성 인자로서 공통의 인종적·문화적·종교적 정체성을 중심으로 백성을 하나로 묶는 기능을 한다"(8).

3. 아브라함 사이클(창 12:1-25:18)

아브라함 사이클은 하나의 주요 주제와 다양한 추가 기사들의 보충으로 구성되어 있다. 기본적인 내러티브는 아브라함이 "큰 민족"이 될 것이라는 약속에 초점을 맞춘다. 그 내러티브는 계속 이 약속으로 돌아간다(창 13:14-18; 15:1-21; 17:1-27; 18:1-16a). 그러나 그 내러티브의 줄거리는 이 약속을 둘러싼 위기를 강조한다. 아브라함의 자손들은 복을 받게 되어 있지만 그는 자손이 없으며 그의 아내는 늙었고 임신할 수 없다. 이 위기에 대한 해결책의 전개가 아브라함 사이클의 대부분을 차지한다. 창세기 21장에서 이삭이 태어난 뒤에도 위기는 계속된다. 22장에서 아브라함은 하나님으로부터 이삭을 죽이라는 명령을 받기 때문이다. 이 기본적인 줄거리에 다양한 하위 줄거리―아브라함과 가나안 왕들 간의 전쟁(창 14장), 아브라함의 조카 롯이 소돔에서 구출됨(창 18:16b-19:29), 이삭에게 적합한 아내를 찾음(창 24장)―가 얽힌다. 사라의 죽음(창 23:1-20)과 아브라함(창 25:1-18)의 죽음도 이 기사에 기록된다(아브라함 내러티브에 관한 이해하기 쉬운 개요와 주석은 Blenkinsopp 2015에서 찾아볼 수 있다).

1) 아브라함 사이클에서 반복과 불일치

한편으로는 아브라함 이야기들은 일관성 있는 전체로 읽힐 수 있다. 그러나 우리가 아브라함 사이클을 좀 더 자세하게 조사하면 다양한 불일치와 반복을 볼 수 있다. 예컨대 창세기 11:31-32에서는 데라가 그의 가족을 데리고 우르-카스딤을 떠나 하란으로 가서 거기서 죽었다. 창세기 12:1에서 하나님은 아브라함에게 그의 땅, 그의 친족, 그의 아버지의 집을 떠나라고 명령한다. 그러나 창세기 11장의 내러티브에 따르면 그는 이미 이 모든 것을 실행했다. 또 다른 예는 위험한 상황에서 자기 아내를 누이라고 속여넘기는 기사다. 이 일은 아브라함과 사라에게 두 번(창 12:10-20; 20:1-18), 이삭과 리브가에게 한 번(창 26:1-11) 일어난 것으로 기록되는데, 그 일이 이전에 발생했다는 언급도 없이 반복된다.

전통적인 자료비평학자들은 이런 유형의 불일치를 다른 자료 혹은 전승에서 유래한 기사들로 돌린다. 따라서 아브라함이 우르에서 왔다는 전승은 "P"로 돌려지고, 그가 하란에서 왔다는 전승은 "non-P"로 돌려진다. 아내를 누이라고 속이는 세 번의 기사는 종종 구전 전승으로 돌려지는데, 창세기 12:10-20이 기본적인 전승이고 20:1-18과 26:1-11은 그것에 대한 각색으로 간주된다.

그러나 다른 해석들은 이 기사들을 다르게 보았다. D. M. 건과 D. N. 페윌은 그 이야기의 기원들을 재발견하려고 시도하기보다는 그것을 최종 형태로 읽는다. 그들이 아브라함 텍스트에서 얻는 그림은 아브라함에 대한 전통적인 묘사와는 사뭇 다르다. 아브라함은 그의 믿음과 하나님의 인도를 기꺼이 받아들인 것으로 유명하다. 그러나 그 텍스트의 최종형태를 주의 깊게 읽으면 다른 인물이 드러난다. 건과 페윌은 텍스트가 용감하고 신실한 인물을 묘사하기보다는 "매우 자주 놀라고 크게 모순적인 한 사람"을 드러낸다고 제안한다(1993: 90). 하나님이 아브라함을 부를 때, 그 부름은

아주 적절한 시기에 아주 적절한 내용으로 다가온다. 아브람은 그의 고향을 떠나야 하는데, 그는 이미 고향을 떠나왔다. 그리고 그의 아버지의 집을 떠나야 하는데, 이미 그의 이주의 목적지인 땅으로 가고 있기 때문에 별도로 아버지의 집을 떠날 필요가 없다. 우리는 이렇게 자문할 수 있다. 자기가 이미 그렇게 하기로 결정한 것을 하는 데 큰 믿음이 필요한가?(1993: 91)

건과 페월은 창세기 기사 전체는 불확실하게 그리고 때때로 어리석게 행동하지만 하나님에 의해 끊임없이 구원받고 보호받는 한 사람을 묘사한다고 주장한다. 아브라함에 대한 그들의 묘사는 훨씬 덜 영웅적이고 훨씬 더 인간적이다.

아내를 누이라고 속이는 기사에도 대안적인 해석이 등장했다. 예컨대 R. 알터(1981)는 이 기사들이 내러티브 원형에서 나왔지만 그 이야기의 특정한 상황의 관심사에 따라 독특한 강조점을 지니는 "유형 장면"(type-scenes)으로 간주되어야 한다고 주장한다. D. J. A. 클라인즈(1990)도 비슷하게 이해하는데, 그는 그 이야기들이 세 가지 다른 방식들로 윤색된 하나의 이야기가 아니라 세 개의 다른 이야기라고 주장한다. 클라인즈는 텍스트를 면밀하게 조사해서 그 이야기의 전달 수단이 비슷할지라도, 각각의 목적이 다르다는 것을 보여준다. 각각의 이야기에서 묘사된 위험은 그의 아내에 대한 위험이 아니라 족장에 대한 위험이지만, 각각의 내러티브는 그 맥락에서 다른 기능을 한다. 창세기 12:10-20은 사라에게 집중한다. 하나님이 아브라함에게 그가 많은 민족의 조상이 될 것이라고 약속한 직후에, 사라를 잃을 가능성은 그 줄거리에서 더 중요해진다. 창세기 20장에서도 그 기능은 비슷하지만, 여기서 그 위험은 다음 장에서 태어나는 이삭의 잠재적인 상실에 비추어볼 때 더 커 보인다. 창세기 26장에 기록된 이야기는 완전히 다른 기능을 하는데, 묘사되고 있는 위험은 [이삭에게보다는] 블레셋 사람들에게 향한다. 만일 그들이 리브가를 잘못 대우한다면 고통을 받을 것이다. 텍스트에 대한 이러한 독법은 각 이야기를 단순히 고립된 단위로서가 아니라 맥락 안에서 연구하는 것의 중요성을 보여준다. 비록 이 이야기들이 맥락을 떠나서 고려되면 매우 유사해 보이지만, 맥락 안에서 고려될 때에는 각각의 기능이 훨씬 더 중요해진다.

2) 아브라함에게 한 약속들

족장들에게 한 약속들은 창세기 12-50장에 수록된 내러티브의 초점이다. 실제로 그 약속들이 오경 전체를 이해하기 위한 열쇠라고 주장하는 학자도 있다(Clines 1997). 창세기 12:1-2의 약속—이는 창세기 12-50장을 시작한다—은 세 가지 주제를 포함하는데, 클라인즈는 그 주제들이 오경의 나머지에서 추출된다고 주장한다.

> 여호와께서 아브람에게 이르시되 "너는 너의 고향과 친척과 아버지의 집을 떠나 내가 네게 보여 줄 땅으로 가라. 내가 너로 큰 민족을 이루고 네게 복을 주어 네 이름을 창대하게 하리니 너는 복이 될지라"(창 12:1-2).

이 세 가지 주제는 후손의 약속("내가 너로 큰 민족을 이루겠다"), 하나님과의 관계의 약속("네게 복을 주어 네 이름을 창대하게 하겠다"), 땅의 약속("너는 너의 고향…을 떠나 내가 네게 보여 줄 땅으로 가라")이다. 이 약속들은 오경 전체에 등장할 뿐만 아니라, 아브라함 이야기 자체의 구조 안에 확고하게 엮여 있다(Baden 2013). 전체 내러티브는 아브라함과 하나님의 관계가 서서히 펼쳐지는 것을 묘사한다. 상속자의 출산을 둘러싼 위기들이 가나안 땅에 있는 아브라함의 새 거주지라는 도화지 위에 펼쳐진다.

    이 약속들이 아브라함 사이클 전체를 통하여 등장하기는 하지만 그 약속들은 창세기 15장과 17장에 기록된 하나님과 아브라함 사이에 언약을 맺는 두 번의 기사에서 특별한 정점에 이른다. 창세기 15장에 묘사된 언약은 두 개의 뚜렷한 단락으로 나눠지는데, 하나는 후손에 대한 하나님의 약속과 그 약속에 대한 아브라함의 수용(1-6절)이고 다른 하나는 언약 비준 의식(7-21절)이다. 이 언약의 가장 현저한 요소 중 하나는 9-18절에 묘사된 이상한 비준 의식이다. 여기서 아브라함은 소, 염소, 양, 산비둘기, 집비둘기를 둘로 쪼개라는 명령을 받는다. 어두워진 뒤에 연기 나는 화로와 타는 횃불이 쪼갠 고기 사이를 지나간다. 이 행동의 의미가 완전하게 명확한 것은 아니다. 18절은 하나님이 그날에 아브라함과 "언약을 잘랐다"고 진술한다(NRSV는 이 어구를 "언약을 맺었다"로 번역한다. 우리말 개역개정은 "언약을 세웠다"로 번역한다—역자 주). 그래서 이 행동은 아브라함이 요청했던(8절), 언약이 성취될 것이라는 증거를 제공하는 것처럼 보인다. 이 의식은 히브리 성경에서 언약을 맺는 것을 묘사하기 위해 "언약을 자르다"라는 용어가 사용되는 것을 설명할 수 있다.

반면에 창세기 17장의 언약은 하나님이 아니라 아브라함에게 의무를 부과한다. 이 기사에서는 언약의 표시—집안의 모든 남성의 할례—가 규칙적으로 발생해야 한다. 여기서도 그 언약의 약속은 자손, 관계 그리고 땅이다. 이 기사의 가장 현저한 요소 중 하나는 아브람에서 아브라함으로 이름이 바뀐 것이다. 히브리어에서 "높은 아버지"를 의미하는 "아브람"이라는 이름이 흔히 "많은 무리의 아버지"로 이해되는 "아브라함"으로 바뀐다.

3) 사라, 하갈, 이스마엘

아브라함의 상속자가 될 수 있는 사람의 출생을 둘러싼 위기에 관한 기사는 사라가 자식을 낳을 수 있는지에 집중된다. 이 주제는 아브라함 사이클의 큰 부분을 차지한다. 상속자에 대한 절대적인 필요는 아브라함의 몫이지만, 불임에 대한 수치는 사라의 몫이다. 그 내러티브는 사라가 불임이라는 점 외에도 90세라는 점을 지적함으로써 그 상황의 불가능성을 강조한다. 그 이야기에서 하나님의 약속과 그 약속의 성취가 불가능해 보이는 상황 간의 긴장이 확고해진다. 이 이야기 모음집이 아브라함 사이클로 알려졌지만, 사라라는 인물이 그 기사의 핵심이다. 그 내러티브의 여러 곳에서 그녀는 남성 주인공 아브라함을 돋보이게 하는, 침묵의 인물로서 행동한다. 설사 내러티브에 사라가 등장한다고 할지라도 그녀는 종종 주요 내러티브와 무관하게 묘사된다. 따라서 우리는 메소포타미아에 있는 집을 떠나라는 명령과 새로운 땅으로 가는 여정에 대한 그녀의 의견이나 창세기 22장에서 하나님이 아브라함에게 그녀의 외아들을 죽이라고 한 명령에 대해 그녀가 어떻게 생각했는지를 알지 못한다(Trible 1991). 그러나 그 내러티브에서 사라의 목소리가 들리는 곳이 더러 있다. 아마도 이에 대한 가장 유명한 예는 사라의 요청으로 아브라함에게 아들을 낳았던 이집트인 여종 하갈과 그녀 사이의 상호작용일 것이다. 이 하위 내러티브가 그 텍스트에 대한 많은 페미니스트 해석의 초점이 된 것도 놀랄 일이 아니다.

사라와 하갈의 관계는 힘과 압제의 관계다. 힘 있는 아내 사라는 힘 없는 종 하갈을 필요로 하지만, 하갈이 사라가 낳을 수 없는 아들을 낳았을 때 힘의 양상이 이동함으로써 위협받는다고 느낀다. 사라와 하갈 사이의 관계는 주로 창세기 16:1-16과 21:8-21의 두 구절에 제시되어 있다. 자료비평학자들은 전통적으로 이 내러티브들을 다른 자료 혹은 전승에서 유래한 것으로 파악했다. 그러나 이 이야기들이 사라가 하갈을 쫓아낸다는 유사한 주제를 제시하지만, 그것들은 쉽사리 상호보완적인 이야기로 읽힐 수 있다. 첫 번째 내러티브에서 하갈은 임신 중에 사라의 잔인한 대우로부터 도망치지만, 천사로부터 돌아가라는 설득을 받는다. 두 번째 내러티브에서 그녀는 사라에게 쫓겨나고, 아들과 함께 이집트에서 새로운 삶을 찾는다. 두 이야기 모두 하갈의 상황이 악화됨에 따라 그녀에 대한 하나님의 보호가 증가하는 것에 대해 말한다. 힘과 압제에 대한 이러한 묘사는 라이벌 여성들에 대한 이 이야기들을 훨씬 더 흥미롭게 만든다.

이 이야기들의 사이클에서 사라의 역할은 복잡하다. 그녀는 아브라함의 아내이고 선택받은 아들 이삭의 어머니이지만, 하갈에 대한 그녀의 대우는 압제적이고 폭력적이다. 광야로 여종을 내쫓은 것은 하나님이 하갈과 이스마엘을 보호하지 않았더라면 살인과 다름없는 처사였다. D. N. 페월(1988)은 하갈의 관점에서 다시 쓴 그녀의 이야기에서 이러한 힘의 역학에 대해 더 깊이 성찰한다. 그녀는 "하나님이 듣는다"라는 이스마엘의 이름의 의미에 초점을 맞추고 하갈에 대한 신적 보호라는 주제를 뽑아낸다. 트리블 역시 하갈의 이야기에 대한 독법을 제시한다. 그녀는 그 이야기가 어렵기는 하지만, 특히 "그녀의 이야기가 국적, 계급, 성이라는 세 가지 익숙한 형태의 압제를 묘사하기 때문에" 그것은 "믿음을 형성하고 믿음에 도전하는" 이야기라고 주장한다. 그녀는 "육체적으로나 영적으로 사라와 아브라함의 후예인 우리는 모두 하갈의 이야기에 들어 있는 참상에 대해 응답해야 한다"고 결론짓는다(1984: 23-4).

하갈의 이야기는 이삭을 위해 무시되는 아브라함의 장남 이스마엘의 이야기와 밀접하게 연결되어 있다. 이스마엘의 이야기는 창세기와 그밖의 다른 곳에서 결국 선택받지 못하는 다른 장남들과 많은 공통점이 있다. 즉 이스마엘은 아브라함의 혈통에서 언약의 담지자인 아들이 되지 못할 것이다. 그러나 이스마엘에 대한 묘사 역시 복잡하다(Heard 2001). 전통적인 해석은 이스마엘을 상당히 부정적으로 읽는 경향이 있었지만, 우리가 하갈의 아들과 관련된 텍스트들(창 16:10-12; 17:20-22; 21:11-13, 17-18)을 주의 깊게 읽어보면 이스마엘이 많은 후손 및 장래에 국가를 이룰 것과 미래의 축복을 약속받는다는 것을 알 수 있다. 이스마엘과 관련된 다양한 선언들에 모호하고 덜 긍정적인 요소들이 존재하기는 하지만, 그가 동생 이삭을 위해 무시된다고 해서 저주받지는 않는다. 이스마엘은 후에 이슬람 전통―거기서 그는 예언자이기도 하다―에서 중요한 역할을 하게 됨에 따라 아브라함 전승 전체에서 중요한 인물로 남게 되었다(예컨대 Bakhos 2006에 수록된, 랍비 전통에서 이스마엘에 대한 논의를 보라). 하갈과 이스마엘에 대한 추가 논의―아브라함에 대한 그들의 관계와 유대교, 기독교, 이슬람교에서 그들 각각의 역할 포함―는 M. 굿맨, G. H. 반 쿠튼과 T. A. G. M. 반 루이튼(2010)이 편집한 논문집에서 찾아볼 수 있다.

4. 아브라함과 이삭

이삭의 출생은 아브라함 사이클 전체의 절정이다. 이 부분 전체에서 아브라함에게 주어진 약속들은 이삭의 출생과 이후의 생존에 의존한다. 오래 기다리던 이삭의 출생은 창세기 21장에서 일어나지만, 아브라함 사이클의 이 절정은 이 장과 다음 장에서 미묘하게 훼손된다. 창세기 21장은 사라가 하갈을 쫓아낸 것과 하갈의 아들 이스마엘이 거의 죽을 뻔한 것에 대해서도 말한다. 이삭의 출생은 아브라함의 다른 아들인 이스마엘의 죽음을 초래할 뻔했다. 창세기 22장의 사건들은 훨씬 더 놀라운데, 거기서 그 내러티브는 하나님이 아브라함에게 이삭을 제물로 바치라고 명령한 것을 묘사한다. 아브라함이 많은 나라의 조상이 될 것이라는 하나님의 약속은 다시 한번 중대한 기로에 직면한다.

우리는 8장에서 창세기 22장을 성경 텍스트가 해석될 수 있는 다양한 방식에 관한 하나의 사례로 사용했다. 거기서 다뤄진 내용 외에 유대교, 기독교, 이슬람교 전통에서 이 이야기의 중요성에 대해 언급할 만한 가치가 있다.

창세기 22:1-19의 이야기에 대한 랍비들의 해석은 **아케다**(결박) 또는 **아케다트 이츠하크**('aqedat Yiṣhaq, 이삭의 결박)로 알려져 있다. P. S. 알렉산더(1990)는 이 랍비 해석의 주요 특징을 검토했다. 랍비의 주해에서 이삭의 결박 이야기는 그 내러티브의 많은 측면을 다루는 아이디어들의 복합적인 모음집이었다. 랍비들은 이 이야기에 대해 언급할 때 그 이야기의 성경 버전뿐만 아니라 유대교 안에서 그것을 중심으로 발전한 전통들에도 논의의 기반을 두었다. 알렉산더는 이 전통들에 포함된 가장 중요한 세 가지 요소를 식별했다. 유대 전통들에서 발견되는 첫 번째 요소는 이 삭이 제안된 제사의 자발적인 제물이었다는 것이다. 「위(僞)요나단」 타르 굼은 이삭이 제사 당시에 어린 소년이 아니라 37세였다고 진술한다. 그 를 제물로 바치기로 한 결정은 누가 하나님께 가장 좋은 제물을 바칠 것 인가에 관한 그 자신과 이스마엘 사이의 논쟁에서 발생했는데 이삭은 자 신의 몸 전체를 바치기로 했다.

이 전통들에서 발견되는 두 번째 보편적인 요소는 그 제사가 예루 살렘 성전 터에서 드려졌다는 것이다. 그 결과 이삭의 제사는 이후의 모 든 제사에 대한 이상적인 형태로 기능한다. 이후의 제사들은 그것들이 **아 케다**를 상기시키기 때문에 효과가 있다. 유대 전통들에서 가장 보편적인 마지막 요소는 **아케다**가 어떤 식으로든 이삭의 후손에게 유익한 방향으 로 기능했다는 믿음이다. 알렉산더는 유대 전통의 이 부분이 두 가지 형 태를 취한다고 본다. 첫째, 아브라함과 이삭의 순종이 "그들의 후손을 위 해 공덕을 쌓은 행동이었다"(p. 45). 둘째, 이삭이 그의 후손에 대한 대표 로서 기능했다. 그래서 그의 행동이 이후 세대들의 죄를 속했다. 유대 전 통들의 이 마지막 요소는 속죄에 대한 기독교 교리와 놀라운 유사점이 있다. 이 둘 사이의 평행은 그것들 간의 관계에 대한 질문을 제기했다. 유 대교의 **아케다** 전통이 그리스도의 속죄제사의 기독교 전통에 영향을 주 었거나 그 반대 방향으로 영향을 주었을 수도 있지만, 알렉산더는 이 둘 사이의 직접적인 연결을 상정할 어떤 이유도 없다고 본다. 대신에 그는 이 두 전통이 서로와 무관하게 독립적으로 발전했을 수 있으며, 이 가능 성이 한쪽이 다른 한쪽으로부터 직접 차용했을 가능성보다 크다고 주장 한다.

창세기 22장이 사랑받는 아들의 제사(를 드릴 뻔한 일)를 묘사하기 때문에 기독교 전통에서는 이 이야기를 해석하는 데 많은 노력을 기울였다. 일반적인 접근법 하나는 이 이야기를 모형론적으로 읽어서 이삭을 그리스도의 모형으로 보고 예수를 성취로 보았다. 2세기 신학자인 알렉산드리아의 클레멘스의 글에서 우리는 이에 관한 하나의 예를 찾아볼 수 있다. 그는 이렇게 논평한다.

> 이삭은…주님의 전형이다. 그는 성자처럼 아들이었다(그는 아브라함의 아들이고, 그리스도는 하나님의 아들이다). 그는 주님처럼 희생제물이었지만 그의 제사는 완료되지 않은 반면에 주님의 제사는 완료되었다. 그가 한 일은 주님이 십자가의 나무를 지고 갔던 것처럼 자기를 제물로 바칠 때 쓸 나무를 진 것이 전부였다. 이삭은 주님이 우리에게 가득채워준 기쁨을 미리 알고서 신비스러운 이유로 기뻐했다(Clement of Alexandria, *Christ the Educator* 1.5.23, Sheridan 2002: 105에 인용됨).

이러한 형태의 독법은 초기 교회에 널리 퍼져 있었고, 오늘날에도 여전히 인기가 있다. 그러나 R. W. L. 모벌리는 더 중요한 평행이 아브라함과 예수 안에서 발견될 수 있다고 주장했다. 그들은 모두 시험을 받을 때 신실한 순종으로 응답했다. 그는 이렇게 말한다,

> 모든 것이 말해지고 행해졌지만, 창세기 22장은 까다롭고 불안정한 텍스트로 남아 있다. 특히 그것은 우리가 선호하는 깔끔한 범주화에 적합하지 않기 때문이다. 따라서 기독교 독자들은 창세기 22장과 그리스도의 수난을 창

의적이고 존재론적으로 연결할…필요가 있다. 그 연결은 세부 사항들 —나무/십자가를 지는 것, 예루살렘이라는 장소—의 문제가 아니라 오히려 모리아산에서 이삭을 바치는 아브라함에 관한 설명처럼, 겟세마네와 골고다와 부활의 동산에 있는 예수에 관한 모든 "설명들"이…그 텍스트의 내용을 올바로 평가하지 못한다는 데 있다.…이 텍스트들이 올바로 이해되고 적용된다면, 그리스도인들은 이것들이 빛과 삶으로 들어가는 길이 될 수도 있는 고뇌에 찬 어둠으로 들어가는 입구를 가리킨다고 믿는다(2009: 198-9).

마지막으로 이 이야기는 쿠란(37.99-109)에서 개작되는데, 이 개작은 이슬람 전통에서 복잡한 역사를 지녔다. 쿠란에서는 이삭과 이스마엘 중 어느 아들이 제물이 되었는지 언급되지 않는다. 그리고 두 아들 모두 쿠란의 다른 곳에서 등장한다. 좀 더 오래된 이슬람 전통은 이삭이 쿠란에서 언급된 아들이라고 말하는 것 같다. 그러나 14세기의 위대한 이슬람 주석가인 이븐 카티르가 아브라함에 의해 바쳐진 아들은 이스마엘이라는 해석을 대중화했는데, 이 개념이 현대에 광범위하게 인정받고 있다(Mirza 2013).

족장 내러티브에서 이삭의 출생과 생존이 중요함에도 불구하고 이삭에 대해서는 별로 기술되지 않은 채로 남아 있다. 몇몇 예외(예컨대 창24장)를 제외하고, 내러티브의 초점은 아브라함으로부터 곧바로 이삭의 두 아들인 야곱과 에서로 이동한다. 이삭은 주로 아브라함 혈통의 연속 때문에 중요한, 그림자 같은 인물로 묘사된다. J. C. 엑섬과 J. W. 웨드비(1990)는 이삭이라는 인물의 모호함과 그의 이름의 중요성을 고찰한다. 이삭이라는 이름은 히브리어로 "그가 웃는다"를 의미한다. 그러나 이삭은 그의 출생 시에만 기쁨의 인물로 묘사된다. 창세기 18:12에서 아들을 주겠다는 하나님의 약속을 들었을 때 사라가 보인 냉소적인 웃음은 그의 출생 시에 기쁨의 웃음으로 변했다. "사라가 이르되 '하나님이 나를 웃게 하시니 듣는 자가 다 나와 함께 웃으리로다'"(창 21:6). 이삭 내러티브의 나머지 대부분에서 이삭은 "줄곧 자기보다 강하고 영리한 인물들에게 묵묵히 따르는 피해자"로 묘사된다(Exum and Whedbee 1990: 130). 심지어 이삭이 등장하는 구절들에서조차 그의 역할은 수동적이다. 예컨대 여러 장면에서 강한 인물은 이삭이 아니라 그의 아내 리브가다. 이삭은 수동적인 하나님의 약속의 담지자인 반면 리브가는 그 약속이 그녀가 사랑하는 아들인 야곱에게 전달되도록 조치하는 능동적인 인물이다. 이 이야기들에서 리브가에 대한 추가 묘사는 A. J. 블레드스타인(1993), T. J. 슈나이더(2008), M. R. 제이콥스(2007)를 보라.

5. 야곱 사이클(창 25:19-35:29)

이삭과는 대조적으로 야곱은 성경 내러티브에 자세히 묘사되어 있다. 심지어 그의 이름조차 이삭의 이름보다 그의 특징에 훨씬 잘 들어맞는다. 성경 내러티브는 야곱의 이름에 대한 두 가지 어원을 제공한다. 창세기 25:26은 그 이름을 "발꿈치"를 의미하는 히브리어 단어 **아케브**('aqeb)와 연결한다. 야곱이 출생 시에 에서의 발꿈치를 붙잡았다고 전해지기 때문이다. 반면에 창세기 27:36은 그것을 "속이다"를 의미하는 **아카브**('aqab)와 연결시킨다. 그 이름에 대한 두 어원 모두 모든 수단을 통해 자신의 목적을 성취하기로 결심한 적극적인 인물이라는 인상을 준다. 창세기 32:28과 35:10에서 그는 이스라엘로 개명된다. 전자는 그 이름이 야곱이 하나님과 사람 모두와 싸운다는 사실을 강조한다고 설명한다. 성경 내러티브에서 야곱은 그런 인물이다.

야곱 이야기의 전체 사이클은 야곱이 그의 형 에서를 속여서 축복을 빼앗음으로써 성취된 하나님의 약속의 담지를 중심으로 전개된다. 하나님의 약속을 둘러싼 긴장은 여전히 그 내러티브의 중심을 형성한다. 이번에는 그 위기가 연속성과 관련된 것이 아니라 땅과 관련된다. 야곱은 그의 형을 속여 장자권을 빼앗고, 그 땅에서 쫓겨난다. 그 결과 야곱 내러티브 전체에 걸쳐 있는 질문은 하나님의 약속이 그 땅 밖에서도 성취될 수 있는가에 관한 것이다. 창세기 32장에서 야곱이 돌아올 때에야 그 위기는 한 번 더 해결된다.

R. 알터는 야곱과 에서 사이의 갈등의 몇 가지 복잡성을 끌어낸다. 창세기 25:23의 텍스트는 야곱과 에서를 "시조의 이름을 딴, 경쟁하는 두 이웃 민족의 설립자"라고 적시한다(1981: 42). 붉고 전신이 털옷 같으며(창 25:25) 식욕이 왕성하다는(창 25:29-34), 에서에 대한 묘사는 그를 원시적이고 거의 짐승과 같은 특질과 결부시키는 것으로 이해될 수 있다. 그런 묘사는 히브리 성경의 다른 곳에서 야곱의 후손인 이스라엘 백성이 에서의 후손인 에돔 족속을 가혹하게 묘사한 것과 같은 선상에 있는 것처럼 보일 수 있다. 그러나 이스마엘에 대한 묘사와 마찬가지로 이 장들에서 에서에 대한 묘사는 복합적이다. 부정적으로 간주될 수 있는 요소들이 존재하는 반면에, 창세기 33장에 기록된 야곱에 대한 에서의 은혜롭고 형제애 가득한 환영은 야곱(그리고 이스라엘)의 이야기가 지속될 수 있

도록 보장해주며 야곱은 심지어 에서의 얼굴을 본 것을 하나님의 얼굴을 본 것과 동일시한다(창 33:10; Anderson 2011을 보라).

사실 이 이야기에는 그 이상의 것이 존재한다. 우리가 이 이야기에 묘사된 에서의 성격에 관해 어떻게 생각하든 간에 야곱은 돈을 밝히고 음모를 잘 꾸미는, 애매한 인물로 드러난다. 이 장들에서 야곱이 아브라함의 약속을 보유하고 있는 선택된 아들이라는 사실에 비추어 그의 성격과 행위가 어떻게 이해되어야 하는가라는 중요한 질문이 제기된다. 그동안 몇몇 학자는 그가 만약 족장이라면 어떤 식으로든 그 역할에 어울려야 한다는 추정하에 야곱과 그의 행동을 변호했다(예컨대 J. Calvin [1554] 1850을 보라). 좀 더 인기 있는 최근의 접근법은 야곱을 고대 세계에 잘 알려진 인물 유형인 책략가 영웅으로 이해했다. 여기서 그의 아버지, 형, 삼촌보다 앞서는 야곱의 정신적 수완과 능력은 그의 탁월함을 증명하는 것으로 이해되며, 이 요소들은 칭찬받아야 한다(Niditch 1987). 마지막으로, 선택된 아들로서 야곱의 역할을 선택의 신비에 대한 또 다른 예로 주장하는 사람도 있다. 야곱은 에서보다 더 가치가 있는 인물은 아니지만, 그의 다양한 결점에도 불구하고 약속의 담지자다. 실제로 이러한 몇몇 불완전한 점들은 한 민족으로서 이스라엘이 동일시할 수 있는 요소들이다. 이에 대해 F. E. 그린스판은 이렇게 논평한다.

이스라엘의 조상들에 대한 묘사가 이스라엘의 가치 의식을 반영하는 것처럼, 이스라엘의 운명은 조상들의 경험, 특히 이스라엘의 이름이 유래한 야곱의 경험과 분리될 수 없다. 억압받고, 약탈되고, 패배하고, 유배된 이스라엘의 역사는 우리가 하나님의 선택된 백성에 대해 기대할 만한 역사가 아니었다. 따라서 성경의 영웅들은 그 민족의 고유한 가치에 대한 이해에 적합하다. 하나님이 이스라엘을 선택했다는 확신에도 불구하고, 이스라엘은 자신이 선택받을 만한 존재도 아니고 그럴 자격도 없다는 것을 잘 인식하고 있었다.…이스라엘의 우월감은 서서히 상당한 그리고 종종 간과된 겸손과 자기 비하 요소로 변하는데, 이는 이스라엘이나 궁극적으로 이스라엘에게서 파생된 전통들이 그렇지 않았더라면 느꼈을지도 모르는 모든 거만한 성향을 반박하기 위한 토대가 된다(1994: 131-134).

이와 동일한 맥락에서 알터는 야곱 자신이 그의 아버지와 형을 속였던 것처럼 속는다는 사실에 확실한 "대칭적인 시적 정의"(1981: 45)가 존재한다고 지적한다. 야곱은 자기 아버지의 나쁜 시력을 이용해서 에서로부터 장자권을 빼앗았지만(창 27장), 라반은 신부의 면사포를 이용해서 야곱을 속여 라헬 대신에 레아와 결혼하게끔 했다(창 29장). 야곱이 사기꾼일 수 있지만 성경의 전통에 그것을 승인하는 어떤 요소가 있는지는 덜 분명하다.

　라헬과 레아의 성격은 리브가의 성격만큼 잘 정의되지 않는다(Schneider 2008). 리브가는 능동적이고 생각하는 주체로 보이는 반면에, 라헬과 레아는 그 이야기에서 대체로 훨씬 더 수동적인 역할을 담당한다. 그러나 J. E. 랩슬리(1998)는 창세기 내러티브의 맥락에서 라헬에 관해 좀 더 이해하려고 노력했다. 그녀는 창세기 31:35에 기록된 자기 아버지에 대한 라헬의 답변에 집중한다. "마침 생리가 있어 일어나서 영접할 수 없사오니 내 주는 노하지 마소서." 이 답변으로 라헬은 자기 아버지를 속이고 그가 찾고 있던 집의 우상들을 훔칠 수 있었다. 랩슬리는 이것을 남성 내러티브 안에 나타난 여성의 목소리에 대한 암시로 간주한다. 그녀는 비록 이 말들이 거짓말이기는 하지만, 그것들은 가부장적 사회에서 라헬의 위치의 불공정성을 나타내고 이러한 위치에 대한 저항과 항의를 구성한다는 점에서 진실을 전달한다고 주장한다.

야곱 사이클에 등장하는 또 다른 여성은 야곱의 딸 디나다(창 34장). 이 내러티브는 야곱 사이클의 흐름에 쉽게 들어맞지 않는 것으로 보이며, 그녀의 아버지의 행동보다는 형제들의 행동에 더 관계되어 있다. 이 내러티브는 어떤 도시의 추장의 아들인 세겜이 디나를 강간한 사건과 디나의 형제들이 그 도시에 가한 복수에 대해 말한다. 이 구절에 대한 전통적인 해석들은 그 텍스트 저자와 비슷한 관점에서 그것을 "형제들에게 행해진 화끈거리는 수치"의 행동으로 이해한다(von Rad [1956] 1972: 334). 그러나 S. 숄츠(1998)는 세겜이 디나를 강간한 뒤 그녀에게 구혼하려고 시도했다는 텍스트의 언급—학자들은 일반적으로 이를 수용한다—에 관심을 돌린다. 이것은 종종 먼저 발생한 강간 행위에 대한 완화로 간주된다. 숄츠는 그 텍스트에 사용된 동사들을 주의깊게 살펴봄으로써 이 기사가 사랑 이야기가 아니라 성폭력을 말하는 이야기임을 인식하는 것이 중요하다고 주장한다.

야곱 사이클의 기원과 전개에 관해 더 자세한 내용은 E. 블룸(2012)을 보라. 다양한 문학적 이슈 및 주제상의 이슈들은 M. 피쉬베인(1975)이 유용하게 설명한다.

6. 요셉 내러티브(창 37-50장)

창세기의 마지막 부분은 야곱의 열두 아들 중 한 명인 요셉의 삶으로 관심을 돌린다(Clifford 2012). 요셉은 야곱의 열한 번째 아들이자, 야곱이 사랑한 아내인 라헬의 첫 번째 아들이었다. 요셉 내러티브는 족장 내러티브의 일부분이지만 유별나게 두드러진다. 아브라함 사이클과 야곱 사이클은 작은 단위들이 느슨하게 묶여서 연대기적 역사를 형성하는 반면에 요셉 내러티브는 명확한 줄거리를 지니고 한 단락에서 다른 단락으로 진행되는, 훨씬 더 완전한 내러티브처럼 보인다(Westermann 1996). 그래서 일반적으로 창세기 37-50장을 (아브라함 사이클과 야곱 사이클에서처럼) 요셉 사이클로 부르지 않고 요셉 내러티브로 지칭한다. 이 장들은 등장인물의 분명한 시작과 끝, 그리고 전개를 지닌 하나의 소설을 형성하는 것처럼 보인다. 전반적인 내러티브는 가족의 갈등에 직면한 요셉의 성공에 관해 말한다. 아버지의 편애를 받는 아들인 요셉은 형제들과 서먹해지고, 형제들은 그를 노예로 팔아버린다(창 37장). 다양한 요인으로 인해 요셉은 이집트 궁정에서 성공하고 권력자가 된다(창 41:46-57). 극심한 기근으로 인해 그의 가족은 이집트에 도움을 요청한다. 요셉은 그들이 필요로 하는 도움을 제공하고, 그의 가족은 재결합한다(창 42-50장). 이 기본적인 내러티브에 다른 두 개의 내러티브가 뒤섞여 있는데, 그 내러티브들은 고대 세계에서의 성(gender)과 힘의 불균형을 탐구하는 또 다른 이야기인 유다와 다말에 관한 기사와 이집트 궁정에서 요셉의 성공을 개괄하는 이야기인 이집트에서의 요셉에 관한 이야기들이다.

    텍스트의 명백한 단일성은 이 기사의 두드러진 특징 중 하나다. 이에 따라 몇몇 비평가는 요셉 내러티브가 원래 독립적인 완전한 텍스트였는데, 훗날 창세기 내러티브에 전체적으로 삽입되었다고 주장했다. 예컨대 C. 베스터만(1988: 257-258)은 이 기사를 초기 왕정 시대에 작성된 "단일한 자립적인 문서"로 간주한다. 그러나 이 이야기가 장기간에 걸쳐 발전했다고 보고, 디아스포라와 관련된 주제들을 지적하면서 그것의 연대를 기원전 4세기의 포로 후 시기로 산정하는 사람도 있다(Schmid 2002). 어떤 경우든 간에 이 이야기는 이집트인의 삶과 관습에 친숙함을 보여준다. 그 내러티브에서 궁정의 관리와 참모의 존재를 포함하여 이집트 궁정에서의 삶이 정확하게 묘사된다. 사실상 창세기 39장에 기록된 요셉과 보디발의 아내 이야기는 이집트 문헌과 흥미로운 평행을 보인다. 두 형제에 관한 이집트의 이야기(*ANET*, 23-5)는 그의 형을 위해 일했던 동생에 대해 말한다. 어느 날 형수가 그 동생에게 자신과 동침하자고 유혹했다. 그가 거부하자 형수는 자기 남편에게 그를 거짓으로 고발했다. 요셉 내러티브의 저자가 반드시 이 기사에서 끌어 왔음을 암시하는 것은 아니지만, 이 기사는 요셉 이야기와 명백한 평행을 지닌다.

전체 요셉 내러티브는 지식을 중심으로 전개된다는 점이 주목되었다(Alter 1981). 주인공 요셉은 꿈과 그 꿈의 해석을 통해 주어진, 신적으로 영감된 지식을 지니고 있다. 이 지식은 그로 하여금 자신의 형제들(그들은 그에게 절하고 숭배할 것이다, 창 37:5-11)과 그의 동료 죄수들(술잔을 드는 자는 석방될 것이고, 빵을 굽는 자는 처형될 것이다, 창 40:1-19)에게, 그리고 이집트에 무슨 일이 일어날지를 미리 알 수 있게 해준다(7년의 풍년과 7년의 기근이 있을 것이다, 창 41:25-36). 이와 동시에 지식을 지니지 못한 대응 인물들—파라오(그는 자신의 꿈의 의미를 알지 못한다, 창 41:1-8)와 요셉의 형제들

(그들은 요셉을 다시 만났을 때 그를 알아보지 못한다, 창 42:8) — 도 존재한다. 알터는 이 주제가 요셉 내러티브를 매우 설득력 있는 이야기로 만든다고 주장한다. 이 요소와 그 밖의 다른 요소들로 인해 몇몇 학자는 요셉 내러티브가 지혜 전승과 관계가 있다고 추측했지만(von Rad 1966), 다른 학자들은 이러한 생각에 의문을 제기했다(Fox 2012).

7. 성서 밖의 유대 텍스트에 나타난 창세기 12-50장

창세기 12-50장의 성경 기사에 토대를 두고 있는 책이 많은 것으로 미루어 우리는 훗날의 유대인 저자들에게 이 기사가 중요했음을 쉽게 알 수 있다. 「희년서」는 창세기 1장부터 출애굽기 20장까지의 내러티브에 대한 개작인데, 족장 내러티브들을 장황하게 이야기하는 것이 특징이다 (Hayward 2012를 보라). 그 책의 단편들이 쿰란의 출토품에서 발견되어 그 책의 저술 연대 추정에 도움이 되었는데, 그 시기는 대체로 기원전 161-140년으로 여겨진다. 그 책 전체는 모세가 시내산에서 율법을 수여 받는 것을 배경으로 하며, 모세가 적어도 토라의 첫 번째 부분의 저자임을 설명하는 것처럼 보인다. 창세기 1장부터 출애굽기 20장까지의 내러티브는 "천사의 임재"를 통해서 모세에게 전해졌고, 모세는 그 천사가 말하는 대로 그 기사를 적었다. 「희년서」 2-10장은 원역사의 개작을 포함하고 있고, 46-50장은 모세에 관한 이야기로 구성되어 있다. 책의 나머지 부분은 족장들에 관한 내러티브의 다양한 부분이 단축 또는 생략되거나 추가된, 족장 내러티브에 대한 개작과 정교화로 구성되어 있다. 예컨대 창세기 16:4-14에 기록되어 있는 하갈에 대한 사라의 가혹한 대우가 생략되고 다양한 이야기가 추가로 포함되어 있다. 아브라함의 젊은 시절에 관한 일련의 이야기를 전하는 11-19장과 야곱과 에서 사이의 전쟁을 묘사하는 37-38장이 특히 주목할 만하다. 쿰란에서 발견된 창세기 단편들의 존재는 창세기 전승에 대한 이 개작이 고대 유대교에서 얼마나 중요했는지를 보여준다. 사해 두루마리들 중 창세기에 대한 두 번째 개작인 「창세기 외경」의 존재에 의해 이 점은 훨씬 더 흥미로워진다. 이 책은 단편적으로만 남아 있지만 이것이 「희년서」와 유사한 기법을 사용해서 창세기 내러티브를 개작 및 윤색했음을 알아볼 수 있다.

　형태는 다르지만 성경 내러티브에 대한 또 다른 윤색은 「요셉과 아스낫」의 이야기에서 발견될 수 있다. 이 책은 기원전 1세기에서 기원후 2세기 사이에 이집트에서 쓰인 유대 문서로 생각된다. 그것은 요셉이 온의 제사장 보디베라의 딸인 아스낫과 결혼했다고 기록하는 창세기 41:45의 부연 설명이다. 이 간략한 진술은 유대인이 아닌 사람과 결혼하는 것이 금지되었던 당시의 유대인들에게 상당한 놀라움을 야기했던 것처럼 보인다. 아스낫이 이집트 제사장의 딸이었기 때문에 이 결혼은 특히 문제가 있었다. 「요셉과 아스낫」은 연애 이야기다. 아스낫은 요셉을 사랑하게 되었지만 요셉은 그녀가 이교도였기 때문에 그녀를 결혼 상대로 생각하지 않았다. 상심한 아스낫은 일주일 동안 금식했는데 금식 마지막 날 한 천사가 그녀를 찾아와 하나님이 아스낫을 받아들였고 그녀를 "생명책"에 기록했다고 알려주었다. 그래서 요셉은 이집트인 신부와 결혼할 수 있게 되었다.

　창세기 12-50장에 기초한 다른 모음집도 있다. 「세 족장의 유언」은 그 이름이 암시하는 바와 같이 각각 아브라함, 이삭, 야곱의 세 "유언들"로 구성되어 있다. 아마도 기원후 1세기에서 3세기 사이에 잇달아 쓰인 것으로 보이는 이 문서들은 족장들의 죽음을 기반으로 하고 있으며 그들이 죽기 전에 한 천사의 방문을 받은 것에 관한 기사들을 포함하고 있다. 「열두 족장의 유언」도 마찬가지로 야곱의 열두 아들의 죽음에 기반을 두고 있는데, 그들이 죽기 전에 가족들에게 남긴 그들의 마지막 말들을 포함하고 있다고 주장한다. 흥미롭게도 이 두 유언 모음집 모두 기독교에 의해 채택되었고, 동방 교회에서 중요한 텍스트들이 되었다.

8. 초기 기독교와 이슬람교에서 조상들에 대한 시각

아브라함 역시 초기 기독교 텍스트에서 중요한 인물이었다. 사도 바울에게 아브라함이라는 인물은 기독교와 율법 사이의 관계에 관한 그의 논증에서 핵심적인 역할을 했다. 아브라함 내러티브에 대한 해석에서 바울은 다양한 기법을 사용해서 이방인이 하나님의 약속 안으로 포함된다는 자신의 논증을 지지한다. 로마서 4장에서 그는 창세기 텍스트의 순서에 집중한다. 그는 할례가 시행되기(창 17:24) 전에 아브라함의 믿음이 그에게 의로 여겨졌기 때문에(롬 4:3, 창 15:6에 근거함), 아브라함이 할례자들뿐만 아니라 무할례자들의 조상으로 간주될 수 있다고 주장한다.

갈라디아서 3장의 논증에서 바울은 아브라함 내러티브의 다양한 절들에 기반을 두고 있다. 바울에게 핵심적인 절들은 창세기 15:6, 18:18(또한 창 12:3) 그리고 12:7(또한 창 22:17-18)이다. 창세기 15:6은 바울로 하여금 아브라함의 믿음의 중요성을 고려할 수 있게 해준다. 창세기 18:18과 12:7은 그 절들이 포함하고 있는 약속들 때문에 중요하다. 바울은 "천하 만민이 복을 받게 될 것이다"(창 18:18)라는 약속을 이방인을 가리키는 것으로 해석하며, "네 자손에게"(창 12:7)라는 말을 유대인이 아니라 그리스도 한 명을 가리키는 것으로 해석한다. 따라서 이 구절들은 하나님이 아브라함에게 한 약속들이 그리스도와 기독교 안에서 성취되었다는 바울의 논증을 지지하는 데 도움이 되었다. 바울이 하갈과 사라 이야기를 사용한 것(갈 4:21-5:1) 역시 흥미롭다. 이스마엘과 이삭의 출생에 대한 그의 해석은 완전히 풍유적이다. 그는 이스마엘은 종을 상징하고 이삭은 자유를 상징한다고 주장한다. 그리스도인들은 자신을 이스마엘을 따른 계승자가 아니라 이삭에 따른 아브라함의 계승자로 여겨야 한다. 바울에게 아브라함 이야기가 잘 알려져 있었다는 것은 의심의 여지가 없다. 바울이 다양한 방법으로 반복적으로 아브라함의 이야기로 돌아가 자신의 주장을 지지할 정도로 아브라함의 이야기는 그에게 매우 중요했다.

아브라함은 이슬람교에서도 중요한 인물이라는 점을 언급할 가치가 있다(Bakhos 2014). G. R. 하우팅(2010)이 지적하는 것처럼 이 연관성은 쿠란뿐만 아니라 이후의 이슬람 문학과 전통에서도 발견되는데, 후자는 이슬람교의 거룩한 문서에서 발견되는 것보다 더 충분한 세부 사항과 해석을 제공한다. 아브라함과 이슬람교 사이의 중요한 연결 지점은 훗날 아랍인들의 조상으로 간주되는 아브라함의 아들 이스마엘이다. 그러나 아브라함의 중요성은 그가 쿠란에서 예언자로 언급된다는 사실로 미루어서도 알 수 있고, 이슬람교는 자신을 아브라함에게 계시된 종교의 (진정한) 계승 또는 회복으로 이해한다. 따라서 쿠란의 수라 2.127은 아브라함과 이스마엘이 메카에 있는 성스러운 모스크 중앙에 위치한 건물이자 이슬람교의 가장 거룩한 장소인 카아바를 세웠다고 말한다. 한편 이슬람 전통은 아브라함이 아라비아에 유일신 신앙을 가져왔다고도 주장한다. 이처럼 아브라함과 이슬람 사이에 역사적 연결과 종교적 연결이 존재한다고 주장된다.

9. 결론

위에서 개괄된 것처럼 적용된 독자들에게는 창세기 12-50장에서 역사적, 문학적, 신학적, 독자 중심적 관심사를 포함한 많은 해석적 이슈가 떠오른다. 아브라함에게 주어진, 후손과 땅의 선물이라는 하나님의 원래의 약속을 둘러싼 긴장은 그런 이슈 중 하나다. 창세기 37-50장에 기록된 것처럼 요셉을 구원하기 위한 하나님의 개입에 대한 자세한 기사에도 불구하고 그 이야기는 야곱과 그의 전체 가족이 가나안 땅에서 멀리 떨어진 이집트에서 살고 있는 것으로 끝난다. 그러므로 이 장면은 이스라엘의 시작 이야기 안에서 다음 단계, 즉 아브라함의 후손이 한 민족을 이루고 약속의 땅을 향해 다시금 길을 떠나는 단계를 위한 배경이 된다.

더 읽을 자료

2장에서 언급된 주요 주석들은 조상들에 관한 연구를 시작하기에 좋은 출발점이며, 특히 창세기 12-50장에 초점을 맞추는 책으로는 베스터만 (Westermann 1986, 1995), 모벌리(Moberly 1992a), 웬함(Wenham 1995)의 저술이 있다. 이 장들의 기원과 형성에 관련된 이슈들은 카아(Carr 1996)의 저서에서 논의된다. 조상들의 역사성에 관련된 추가적인 문제들은 블렌킨숍(Blenkinsopp 1992)의 저서에서 다뤄진다. 이 장들에 등장하는 여성들의 이야기들은 브레너(Brenner 1993), 슈나이더(Schneider 2008)의 저서에서 조사된다. 이 장들의 신학적 측면들은 프레타임(Fretheim 1994a)과 모벌리(Moberly 2009)의 책에서 탐구된다.

제11장

모세와 출애굽 전승
(출 1-15장)

출애굽기는 창세기가 끝나는 곳인 이집트에서 시작한다. 이 점에서 출애굽기는 요셉 내러티브에 묘사된 사건들의 속편 역할을 한다. 특히 출애굽기 1:8("요셉을 알지 못하는 새 왕이 일어나 애굽을 다스리더니")은 우리가 그 이야기에서 다음 에피소드로 등장하는 것을 이해해야 한다고 암시하는 것처럼 보인다. 그러나 거의 시작하자마자 그 기사의 특성이 변했음이 분명해진다. 그 이야기는 더 이상 지도자로서 한 명의 중요한 "족장"이 존재하는 한 가족의 역사를 묘사하지 않는다. 요셉의 후손들은 이제 "많고" "강하다"(출 1:9). 그 백성의 특성이 변함에 따라 다른 종류의 지도자가 등장한다. 모세는 계층이나 타고난 권리에 의해서가 아니라 하나님의 부름으로 말미암아 백성을 이끌도록 하나님에 의해 선택된다. 출애굽기는 확실히 창세기 내러티브에 이어지지만, 그 상황은 매우 다르다. 창세기 12-50장이 시작들에 관한 이야기를 우주의 역사로부터 선택된 한 가족의 이야기로 이동시켰던 것처럼, 출애굽기 역시 그 이야기를 한 가족의 역사로부터 한 민족의 역사로 이동시킨다.

출애굽기는 네 개의 부분으로 쉽게 구분된다(출애굽기의 서론과 개요에 대해서는 3장을 참조하라). 출애굽기 1:1-12:36은 이집트에 있는 백성의 상황과 모세의 등장을 묘사한다. 출애굽기 12:37-15:21은 이집트로부터의 탈출을 이야기한다. 출애굽기 15:22-18:27은 광야에서의 방랑을 묘사한다. 출애굽기 19:1-40:30은 시내산에서 모세에게 율법이 수여된 것을 서술한다. 처음 두 부분이 이번 장의 초점이다. 여기서는 모세 및 출애굽 사건에서 이스라엘 백성의 해방에 관한 기사와 관련된 여러 중요한 이슈들을 강조한다. 출애굽기 뒷쪽의 두 부분들은 광야 방랑과 율법이라는 주제들을 제시하는데, 이 주제들은 오경의 나머지 책들(레위기, 민수기, 신명기)에서도 발견된다. 그래서 출애굽기 15:22-40:30은 12장과 13장에서 좀 더 자세하게 탐구될 것이다. 우리는 이제 출애굽기의 이 처음 장들에 대한 문학적 및 주제상의 요소들, 역사적 이슈들과 관심사들 그리고 종교적 및 신학적 함의들을 탐구할 것이다.

1. 출애굽기 1-15장의 문학적 요소 및 주제상 요소

1) 기원 및 오경 전승들에 대한 관계

전통적인 문서가설에 따르면 출애굽기 1-15장에서 발견되는 출애굽 전승들의 내러티브는 야웨 자료, 엘로힘 자료, 제사장 자료의 조합에서 유래한다고 여겨졌다. 그러나 7장에서 개괄된 것처럼, 최근 수십 년간 오경 연구에서 이뤄진 여러 발전은 출애굽 전승의 기원 및 그것과 더 넓은 오경 자료 간의 관계에 관한 연구에 중대한 영향을 끼쳤다. 특히 "E" 자료의 타당성과 창세기-민수기에 걸쳐 있는 일관성 있는 "J" 자료의 가능성을 둘러싼 질문들로 인해 이 이슈들을 재평가하게 되었다. 게다가 최근의 연구는 모세 이야기가 원래 창세기의 조상 내러티브들과는 구별되는, 이스라엘의 기원에 관한 독립적인 이야기였다고 주장했다. 이 입장에서는 조상들의 이야기와 모세 이야기의 연결은 상당히 늦은 단계에서 이루어 졌으며, 그것은 아마도 제사장 문서 편집자들의 작업이었을 것으로 본다 (Schmid 2010; Berner 2014). 그럼에도 불구하고 이 이야기 안에 다양한 전 승들이 존재하고, 다른 곳에서처럼 "P" 자료들도 식별될 수 있음이 명 백해 보인다. 따라서 이 문제가 완전히 해결된 것은 아니지만, 출애굽기 1-15장의 내러티브가 "P" 전승과 "non-P" 전승의 결합이라는 데 어느 정도 합의가 존재한다.

2) 모세의 출생 내러티브(출 1:1-2:25)

출애굽기는 이제 외국 땅에서 큰 민족이 된 "아브라함의 가족"에 대한 개관으로 시작하지만, 신속하게 이 백성의 특정한 구성원인 모세에게 초 점을 맞춘다. 이 내러티브는 더 이상 한 가족의 역사가 아니기 때문에 창 세기의 내러티브와는 다르지만, 그 이야기가 한 사람의 눈을 통해 말해 진다는 점에서는 비슷하다. 그 내러티브는 외견상 연결되어 있지 않고 오 랜 세월을 떨어져 있는 짧은 글들로 구성되어 있다. 그것은 모세의 출생 에서 시작해서 불명예스러운 이집트로부터의 피신, 십보라와의 결혼, 이 집트로 돌아가라는 하나님의 부름으로 옮겨간다. 파라오를 대면하라는 부름을 받기 전 모세의 역사는 경제적이면서도 효과적으로 두 장 분량으 로 짧게 언급된다.

　　그 내러티브는 불리한 상황 하의 모세의 출생 기사로 시작한다. 그 의 부모는 히브리인들에게서 태어난 모든 아들을 죽이라는 파라오의 명 령을 피하기 위해 어린 모세를—처음에는 그들의 집에, 그 후에는 나일

강에—숨긴다. 이 초기의 이야기들은 그의 생명이 여러 여성의 행동으로 말미암아 어떻게 구원되는지에 대해서도 언급한다. 히브리 산파 십브라와 부아, 모세의 어머니와 누이, 파라오의 딸 모두 죽음에서 그를 구원하는 데 도움이 되었다(Römer 2015). 그 기사는 줄거리에 들어 있는 다양한 뒤틀림을 통해 보강된다. 이스라엘을 구원하는 사람이 출생 시에 죽음으로부터 구원되고, 모세의 생명은 파라오의 명령으로 위협받고 파라오의 딸에 의해 구원되며, 모세의 어머니는 아들을 구하기 위해 그를 포기하고 그의 유모로서 그를 다시 얻는다.

모세의 출생 이야기는 다른 많은 문화의 민간 설화에서도 친숙한 이야기다. 특히 아카드의 사르곤 전설에서, 그의 어머니는 그가 태어났을 때 골풀 줄기로 바구니를 만들고 그것을 역청으로 봉해 그 안에 사르곤을 숨겼다. 사르곤은 후에 아키에 의해 구조되고 그의 아들로 양육되었다. 한편 파라오의 딸이 모세를 구했을 때 그에게 주어진 이름은 학자들 사이에 많은 논쟁을 야기했다. 성경 텍스트는 그 이름 **모세**(*mosheh*)를 "건지다"를 의미하는 히브리어 단어 **마샤**(*mashah*)와 연결한다. 그에 대한 하나의 대안은 이 이름이 "아들"을 의미하는 이집트어 **메수**(*mesu*)에서 유래한다는 것이다. 이는 아모세(Ahmose), 투트모세(Thutmose) 같은 다른 이집트 이름에서 발견될 수 있다(Dozeman 2009).

모세의 삶의 두 번째 에피소드에서도 모세는 죽음의 위험에 처하는데, 이는 모세가 자신이 보기에 이스라엘 노예들을 학대하고 있는 이집트인 감독관을 죽였기 때문이다. 여기서도 특정한 대칭이 이야기를 강화한다. 모세는 나중에 자신이 하나님의 백성을 구원할 땅에서 달아나야 한다. 이 에피소드는 신속하게 세 번째 주요 에피소드로 이어진다. 이야기의 이 부분은 미디안 땅에서 발생한다. 거기서 모세는 우물에서 물을 긷는 것을 방해하는 목자들로부터 미디안 제사장 르우엘의 딸들을 보호했다. R. 알터는 이를 이삭과 리브가 이야기 및 야곱과 라헬 이야기를 반향하는 "약혼 정형 장면"으로 여긴다. 이 기사들 사이에는 명백히 비슷한 유사점들이 존재하는데, 가장 두드러진 것은 우물에서 물을 긷는 모티프다. 그러나 알터는 모세 이야기가 "그 관습을 너무도 적게 다루고 있어서 거의 설명하지 않는 것이나 다름없어" 보인다고 지적한다(1981: 57). 다른 이야기들에서는 내러티브가 리브가와 라헬, 그리고 그들 각각의 아버지들이라는 등장인물에 대해 묘사하는 반면에 이 에피소드는 십보라와 르우엘에 관한 세부 사항을 별로 제공하지 않는다. 이는 그 내러티브의 나머지 부분에서 십보라를 다루는 것을 반영한다. 그녀는 그 기사의 배경에 있는 그림자일 뿐이다. 이 기사에 관해 흥미로운 점은 모세의 이집트 탈출이 다가오고 있는 출애굽을 예견했던 것처럼, 이 내러티브가 모세의 미래 행동을 예견하는 요소들을 포함하고 있다는 것이다. 예컨대 우물가에서 모세가 한 행동에 사용된 동사 **호쉬아**(*hoshi'a*)는 이스라엘 백성과 관련하여 모세의 미래의 역할인 **모쉬아**(*moshi'a*) 또는 "구원자"라는 단어와 같은 어근에서 유래한다. 또한 르우엘의 딸들이 우물에서 물을 길어 올리는 것을 도왔던 모세의 행위와 강물에서 끌어 올려진 모세 자신 사이에도 연결점이 존재한다(Propp 1999).

출애굽기의 서두에 있는 이 짧은 이야기들은 주요 등장인물들을 소개할 뿐만 아니라 전에 지나갔던 것과 앞으로 다가올 것을 가리키는 기능도 한다. 출애굽기 2:14-22의 약혼 정형 장면은 이 내러티브를 되돌려 창세기의 족장 이야기들과 연결한다. 동시에, 구원 또는 물에서 끌어올림 같은 모티프들은 주인공 모세의 능동적인 역할과 수동적인 역할을 모두 보여준다. 모세는 구원받고 구원한다. 그는 물에서 끌어올려지고, 물을 길어 올린다. 모세는 그 내러티브의 주인공이지만 고립되어 있지 않다. 그는 자기가 다른 사람들을 돕는 것처럼, 자기도 도움을 받는다.

3) 모세를 부름(출 3:1-7:7)

그 내러티브의 다음 단계는 출애굽 자체로 이어지는 사건들로 전환되고, 모세를 불러서 이집트로 보내는 것을 특징으로 한다. 이 부분은 모세를 부른 것에 관한 두 개의 평행 기사를 포함하는 것으로 보이는데(출 3:1-4:23과 출 6:1-7:7), 일반적으로 그 기사들은 각각 "non-P" 전승과 "P" 전승으로 돌려진다. 이 두 기사들은 모세와 아론 편에서 파라오로 하여금 이스라엘 백성을 풀어주도록 설득하지 못한 데 대한 다른 쪽 기사의 설명을 존중한다. 모세의 부름에 대한 첫 번째 기사는 신현(顯現) 또는 하나님의 계시를 포함한다. 기사에서 "여호와의 사자"가 모세에게 "떨기나무 가운데로부터 나오는 불꽃 안에서" 나타났다고 진술되지만, 이어지는 기사는 모세가 만난 존재는 하나님 자신이었음을 명백히 밝힌다. 신현은 히브리 성경의 곳곳에서 자주 등장하는데, 여기서의 현현은 다른 곳에서 규칙적으로 등장하는 많은 모티프를 포함하고 있다(예컨대 출 19장, 사 6장, 겔 1장을 보라). 신현은 호렙산(다른 곳에서 시내산이라고 불림)에서 일어난다. 거기서 신현이 많이 발생하는데 그중 가장 유명한 것은 율법이 수여되었을 때의 위대한 신현이다(출 19장). 두드러진 다른 모티프로는 불의 존재 및 하나님의 임재에 직면한 모세의 두려움이 있다. 다른 신현들에서 하나님의 임재는 천둥과 번개 또는 우박 같은 유사한 자연현상을 동반하며, 대부분의 경우 하나님의 임재에 대한 두려움이라는 모티프가 발견된다.

모세에게 신명을 계시한 것은 이 부분의 가장 유명한 에피소드 중 하나다. 히브리어에서 신의 이 이름은 네 개의 자음 YHWH로 구성되어 있어서 신성4문자로 알려져 있다. 유대 전통에서는 이 이름이 성스럽게 여겨져 전혀 발음되지 않았다. 따라서 이 단어에는 모음이 없으며, 그 단어를 "야웨"(Yahweh)로 발음하는 것은 그리스도인 학자들의 추측이다. 유대 전통 안에서는, 이 신성4문자가 등장할 때마다 그것은 **아도나이**(adonay) 또는 '주'(Lord)라는 단어로 대체되어 발음되었다(따라서 NRSV에서는 텍스트에 YHWH가 등장할 때마다 "The LORD"라고 표기한다). 독자들에게 이 사실을 상기시키기 위하여 **아도나이**의 모음들이 YHWH의 자음들 밑에 나타난다. 이것이 "여호와"(Jehovah)라는 형태의 이름의 기원인데, 이는 신성4문자와 **아도나이**의 모음들이 결합한 것을 로마자로 표기한 것이다. 이 이름의 의미는 논쟁이 되고 있다. 출애굽기 3:14은 이 이름을 동사 "존재하다"(to be)와 연관시키지만, 이것이 그 단어에 대한 정확한 번역인지는 불분명하다(Dozeman 2009의 논의를 보라). 조상 내러티브들과 모세 이야기에 나타난 이 이름 및 그것의 사용에 관해 더 자세한 내용은 R. W. L. 모벌리(1992b)를 보라.

아론이라는 인물은 이 부분에서 모세 옆에 최초로 등장한다. 그 내러티브에서 아론은 파악하기 어려운 인물이다. 그는 오경의 126개 절에서 등장하지만, 그 기사의 저자들은 그를 다양하게 묘사한다. 그는 자신으로부터 제사장들의 혈통이 기원하는 선택된 제사장으로 묘사되는 동시에 이스라엘 백성이 금송아지를 만드는 데 참여한 흠 있는 인물로 묘사된다. 학자들은 텍스트가 아론을 대조적으로 묘사하는 데 대해 가능한 설명들을 탐구했다(Wellhausen 1885; Watts 2011). 이 부분에서 아론은 불안해하는 모세를 위해 제안된 대변자로서 출애굽기 4:14에 최초로 등장한 파악하기 어려운 인물이다. 모세가 성장하는 동안에는 물론 미디안 광야에서 지내는 동안에도 분리되었던 이 두 형제가 지속적으로 연락해왔는지에 데 대한 어떠한 설명도 주어지지 않는다.

4) 재앙들(출 7:8-12:32)

모세의 두 번째 파라오 방문은 파라오로 하여금 이스라엘 백성을 보내도록 설득하기 위해 하나님이 이집트에 보낸 열 가지 재앙을 특정으로 한다. 재앙들에 관련된 이 부분은 하나님이 파라오의 마음을 굳어지게 했다는 유명한 개념도 포함하고 있는데, 이 아이디어는 오랫동안 많은 신학 논쟁을 야기했다. 〈표 11.1〉이 보여주는 것처럼 그 재앙들은 각 세 개씩의 세 그룹과 더불어 내러티브의 정점으로서 이집트 장자들의 죽음인 열 번째 재앙으로 구성된다. 이 마지막 재앙이 파라오로 하여금 이스라엘 백성을 보내도록 설득했다. T. E. 프레타임(1991)은 이 재앙들과 생태학적 재난들의 연결을 주목하고, 재앙들이 창조 신학의 일부로 기능하는 방식을 강조한다. 이 재앙들이 태양신 라(Ra) 같은 이집트 신들에 대한 변증의 일부일 수도 있다(Rendsburg 1988). 아무튼 이스라엘의 하나님의 우월성이 강조된다(재앙들에 관한 더 더 자세한 내용은 Lemmelijn 2009를 참조하라).

〈표 11.1〉 이집트인들을 괴롭힌 재앙들

첫 번째 그룹	두 번째 그룹	세 번째 그룹
첫 번째 재앙: 나일강의 오염	**네 번째 재앙:** 파리들의 침입	**일곱 번째 재앙:** 우박
두 번째 재앙: 개구리들의 침입	**다섯 번째 재앙:** 가축의 질병	**여덟 번째 재앙:** 메뚜기들의 침입
세 번째 재앙: 이들의 침입	**여섯 번째 재앙:** 악성 종기	**아홉 번째 재앙:** 어둠이 내림
열 번째 재앙: 장자들의 죽음		

5) 홍해를 건너다(출 12:33-15:31)

출애굽기는 이집트에서 탈출하는 이야기를 계속한다(출 12:33-39; 13:17-
14:31). 홍해를 건너는 것은 히브리 성경에서 가장 상징적인 이미지 중 하
나로서 예술과 영화에서 여러 방식으로 표현되었다. 독자들은 그 도하에
관해 오랫동안 궁금해했고, 그동안 이 현상을 설명하기 위해 자연적 또
는 과학적 관점에서 다양한 재구성이 제시되었다. 성경 텍스트 자체는 이
모든 일이 하나님의 주도로 일어났음을 명백히 하면서도 강한 바람이 이
사건에서 일정한 역할을 했다고 말한다는 점을 주목할 만하다(출 14:21).

출애굽 전승의 중요한 주제 중 하나는 홍해 도하 시 파라오와 그의
군대의 패배다. 재앙들이 그랬던 것과 마찬가지로 바다를 통한 탈출 역시
자연에 대한 하나님의 능력을 보여준다. 고대 근동의 많은 신화와 세계
관에서 바다가 중요한 역할을 했기 때문에, 실로 이 장면에서 바다의 두
드러짐을 주목할 만하다. T. B. 도즈먼이 말한 것처럼, "바다에 대한 야웨
의 통제 이야기는 고대 근동 종교의 예전 모티프에서 영향을 받았다. 거
기서 바다는 창조의 신과 전쟁하는 자연의 힘을 대표한다"(2009: 298). 이

에 대한 사례로는 가나안의 민간 전승에서 바다의 신에 대한 바알의 승리와 마르두크가 바다의 신 티아마트를 쪼갬으로써 창조가 시작되는 바빌로니아의 창조신화『에누마 엘리쉬』가 있다. 도하 내러티브의 특징은 "P" 부분과 "non-P" 부분을 가리키는 요소들인데, 도즈먼은 이 요소들이 가나안 전승("P")과 바빌로니아 전승("non-P") 모두에 영향을 받았을 것이라고 주장한다. 그러나 이스라엘의 하나님이 바다와 싸우는 것이 아니라 파라오와 싸우기 때문에 출애굽 기사에는 다른 전승들의 단순한 전용 이상이 존재한다. 이는 이스라엘의 하나님은 유일한 하나님이고 (창 1장), 따라서 그와 더불어 싸울 수 있는 다른 신들은 존재하지 않는다는 사상을 반영한 것일 수도 있다(Edelman 2012). 이 경우 바다에 대한 하나님의 통제는 그것을 통해 파라오와 그의 군대를 패배시키기 위한 수단의 일부가 된다. 아무튼 바다와 바다에 대한 하나님의 능력은 다른 성경 저자들이 출애굽을 어떻게 이해했는지에 대한 중요한 측면이 되었을 것이다(사 51:9-11; 시 114편).

이집트 탈출은 이스라엘 백성이 홍해를 건너고 이집트 군대가 패배한 뒤 모세와 미리암이 부른 승리의 노래로 끝난다. 이 승리의 노래(출 15:1-21)는 그 텍스트에서 일인칭 시점의 긴 형태(출 15:1-18)와 삼인칭 시점의 짧은 형태(출 15:21) 두 가지로 등장한다. 미리암과 "모든 여인"이 부른 짧은 형태는 모세가 부른 긴 형태의 첫 연을 포함한다. 학자들은 오랫동안 미리암의 노래가 둘 중 더 오래된 것으로서, 훗날 시편에 있는 감사의 찬송과 놀라운 유사성을 지니는(예컨대 시 69편과 101편을 보라) 모세의 노래에서 채택되고 정교화되었을 것으로 추측했다. 이 이론은 성경 텍스트에서 상실된 여성의 목소리를 찾아내는 데 관심이 있는 페미니스트 학자들에게 매력이 있었다. 만일 이 에피소드가 고대에 작성된 것이고 미리암의 노래가 앞선 것임이 입증될 수 있다면, 이것은 어떻게 여성의 목소리가 후대의 남성 성경 저자들에 의해 포함되었는지를 보여주는 또 다른 사례라는 강력한 논거가 될 수 있다(Trible 1994; Bach 1999를 보라). 사실 쿰란에서 발견된 한 텍스트(4Q365)는 좀 더 긴 형태의 미리암의 노래가 있음을 암시하는데, 이는 이 생각이 오래된 것임을 나타낼 수 있다(Brooke 2005).

2. 역사와 출애굽 전승

비록 출애굽이 히브리 성경의 기초를 이루는 사건들 가운데 하나로 간주되고 있고, 훗날의 유대교와 기독교에서 여전히 중요하기는 하지만 그 사건의 기원, 역사성, 연대와 관련하여 복잡한 문제들이 존재한다. 우리는 여기서 이 문제들에 관한 논의에서 중요한 몇몇 요소들을 소개한다(유용한 개관은 Grabbe 2014 및 Levy, Schneider, and Propp 2015에 수록된 논문들을 보라).

3. 출애굽 사건: 연대, 참여자, 경로

모세와 출애굽 전승의 역사성과 관련하여 상당한 불일치가 존재한다. 출애굽 기사를 역사적인 (또는 역사적으로 그럴듯한) 사건을 서술하는 것으로 이해하는 사람들에게는 이 사건의 연대, 참여자들의 정체성, 실제로 취했을 만한 경로와 관련하여 특정한 문제들과 복잡성이 등장한다.

역사적 재구성에서 출애굽 연대와 관련하여 두 개의 주요 시기들이 제안되었는데, 하나는 기원전 15세기이고 다른 하나는 기원전 13세기다(Geraty 2015). 출애굽이 기원전 15세기에 발생했다는 견해는 열왕기상 6:1에 의해 제안된다. "이스라엘 자손이 애굽 땅에서 나온 지 사백팔십 년이요, 솔로몬이 이스라엘 왕이 된 지 사 년 시브월, 곧 둘째 달에 솔로몬이 여호와를 위하여 성전 건축하기를 시작하였더라." 솔로몬 통치의 4년차는 일반적으로 기원전 966년경으로 추정된다. 그렇다면 출애굽은 이보다 480년 전인 기원전 1446년경에 발생했을 것이다. 오랫동안 이 연대가 일반적으로 수용되었다. 그러나 출애굽과 가나안 정착 연대를 기원전 15세기로 추정하는 데는 많은 문제가 있다. 그중 하나는 출애굽과 솔로몬 통치의 4년차 사이의 세대들을 모두 합하면 그 사이의 기간은 480년이 아니라 533년 이상이라는 것이다. 이 점은 고대 성경 저자들이 날짜와 세대를 계산했던 방식에 관한 의문을 제기한다.

이런 문제들로 인해 몇몇 학자는 기원전 15세기를 포기하고 기원전 13세기를 선호하게 되었다. 기원전 13세기를 제안하는 증거는 이집트에서 이스라엘 백성이 국고성 비돔과 라암셋을 건축했다는 출애굽기 1:11의 언급을 포함한다. 람세스 2세는 기원전 1304-1237년의 이집트 왕이었고, 그의 재위 기간에 피람세스(Pi-Ramesse)라는 도시가 건설되었는데 그 도시는 그의 이름을 따라 이름 붙여졌다. 출애굽기 1:11에서 언급된 라암셋이라는 도시는 아마도 이 피람세스라는 도시일 것이다. 이 연대는 아마도 메르네프타 석비(Merneptah Stele)에 의해 지지될 것이다. 람세스 2세의 아들 메르네프타는 기원전 1212-02년에 이집트를 통치했다. 고고학자들은 그의 많은 승리 기록이 새겨져 있는 입상의 큰 돌덩어리인 석비를 발견했다. 이 승리들 중에 이스라엘 정복이 있었는데, 비록 이스라엘에 관한 이 언급을 어떻게 이해하는 것이 가장 좋은지에 대해 논란이 있기는 하지만 이는 메르네프타 재위 시에 이스라엘 백성이 이미 이스라엘에 정착했음을 암시한다.

출애굽기 내러티브에 언급된 백성에 대한 고찰에서 두 가지 질문이 제기된다. 첫 번째 질문은 이집트를 떠난 백성의 수와 관계가 있다. 출애굽기 12:37은 출애굽 때 이집트를 떠난 백성의 수가 60만 명의 남성 및 그 외에 여성과 어린이들도 있었다고 진술한다. 만일 남성 대다수가 결혼했다면 이집트를 떠난 사람은 약 2~3백만 명이었을 것이다. 3장에서 지적된 바와 같이 이것은 성경 기사와 관련하여 몇 가지 문제를 일으킨다. 그렇게 많은 사람이 하룻밤 안에 큰 물을 건너거나, 광야에서 40년 동안 생존하는 것은 불가능했을 것이다. 이 문제에 대한 두 가지 가능성 있는 해법이 존재한다. 히브리어 **엘레프**(*'eleph*)가 사사기 6:15과 사무엘상 10:19에서처럼 (숫자 "천"이라기보다는) 가족을 의미하는 것으로 간주되거나, 숫자 60만은 히브리 성경의 다른 수치들처럼 부정확하고, 이집트를 떠난 사람들은 몇 천 명에서 몇 부족까지의 범위에 있었을 것이다. J. 벨하우젠(1885)은 출애굽 전승의 기본적인 진실성을 수용하면서도, 이집트에 들어간 사람들과 훗날 이집트를 떠난 사람들은 작은 집단의 유목민 부족이었다고 제안했다. H. H. 로울리(1950)는 떠났던 사람들은 요셉 족속(에브라임과 므낫세)의 구성원들이었다고 주장한 반면에 J. 브라이트([1960] 2000)는 그들은 혼합 집단이었는데 훗날 자신들의 출애굽 전승을 전체 이스라엘 백성에게 퍼뜨렸다고 주장했다.

출애굽기에 언급된 사람들을 성경 외의 자료들로부터 알려진 집단들과 연결시키려고 시도한 학자들도 있다. 이 민족 집단들 가운데 힉소스와 하비루(하피루, 아피루, 또는 카피루로도 알려졌다)가 있다. 힉소스는 "두 번째 중간기"(대략 기원전 1786-1529년)의 이집트 통치자들이었다. 여러 기록은 그들이 이집트를 침공했고, 아마도 셈족이었을 것이라고 암시한다. 자신의 정보를 이집트인 역사가 마네토에게서 받았다고 주장하는 유대인 역사가 요세푸스는 이집트에 요셉이 도착한 것을 힉소스의 이집트 도착과 연결시켰다. 만일 이스라엘 백성이 이집트에 400년 동안 있었다는 창세기 15:13의 전승이 정확하고 **또한** 기원전 13세기가 출애굽 시기로 수용된다면, 요셉의 이집트 도착은 힉소스의 도착에 상응할 것이다. 비록 이 이론이 매력적이라고 할지라도 성경의 다른 곳에서는 이집트에서의 체류가 훨씬 더 짧은 기간인 네 세대 동안이었다고 주장하는데(창 15:16; 출 6:16-20), 이에 비추어 보면 힉소스와 연결될 가능성은 그리 높지 않다.

하비루는 기원전 2천년대의 많은 자료에 언급되는 사람들의 집단인데, 가장 유명한 언급은 한 예루살렘 족장이 이집트에 보낸 기원전 1375년의 아마르나 서신 중 하나에 등장한다. 이 집단은 이 시기에 많은 지역에 문제를 일으켰던 침략 세력이었다. 하비루와 "히브리"라는 이름들 사이의 유사성으로 인해 학자들은 이 두 집단이 서로 관계가 있다고 제안했다. 사실, 만일 그들이 연결되었다면 이는 출애굽이 기원전 15세기에 발생했다는 추정을 추가로 지지할 것이다. 그러나 **하비루**를 언급하고 있는 텍스트들을 자세히 살펴보면 우리는 그 용어가 인종적인 것이 아니라 사회적인 것이었음을 알 수 있다. 그 단어는 사회의 변두리에 살았던 사람들을 가리켰고, 그들의 존재는 후기 청동기 시기의 일반적인 현상이었던 것으로 보인다. 따라서 이스라엘 백성이 하비루로 인식되었을 수는 있지만 아마르나 서신들에서 언급된 하비루가 실제로 이스라엘 백성이었음을 입증하기는 어려울 것이다. 비록 힉소스, 하비루, 성경 내러티브 사이에 관계가 있다는 제안이 매혹적이기는 하지만, 이러한 관점들을 확실하게 뒷받침할 만한 충분한 증거가 존재하지 않는다.

출애굽 텍스트에 의해 제기된 또 다른 역사적 질문은 모세와 이스라엘 백성이 이집트를 떠났을 때 건넜던 바다의 위치다(Moshier and Hoffmeier 2015). 영어 어구 "홍해"(Red Sea. 참조. 출 15:22)는 불가타역과 70인역에서 사용된 어구들을 번역한 것이다. 그 어구들은 모두 "홍해"를 의미하며, 다른 곳에서는 아프리카와 아라비아 사이의 인도양 서북부를 가리키는 데 사용된다. 그 바다의 북단 수역들은 시내 광야와 이집트 사이의 수에즈만과 시내 광야와 아라비아 광야 사이의 아카바만이라는 두 개의 만으로 나누어진다. "홍해"는 이 만들 중 하나를 가리키거나 그 바다의 주요 수역을 가리킬 수 있다. 히브리어 **얌 수프**(*yam suph*)가 "갈대들의 바다"를 의미할 수 있다는 점도 그 바다의 위치 문제를 복잡하게 하는 데 기여한다. 이는 그 바다의 위치에 관한 상당한 논쟁으로 이어졌다. 학자들이 직면한 문제는 "갈대들의 바다"라는 어구가 그 바다의 모습에 대한 묘사를 가리키는지 아니면 그것이 그 바다의 이름이었는지에 관한 것이다. 이 문제에 관해서는 합의가 거의 존재하지 않는다. 어떤 학자들은 "갈대들의 바다"에 대한 가능성 있는 장소로서 현대의 수에즈 운하의 경로를 따라 존재하는 늪지를 가리킨다. 다른 학자들은 열왕기상 9:26이 아카바만을 "갈대들의 바다"로 언급한다고 지적하며 전통적인 "홍해"가 이곳에 대한 적절한 묘사일 수 있다고 주장한다(〈지도 11.1〉을 보라).

〈지도 11.1〉 "홍해"의 가능한 위치

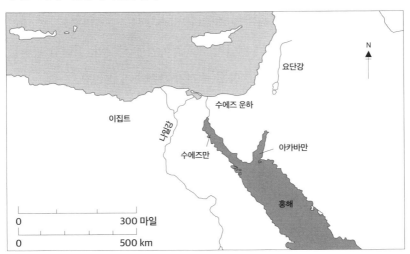

4. 출애굽 전승에 대한 대안적 이론

출애굽 연대 추정의 어려움 중 하나는 그것이 따로 떨어져 행해질 수 있
는 것이 아니라는 점이다. 출애굽 연대는 이스라엘 백성의 가나안 정착
연대, 여호수아서와 사사기에 기록된 기사 등 다른 많은 문제들과 밀접하
게 연결되어 있다. 성경의 기사는 출애굽을 이스라엘 백성이 가나안 땅에
정착하기 약 40년 전에 위치시킨다. 따라서 가나안 정착에 대해 제안된
연대는 출애굽에 대해 제안된 연대에 명백하게 영향을 미친다. 그러나 위
에서 언급된 것처럼, 이집트를 떠났다고 전해지는 이스라엘 백성의 수가

매우 크다는 점 같은 문제로 말미암아 몇몇 학자는 이 전승들이 역사적 재구성에 있어서 얼마나 유용한지에 관해 의문을 제기한다. 더욱이 고고학적 증거는 출애굽과 정복이 일어났다고 일반적으로 추정되는 시기의 가나안에서 폭력적인 정복에 대한 증거를 거의 보여주지 않았다. 따라서 지난 50년 동안 고고학적 연구나 사회학적 연구를 사용하는 이스라엘 민족의 기원에 관한 다양한 이론들이 등장했는데, 그중 많은 이론은 이스라엘 민족 전부 또는 일부가 가나안 자체의 내부에서 등장했다고 주장한다. 즉 대규모의 이집트 탈출은 일어나지 않았고, 이스라엘 백성은 가나안의 토착민이었다는 것이다(Gottwald 1979).

그렇다면 출애굽 전승의 등장은 어떻게 설명되는가? 하나의 접근법은 내러티브의 세계와 서술자의 세계 사이의 관계를 더욱 세심하게 고려하는 것이다. 이 이야기들을 취합한 사람들은 아마도 그들이 서술하고 있는 이야기들이 발생한 때로부터 상당한 기간이 지난 뒤 취합 작업을 했을 것이기 때문이다(Schmid 2015). 이 전승들은 점점 더 이스라엘 역사의 후기에 등장한 것으로 간주되고 있다. 따라서 출애굽 모티프들을 이스라엘 역사의 후기에 일리가 있도록 만드는 이론들이 출현했다. 우리가 출애굽 모티프를 아시리아인들과의 긴장 관계와 관련하여 이해하면 여기서 이집트인들은 아시리아인에 대한 상징을 나타낸다. 또는 출애굽이 종종 제2의 출애굽이라고 간주되는(사 51:9-11), 페르시아 시기의 유배지로부터의 귀환과 관련되기도 한다.

반면에 다른 학자들은, 비록 이집트에 대한 기억이 출애굽기에서 그 이야기가 묘사되는 것과는 다르다고 할지라도, 출애굽 전승을 그 기억들에 좀 더 밀접하게 연결시키는 이론들을 제시했다. 몇몇 학자는 출애굽 전승이 이집트의 지배가 북쪽으로 가나안까지 확장되어 있었을 시기인 기원전 제2천년기 초에 이집트인들이 가나안 사람들을 가혹하게 대우한 데 기반을 두고 있다고 주장했다. 이 관점에서는 이집트인들이 **가나안에서** 가혹하게 통치한 기억들이 나중에 지리적으로 **이집트로** 옮겨졌고, 거기서 새로운 출애굽 이야기가 창조되었다고 본다(Na'aman 2011). 이집트가 지배한 시기에 몇몇 노예들이 가나안에서 남쪽의 이집트로 옮겨졌을 수도 있다. 따라서 출애굽 전승이 아마도 본래 가나안 출신으로서 이집트로 보내졌으나 이집트로부터 탈출해서 돌아오자마자 가나안 토착민들과 결합한 소수의 노예 집단에 기반을 두었을 수 있다는 이론이 등장했다(Knauf 2010). 이 "혼합된 집단"이 함께 새로운 집단적 정체성을 발전시켰는데, 그 요소 중 일부는 무자비한 파라오와 그의 지배로부터의 탈출에 대한 기억을 포함했다. 이 관점에서 출애굽은 문화적 기억으로 이해되는데, R. 헨델에 따르면 거기서 "역사적 기억, 민간 설화, 인종적 자아 형성, 문학적 기교가 수렴된다"(2015: 65). 헨델은 이 문화적·집단적인 기억의 함의를 부연한다.

> 비록 이러한 형성적 사건 중 일부 또는 다수가 실제로는 그것들이 말해진 방식으로 발생하지 않았다고 할지라도, 그 사건들은 과거에 대해 공유된 집단적인 기억으로 생각되고 이해되었으며 여전히 그러하다. 과거에 관한 그러한 서사시적인 이야기들은 상징적인 공동체 형성 요인으로 기능하며, 공통적인 인종적·문화적·종교적 정체성을 중심으로 사람들을 모은다.…유대인의 정체성은 시작부터 오늘날까지 적지 않은 부분이 이 이야기들을 낭송함으로써 형성된다(2005: 8).

5. 종교적 이슈와 신학적 이슈

1) 성경 전승에서 출애굽

출애굽 기사는 다른 성경 내러티브, 특히 땅을 떠나는 것이나 땅으로 돌아오는 것과 관련된 다른 내러티브에서 핵심적인 주제가 된다. 요단강을 건너 약속된 땅으로 들어가는 이야기(수 4장)는 의도적으로 홍해를 건넌 것에 기초를 둔 것으로 보인다. 마찬가지로 예언자 이사야와 에스겔이 꿈꾼, 포로로부터의 귀환 역시 출애굽 내러티브와 관련이 있는 것으로 보인다(특히 사 43:14-21; 겔 20:32-44을 보라). 출애굽 전승이 신학적 성찰에서 사용된 중요한 방식 중 하나는 하나님과 이스라엘 백성 사이의 관계의 구원적인 특성을 정의하고 기념하는 것이다. 하나님의 백성을 노예 상태와 압제로부터 구원하는 존재로서 하나님의 특성은 바로 출애굽 사건에서 정의된다. 히브리 성경, 특히 시편과 예언자들의 글에는 출애굽 전승을 사용해서 그러한 구속을 강조하는 흥미로운 많은 사례가 존재한다(예컨대 호 11:1; 시 78:12 이하; Römer 2011b를 보라). 심지어 신약성경에서도 성육신에 나타난 하나님의 구속 행위가 때때로 출애굽 관점에서 해석된다. 따라서 마태복음의 저자는 요셉, 마리아, 예수가 이집트로 피신한 것과 그후의 귀환을 두 번째 출애굽으로 해석한다(마 2:15).

2) 모세라는 인물

조상 이야기들의 경우에서와 마찬가지로, 성경의 자료 밖에서는 모세의 역사성을 입증할 수 있는 증거가 거의 존재하지 않는다. M. 노트([1954] 1960) 같은 몇몇 학자는 모세라는 인물의 역사성에 회의적이다. 그는 모세를 그렇지 않았더라면 독립적이었을 족장 전승과 출애굽 전승의 가닥들을 하나로 합친 편집상의 접착제로 간주한다. G. W. 코우츠(1988) 같은 다른 학자는 이러한 입장에 의문을 제기하고, 출애굽 전승에서 모세의 중요성은 그가 단순히 편집상 고안해낸 인물 이상이었음을 암시한다고 주장한다. 그 전승에 대한 역사적 토대가 무엇이든, 모세는 성경 내러티브에서 두드러진 인물이다. 모세는 성경 내러티브에 기록되어 있는 가장 중요한 하나님의 구속 행위 중 하나에서 하나님의 대리인으로 부름을 받은, 신생 이스라엘 민족 최초의 지도자다. 그가 없는 성경 내러티브를 상상하기 어려울 정도로 모세는 중요한 인물이다.

실제로 유대교, 기독교, 이슬람교 전통에서 모세는 특히 신적 계시와의 관련성 때문에 매우 중요한 인물이다. 사실 모세의 영향력이 매우 크다 보니, 현재 성경에 등장하는 이 인물과 관련된 연구가 전통적인 성경 연구를 넘어 다양한 맥락에서 수행되고 있다. S. 프로이트(1939)의 책과 J. 아스만(1997)의 책은 이 방향에서 유명한 두 사례다. 전자는 모세 이야기에 대한 정신분석학적 독법을 제시했고, 후자는 모세 및 이집트와 관련된 전승들의 문화적·사회적 기억을 추적한다. 모세는 또한 시각 예술, 문학, 영화 등의 문화적 영역에서 중요한 인물이었다(Britt 2004; Shepherd 2008). 따라서 모세는 여러모로 그에 대한 유산이 성경 이야기 안에서의 그의 역할을 훨씬 상회하는 인물이다. 성경 전승과 역사적 관점에서 모세의 수용에 관한 더 자세한 내용은 J. 빌(2014)의 논문들을 보라.

3) 절기들과 출애굽

출애굽 전승의 흥미롭고 복합적인 요소 중 하나는 두 개의 절기 및 맏이를 야웨께 드리는 것과 같은 몇몇 제의적 규정들이 확립되어 그 내러티브 안에 제시된다는 점이다. 유월절과 무교절은 이스라엘 백성이 어떻게 마지막 재앙인 장자의 죽음을 피하고 서둘러 이집트에서 탈출할 것을 준비하게 되었는지를 설명하는 출애굽 기사와 관련이 있다. 출애굽기 12:1-13, 21-27, 43-50은 유월절에 준수되어야 하는 규정들을 설명한다. 이 대목에서 우리는 그 사건을 최초로 기념한 것에 대한 묘사에 이어 미래의 기념에 대한 지침이 제시된다는 특이한 상황을 접한다. 이스라엘 백성은 유대 니산월 10일에 흠 없는 어린 양을 골라서 그것을 14일까지 간직했다가 그날 도살해야 한다. 그들은 그날 저녁에 그 어린 양의 피를 집 문설주들에 뿌리고 그 고기를 구워 먹어야 한다. 이 기사가 출애굽기 12:14-20과 13:3-10에 기록된 무교절 규정들과 섞여 있는데, 성경 내러티브는 무교절이 유월절에 이어 7일 동안 계속된다고 진술한다(즉 무교절은 니산월 15일부터 21일까지 계속된다). 발효시키지 않은 빵을 먹는 것이 이 절기의 특징인데, 이것은 부분적으로는 이스라엘 백성이 급하게 이집트를 탈출해야 했음을 상징한다. 출애굽기 13:11-16은 맏이를 야웨께 드리는 것에 관련된 규정을 수록한다.

유월절, 무교절, 맏이의 봉헌이라는 이 세 가지 관습이 출애굽 기사와 함께 엮여 있다. 그러나 많은 학자가 이 축제들은 원래 독립적이었는데 나중에 성경 내러티브의 틀 안에서 서로 관련을 맺게 되었고, 출애굽 기사와 결부됨으로써 추가적인 중요성을 얻게 되었다고 주장했다. 특히 W. 존스톤(1990, 2003)은 유월절과 무교절이 실제로는 다른 문화에서 기원했다고 주장한다(Edelman 2012도 보라). 그는 유월절과 **피드야**(*fidyah*)라고 불리는 시내 지역의 베두인 부족의 관습 사이의 유사점에 주목하고, 유월절을 유목민적인 관습들과 관련시키고 무교절을 정착민 농경 축제들과 관련시킨다. 이 관습은 콜레라를 피하려고 고안되었고, 도축된 짐승의 피를 거주지의 입구에 바르는 것과 공동 식사에서 그 고기를 불태우는 것으로 구성되어 있다. 존스톤은 무교절에 대한 추가 규정들을 포함하고 있는 출애굽기 23:14-19과 34:18-26에 근거해서 무교절은 유월절과는 대조적으로 농경 공동체에서 기원했고 본래 보리 추수의 시작을 기념했다고 주장한다. 반면에 T. 슈나이더(2015)는 유월절과 이집트 문화의 요소들 간의 연결을 주목하고 마지막 재앙 및 그것과 관련된 유월절의 근저에 이집트의 모티프들이 놓여있을 수도 있다고 주장한다.

이 전승들의 배후에 있는 역사적 실재가 무엇이든 출애굽기 12-13장에 포함된 제의 규정들이 출애굽 사건에 나타난 하나님의 구속 행동과 연관되기 때문에 매우 중요하다는 데는 거의 의심의 여지가 없다. 유대교와 기독교 모두에서 이 두 절기는 처음 난 모든 수컷의 봉헌이라는 관련 관습과 더불어 매우 중요한 요소가 되었다. 유월절/무교절 절기는 맥추절, 수장절과 함께 매년 성전에서 기념된 세 개의 의무적인 순례 절기 가운데 하나가 되었다(예컨대 출 23:14-19을 보라). 따라서 그것은 해마다 이스라엘 예배의 중심이 되었다. 심지어 기원후 70년에 성전이 파괴된 뒤에도 이 절기는 중요성을 유지했다. 미쉬나와 탈무드의 **페사힘**(*Pesahim*) 편은 성전 파괴 이후 유월절 기념에 관한 규정을 포함한다. 이 절기에 대한 그 규정의 재해석을 통해 유월절은 과거와 미래 모두의 구속과 관련된 가족 축제가 된다.

유월절은 그리스도의 십자가형 및 부활과의 관계를 통해 기독교에서도 중요해졌다. 그리스도인들에게는 출애굽의 유월절과 관계된 처음 난 수컷의 봉헌이라는 개념으로 인해 그 전승이 더 중요해진다. 예수가 유월절 어린양이라는 개념과 하나님의 장자라는 두 개념이 뒤얽힌다. 복음서 기사들은 십자가형 사건들과 유월절 사이의 정확한 관계에 관해 동의하지 않는다. 공관 복음서들은 최후의 만찬이 예수와 그의 제자들이 기념한 유월절 식사였다고 주장하는데(막 14:6, 12-17; 마 26:17, 19-20; 눅 22:7-9, 13-14), 이에 따르면 십자가형은 무교절이 시작하는 날 발생했다. 이와 대조적으로 요한복음은 예수가 유월절의 마지막 날에 유월절 양으로서 십자가에 못박혔다고 말한다(요 19:14). 어느 경우든 유월절과 구속이라는 개념의 관련성으로 인해 유월절은 기독교의 구원 개념을 기념하기에 적절한 배경이 된다.

4) 파라오의 굳어진 마음

위에서 지적된 것처럼, 파라오의 마음이 굳어졌다(또는 뻣뻣해졌다)고 반복하는 언급들은 오랫동안 해석자들의 흥미를 끌었다. 이 개념은 이 장들에서 20번 등장한다(예컨대 출 7:3, 13; 8:19; 10:20을 보라). 이 중 몇몇 절들은 하나님이 파라오의 마음을 굳어지게 했다고 말하는 반면에(출 4:21; 7:3) 다른 절들은 파라오의 마음이 굳어졌다고 진술한다(출 7:13, 22). 독자들은, 특히 기독교 전통에서는 특히 파라오의 마음을 굳게 하는 하나님의 역할과 관련하여 이 개념을 어떻게 이해해야 하는지 오랫동안 고심해왔다. 바울이 출애굽기 9:16을 인용하는 로마서 9:17에서 파라오의 마음이 굳어진 것을 하나님이 이스라엘을 선택된 백성으로 선정하는 하나님의 자유에 관한 사례로 사용하기 때문에 이 어려움이 가중된다. 이 문제는 수 세기 동안 많은 신학적 및 철학적 추측으로 이어졌다. 하나님이 파라오의 마음을 굳게 한다는 사실이 하나님이 파라오의 자유 의지를 제거한다는 것을 의미하는가? 이 질문이 그렇게 큰 관심을 끈 이유는 부분적으로는 그것이 (전능한 존재로서) 하나님의 특성과 (능동적이고 자유로운 행위자로서) 인간의 본성 모두에 관련된 핵심적인 이슈를 다루기 때문이다.

고대부터 독자들은 이 문제를 인식했고, 많은 사람 특히 교부들은 "결국 하나님의 능력과 인간의 자유 의지를 통합한 타협적인 입장에 도달하게 되었다"(Childs 1974: 166). 종교개혁자들, 특히 J. 칼뱅은 바울이 이 모티프를 사용한 것을 이용해서 예정, 즉 어떤 일들은 이미 정해져 있고 따라서 일어나게 되어 있다는 개념에 초점을 맞추곤 했다. 최근 수십 년 동안 새로운 해석 방법이 제시되었다. 예컨대 이 텍스트들을 심리학적으로 읽는 한 접근법에서는 굳어짐을 "일단 시작되고 나면 더 이상 인간의 의지를 통해서는 되돌릴 수 없는 저항이라는 내적 반응"을 나타내는 관용적인 표현으로 본다(Childs 1974: 170). 따라서 그 텍스트에서 파라오가 자신의 마음을 굳어지게 한(출 8:15) 데서 하나님이 파라오의 마음을 굳어지게 한 것(출 9:12)으로의 이동이 그러한 전개를 가리킨다고 제안되었다. N. 사르나는 이러한 이동이 "왕의 비타협적인 태도가 그때쯤에는 습관적이고 되돌릴 수 없게 되어 그의 성격이 그의 운명이 되었음을 단언하는 성경의 방법이다"라고 주장한다(1991: 21).

반면에 B. S. 차일즈는 문학적 요소들에 초점을 맞추고, 굳어짐이라는 모티프가 이 장들에서 표적들로서의 재앙들과 밀접한 관련이 있다고 주장한다.

[굳어짐이라는] 그 모티프는 계속 목적 달성에 실패하는 일련의 신적인 표적들을 포함하는 전승을 설명하려고 했다. 굳어짐은 성경 저자들이 여러 표적이 각자에게 할당된 과업을 수행하지 못하도록 방해한 저항을 묘사하기 위해 사용한 어휘였다. 그런데 이 모티프가 심오한 신학적 성찰에서 등장했다고 상정되고 그것이 자유의지와 예정에 관한 문제로 간주됨으로써 계속 과도하게 해석되었다(1974: 174).

차일즈에 따르면 성경의 기사 안에는 신학적 딜레마가 존재하지 않는다. 오히려 이 용어는 왜 여러 재앙이 계속 성공적이지 못했는지를 강조하는 문학적 모티프다.

6. 출애굽과 해방신학

우리는 이미 출애굽 사건에 대한 이해에서 구속이 중요한 역할을 한다는 점을 언급했다. 억압과 노예 상태로부터의 해방이 출애굽 기사에 묘사된 구원의 특별한 성격이다. 따라서 출애굽 기사가 해방신학자에게 핵심적인 텍스트 가운데 하나였다는 것은 그리 놀라운 일이 아니다. 어떤 형태든 현재 억압 당하고 있는 사람들에게 있어서 억압받는 자들의 울부짖음을 듣고 그들을 해방하기 위해 행동하는 하나님에 대한 묘사는 매우 중요하다. 해방주의자들은 성경의 핵심적인 메시지를 가난한 자의 해방으로 보고, 하나님을 특별히 가난한 자들의 편에 서는 존재로 본다. 해방주의자의 성경 독법은 가난과 억압을 경험했던 자들의 성찰에서 등장하여 1960년대 라틴 아메리카에서 유행했다. 다른 성경 해석 방법들과 달리 이 독법은 학계에서 시작된 것이 아니라, 함께 성경을 읽고 자신들의 경험을 공유한 사람들 사이에서 시작되었다. 해방 신학의 근원과 학계에 미친 영향에 관한 유용한 조사들을 C. 로우랜드(2007)의 저서에서 찾아볼 수 있다.

해방신학에 대한 출애굽의 중요성은 G. 구티에레즈의 영향력이 큰 저서 『해방 신학』(*A Theology of Liberation*, 분도출판사 역간)에서 "무질서의 진압과 새로운 질서의 창조"로 표현된다(1974: 88). 구티에레즈는 이스라엘 백성의 해방을 성취하기 위한 모세의 분투뿐만 아니라, 그들에 대한 억압의 정도와 그들이 그것에 맞서 투쟁해야 할 필요성에 대해 그들을 설득하기 위한 모세의 분투도 주목한다. 따라서 그 기사는 하나님이 백성을 위해 무엇을 행했는지에 대한 이미지로서뿐만 아니라, 백성이 억압의 상황에서 어떻게 행동해야 하는지에 대한 모델로서도 기능한다. 이는 억압의 근원에 대해 인식하고, 억압에 맞서 투쟁하며, 그들이 그 안에서 "비참함과 소외가 없는 사회를 세울 수 있는" 미래를 고대하는 것과 관련된다. 이 접근법이 출애굽 이야기에 미친 영향은 텍스트의 해석이 하나의 대화가 되어서 유사한 경험들이 텍스트에 빛을 비춰주고, 텍스트가 그러한 경험들에 빛을 비춰준다는 것이다. 출애굽기에 대한 좀 더 철저한 해방주의자 접근법은 해방 개념을 기반으로 하는 G. V. 픽슬리의 출애굽기 주석(1987)에서 찾아볼 수 있다.

비록 출애굽을 해방이라는 더 광범위한 관심사를 대표하는 것으로 보는 이러한 개념이 많은 사람에게 통찰력이 있는 것으로 보인다고 할지라도 이 해석은 특히 유대인 학자 J. D. 레벤슨(1993b)으로부터 상당한 비판을 받았다. 레벤슨은 이스라엘 백성이 하나님(만)을 섬길 수 있도록 해방되어야 한다는 사실에 집중한다. 이러한 의미에서 출애굽은 일반적인 해방이 아니라 파라오로부터 야웨께로 소유가 이전된 것이다. 게다가 하나님이 이스라엘을 위해 행동한 동인은 이스라엘의 부르짖음과 더불어 그들이 아브라함, 이삭, 야곱의 후손이라는 사실이다(출 2:23-25). 따라서 백성의 고통이 하나의 요인이지만 선택받은 백성으로서 이스라엘의 특수성도 하나의 요인이다. 어떠한 보편화 운동도 이 점에 유념해야 한다(이 문제들에 관해 Levenson에 대한 답변에 대해서는 Brueggemann 1995를 보라).

그럼에도 불구하고 출애굽은 해방에 관련된 수많은 다양한 상황에서 오랫동안 중요한 역할을 해왔다. 우리는 노예 상태에 직면한 흑인 영가들에서, 남아메리카의 20세기 사회운동들에서, 그리고 시민권 운동에 대한 마틴 루터 킹 주니어의 웅변에서 출애굽 이미지를 발견할 수 있다. 역사 전체를 통해 성경 이야기의 적용에 있어서 출애굽 전승만큼 광범위한 영향을 끼친 이야기는 거의 없었다.

7. 결론

출애굽은 이스라엘 백성의 역사에서 결정적 지점들 중 하나다. 출애굽은 히브리 성경 안에서 중요한 위치를 차지할 뿐만 아니라, 중요한 세 개의 절기 모두 어떤 식으로든 출애굽 사건과 연결되기 때문에 출애굽은 이스라엘 제의 생활에서 핵심이 되었다. 이러한 제의적 중요성으로 인해 출애굽은 미래 세대들을 위한 중심적인 사건으로 기능하게 되었다. 사실 바빌로니아 탈무드는 "모든 세대의 개인은 자신이 이집트에서 나온 것으로 간주해야 한다"고 진술한다(*Tractate Pesahim*).

그러나 또한 출애굽 기사는 명심할 필요가 있는 더 넓은 맥락의 일부이기도 하다. 출애굽기의 장들은 독자에게 오경의 나머지 전체에서, 특히 율법 수여에서 두드러지는 인물인 모세를 소개한다. 이 장들은 또한 이스라엘이 광야를 통과하여 약속된 땅을 향하여 가는 여정을 위한 서두로서 기능한다. 우리는 다음 두 장에서 오경 이야기와 관련된 측면들로 관심을 돌려서 율법(12장)과 광야 방랑(13장)을 탐구할 것이다.

더 읽을 자료

출애굽 전승들과 관련하여 위에서 개괄된 몇몇 이슈들을 탐구하는 주석으로는 차일즈(Childs 1974), 프레타임(Fretheim 1988), 프로프(Propp 1999), 메이어즈(Meyers 2005), 도즈먼(Dozeman 2009), 존스톤(Johnstone 2014)의 주석이 있다. 핵심적인 이슈들은 도즈먼(Dozeman 2010), 도즈먼, 에반스와 로어(Dozeman, Evans, and Lohr 2014), 레비, 슈나이더와 프로프(Levy, Schneider and Propp 2015)가 편집한 논문집에서 탐구된다. 출애굽 전승과 창세기에 기록된 조상들 간의 관계는 슈미트의 저서(Schmid 2010)에서 논의된다. 성경 전승에서 모세의 역할과 후대 역사에서 그의 수용은 빌의 모음집(Beal 2014)에서 탐구된다.

제12장

출애굽기-신명기에 나타난
"율법"

'THE LAW' IN
EXODUS-DEUTERONOMY

이스라엘 민족이 이집트에서 탈출함으로써, 그들은 가나안을 향한 긴 여정을 시작한다. 이 맥락에서 우리는 율법과 광야 방랑이라는 두 개의 주제를 만나는데, 이 주제들은 오경의 나머지 텍스트에 뒤섞여 있다. 12장은 율법과 법률 자료의 모음집을 좀 더 자세히 고찰하고 13장은 광야 방랑의 내러티브 틀을 탐구할 것이다.

많은 성경 독자에게 "율법"은 신비스럽거나 (아마도 더 심하게는 현대 세계에는) 부적절하고 지루해 보인다. 실제로 몇몇 사람, 특히 그리스도인들에게 율법이 매우 부정적인 함의를 지니는데, 이는 부분적으로는 훗날 기독교 신학에서 율법이 이해되었던 방식에 기인한다. 그러나 유대 전통에서 율법은 핵심적이고 긍정적인 역할을 한다. 율법 또는 토라는 삶을 제한하는 어떤 것이라기보다는 삶을 강화하는 것으로 여겨진다. 여기서 **토라**(*torah*)라는 단어는 법률보다 훨씬 많은 것을 의미하며, 가르침이나 교훈 같은 개념들을 포함하고 있다는 것을 상기할 가치가 있다. 또한 오경에는 신약성경의 상당한 부분은 말할 것도 없고 전체 히브리 성경의 신학과 방향을 이해하는 데 매우 중요한 율법 전통의 많은 요소가 존재한다. 따라서 우리가 성경 자료를 이해하기 원할 경우, 오경의 율법 전승들을 무시하면 위험에 빠지게 된다.

이 장에서 우리는 이 율법 전승들에 관련된 많은 요소—율법의 기원과 형성에 관한 이론, 율법 및 법률 자료들과 관련된 광범위한 이슈 그리고 출애굽기, 레위기, 민수기, 신명기 각각의 책에 수록된 율법에 대한 좀 더 세심한 관찰 등—를 탐구할 것이다. 비록 오경의 "율법"이라고 말할 수는 있지만, 거기에는 내용, 문체, 관점 면에서 서로 다른 다양한 자료들이 포함되어 있다는 사실이 분명해질 것이다.

1. 율법 전승들의 기원과 형성

흔히 오경에 나타난 "율법"(단수)이라고 말하기는 하지만, 실상은 우리가 출애굽기 19장부터 신명기의 마지막 장까지 연구해보면 상당히 다양한 율법(복수) 모음집들이 존재한다. 출애굽기 20장은 가장 유명한 모음집인 "열 가지 명령들" 또는 "십계명"을 포함하고 있는데 그것은 신명기 5:6-21에서도 반복된다. 출애굽기에는 "언약 법전"(Covenant Code, 출 20:22-23:19)과 성막 설치에 관한 제의적 명령 모음집(출 25:1-31:17)도 수록되어 있다. "언약 법전" 또는 "언약서"라는 이름은 출애굽기 24:7에서 유래하는데, 이 절은 모세가 시내산에서 내려온 뒤 이스라엘 백성에게 율법 모음집을 읽어주었다고 이야기한다. 반면에 레위기는 "성결 법전"(Holiness Code, 레 17-26장)이라고 알려진 것을 포함하는데, 이것은 그 이름이 암시하듯이 성결 이슈들과 관련이 있다. 이것들 외에도 레위기의 앞부분과 신명기에서 발견되는 율법 모음집들과 민수기에 기록된 잡다한 율법들도 존재한다.

이러한 작은 모음집들 서로 간의 관계와 오경의 형성에서 율법의 위치는 최근 수십 년간 관심이 커지는 영역이었다. 7장에서 논의되었듯이 오경의 기원과 관련된 이론들의 발전으로 말미암아 학자들은 여러 요인에 대해 재고하게 되었다. 점점 더 많은 학자들이 오경은 방대한 문서들이 결합된 것이 아니라 오경이 편집될 때 더 작은 단위들 또는 전승들이 하나로 합쳐졌다고 주장한다. 우리는 10장에서 다룬 조상 전승들과 11장의 출애굽 전승들의 경우도 마찬가지였음을 살펴보았다. 유사한 과정이 오경에 수록된 율법과 법률 자료들에도 작동된 것처럼 보인다.

출애굽기의 언약 법전은 일반적으로 성경의 법전들 중 가장 오래된 것으로 이해되며, 제사장 전승과 신명기 역사 전승보다 오래되었을 가능성이 높다. 이 율법 모음집은 기원전 18세기 바빌로니아의 모음집인 함무라비 법전과 여러모로 유사하고, 심지어 거기에서 도출되었을 수도 있다(Wright 2009). 대략 기원전 10세기에서 8/7세기로 추정되는 언약 법전의 연대가 함무라비 법전의 연대보다 훨씬 더 후대의 것이라고 생각되지만 함무라비 법전과 언약 법전 간의 연결들은 이스라엘의 율법과 고대 근동의 다른 법전들 사이의 밀접한 관계를 암시하는 하나의 두드러진 사례를 제공한다.

고대 근동의 법에 대한 이러한 연결과 더불어, 성경 텍스트 자체 안에 들어 있는 율법들에 대한 (재)해석 문제도 존재한다. 예컨대 언약 법전에 이어서 다음으로 발전된 법률 전승은 아마도 신명기, 특히 신명기 12-26장(또는 그것의 일부)에서 발견되는 내용일 것이다. 이 모음집에는 특정한 아이디어의 발전도 있지만, 언약 법전에서 발견되는 내용과 놀라운 유사성이 존재한다. 노예해방에 관련된 율법들에서 우리는 이에 관한 예를

볼 수 있는데, 해방은 신명기 15:12-18에서 여성 노예를 포함하도록 확장된다(참조. 출 21:1-6). 신명기 자료가 언약 법전을 대체할 의도였는지, 아니면 새로운 시대에 맞추어 언약 법전을 해석하고 갱신할 의도였는지에 관해 상당한 논쟁이 벌어지고 있다(Levinson 1997). 그럼에도 불구하고 그 전승들 사이의 텍스트상의 접촉점들은 앞선 자료들에 대한 해석과 반응을 포함하는 역동적인 관계가 있었음을 암시한다.

오경 안에 있는 나머지 법률 자료들의 상당한 부분은 제사장 전승과 관련이 있다. 이 제사장 자료는 7장에서 논의되었듯이 내러티브와 율법 모두를 포함하며, 일반적으로 포로기 또는 포로 후 시기로 연대가 추정된다. 반면에 몇몇 학자들은 이 자료가 좀 더 이른 시기, 아마도 왕정 시기에 등장했다고 주장한다(Milgrom 1998). 그러나 "제사장"이라는 표현이 이 자료들에 대한 한 명의 저자 또는 하나의 역사적 배경을 가리키는 것으로 이해되어서는 안 된다. 오히려 J. N. 로어가 지적하듯이 이 표현은 "이 문학 단위의 방향과 장르에 관한 진술이다. 이 단위 안에 있는 P 자료는 성결, 예배, 정결과 연관된 지침(또는 목록)과 문제들을 강조한다는 점이 특징이다"(2012: 88).

율법적 요소들에 관한 제사장 전승은 일반적으로 출애굽기 후반의 많은 부분(성막과 관련된 자료 포함)과 레위기의 상당한 부분을 포함하는 것으로 생각된다. 우리가 위에서 언급했던 레위기 17-26장의 성결 법전이 여기서 특히 중요하다. 이 법률 모음집은 오랫동안 신명기보다 오래된 독립적인 모음집으로 간주되었다. 그러나 점점 더 많은 학자가 성결 법전을 포로 후 시기(아마도 기원전 5세기)로 위치시키는데, 그 이유는 부분적으로는 성결 법전이 언약 법전과 신명기 율법을 중재하는 것처럼 보이기 때문이다(Nihan 2007). 이와 유사하게, 민수기의 율법들 역시 오경의 다른 부분들에서 발견되는 법적 입장들 간의 협상으로 보일 수 있다. 따라서 민수기의 율법들도 점점 더 후기 자료로 간주되고 있다. 이를 종합하면, 율법들과 법률 전승들은 확실히 권위 있는 하나의 모음집으로서 오경이 형성된 방법과 이유는, 기원들에 대한 내러티브 이야기들처럼 역동적인 발전과정을 거쳤음을 보여준다(Kazen 2019).

이 전승들의 기원들과 형성에 관련된 한 가지 이슈는 오경에서 발견되는 율법 중 실제로 얼마나 많은 것들이 고대 이스라엘에서 실천되었는지에 관한 문제를 중심으로 전개된다. 몇몇 학자는 율법 전승들이 이스라엘 역사의 초기에 발전했고, 따라서 성경에 기록된 율법의 상당히 많은 부분이 이스라엘에서 제도화되어 시행되었다고 주장한다. 반면에 다른 학자들은 중요한 것은 그 자료의 연대가 아니라 장르라고 주장한다. 다른 고대 근동 자료에 대한 비교 연구는 고대의 법이 흔히 성문법이 아니라 관습법으로 시행되었음을 암시한다. 따라서 함무라비 법전과 성경의 율법 자료들 같은 법전들을 기록한 것은 왕실의 선전이나 서기관 교육 같은 다른 목적에 기여한 것으로 보인다(Westbrook 1988). 어떤 경우든 우리는 이 율법 중 많은 것들이, 특히 유대교 전통에서 그것들의 원래 배경과 기능이 사라지고 난 오래 뒤에 조정되어서 사용되었음을 알고 있다. 따라서 비록 우리가 율법들의 본래 사용에 관해 거의 알지 못한다고 할지라도 후대의 전용 덕분에 율법들은 오랫동안 살아남았고, 오늘날까지 계속 중요성을 유지하고 있다(Watts 2013).

2. 오경의 율법 및 법률 자료들과 관련된 일반적 이슈

출애굽기, 레위기, 민수기, 신명기에 등장하는 율법 요소들을 살피기 전에 율법 및 법률 자료들과 관련하여 주목할 가치가 있는 몇몇 일반적인 이슈가 있다.

1) 오경 읽기를 위한 해석 틀로서 율법

오경에서 광의의 "율법"으로 간주될 수 있는 자료는 방대하다. 실제로 출애굽기의 후반, 레위기 전체, 민수기와 신명기의 상당 부분이 광의의 율법 개념에 포함되는 이슈들에 할애된다. 그럼에도 불구하고 여러 이유로 인해 율법은 일반적으로 학문 연구에서 오경의 내러티브 요소들과 같은 정도의 주목을 받지 못했다.

그러나 J. W. 와츠는 오경의 법률 자료들은 내러티브 자료와 함께 읽히도록 의도되었고, 히브리 성경의 처음 다섯 권이 이렇게 읽힌다면 법률 자료들에 대한 우리의 이해가 향상될 것이라고 주장했다. 와츠는 히브리 성경 읽기에 대한 가장 일반적인 언급은 율법 읽기에 대한 언급이라고 말한다. 이 율법 읽기는 공개적으로(예컨대 출 24:7; 신 31:11; 수 8:34-35; 왕하 22:10; 대하 34:18; 느 8:1을 보라) 및 개인적으로(예컨대 신 17:19; 수 1:8을 보라) 시행된다. 게다가 공개적인 율법 읽기에 대한 이러한 언급들은 "전체 율법, 또는 적어도 그 율법의 큰 부분들"에 대한 읽기를 지칭한다 (1999: 22). 그는 율법 읽기에 대한 이러한 강조가 율법이 읽기를 염두에 두고 작성되었음을 암시한다고 결론짓는다. 여기서 출발해서 와츠는 오경과 오경이 포함하고 있는 율법의 공개적 읽기의 가능성을 고려하는 오경 해석을 탐구한다.

와츠는 고대 근동과 지중해 세계에서 이야기, 목록, 제재의 조합을 사용하여 독자를 설득하는 다른 텍스트들의 존재를 보여준다. 그는 오경이 유사한 수사적 전략을 사용해서 자신의 독자들을 설득한다고 주장한다. 오경에 대한 이 관점은 율법을 오경 텍스트의 내러티브에 대한 흥미롭지 못한 추가물에서 오경의 수사 기법의 핵심적인 요소로 변모시킨다. 율법과 내러티브의 상호 관련성은 독자들로 하여금 자신의 정체성을 이스라엘 안에 위치시키도록 도와주었던 요소였다. 와츠가 개괄한 접근법의 가치 중 하나는 그 접근법이 "토라"라는 명칭이 히브리 성경의 처음 다섯 권의 책들에 대해 율법과 내러티브의 결합을 진지하게 고려하는 방식으로 사용될 수 있게 해준다는 점이다.

2) 이스라엘 율법의 분류

오경에서 "율법"이라는 제목하에 포함될 수 있는 자료는 사실상 상당히 다양하다. 그 자료는 도덕적 명령, 법적 권고, 예배 의식 및 제의 지침을 아우른다. 오경은 **토라**(*torah*, "율법", "지시"), **미츠바**(*mitzvah*, "명령"), **미쉬파트**(*mishpat*, "법령") 등의 많은 용어를 사용해서 이 이슈들을 제시한다. 우리가 다른 곳에서 언급했던 것처럼 **토라**라는 단어는 광범위한 함의를 지니고 있다. 토라는 "율법"(law)으로 번역될 수 있는 반면에, 그것의 더 넓은 함의는 "가르침"과 "지시"를 포함한다. 따라서 토라는 유대 전통에서 이 다섯 권의 모음집의 이름으로 사용된다.

이 자료의 광범위한 성격으로 인해 오경에서 발견되는 율법들을 분류하기 위한 많은 시도가 있었다. 기독교 전통의 더 이른 시기에 비록 유

제12장
출애굽기-신명기에 나타난 "율법"   251

사한 구분들이 발견되기는 하지만, 하나의 영향력 있는 사례는 『신학대전』(Summa Theologica, 1265-74, 바오로딸 역간)에서 토마스 아퀴나스에 의해 제공되었다. 거기서 그는 율법을 도덕적, 사법적, 의식적(또는 제의적) 요소의 세 부분으로 구분하는 방안을 제시한다. 아퀴나스의 접근법은 가톨릭 신학에서뿐만 아니라 루터파와 종교개혁 전통에서도 매우 영향력이 있었다. 예컨대 J. 칼뱅은 『기독교 강요』(Institutes of the Christian Religion, 1536, 생명의말씀사 역간)에서 이 구분을 명시적으로 언급한다. 좀 더 최근에 유사한 구분이 C. D. 스탠리에 의해 제공되었다(2010). 그는 약간 다른 용어를 사용해서 이 법률, 계명, 지시들이 인간 삶의 여러 차원―그는 이 차원들을 사회적, 제의적, 윤리적 차원이라고 칭한다―을 포함한다고 지적한다.

우리가 어떤 이름을 사용하든 성경의 자료가 다음과 같은 내용을 포함하고 있음은 명백하다. (1) 절도, 살인, 민사 분쟁, 간음 같은 문제들을 다루는 율법(사법적 또는 사회적 차원), (2) 순결, 정결, 제의적 준수 같은 이슈들에 초점을 맞추는 율법(의식적 또는 제의적 차원), 그리고 (3) 부모, 이웃, 외국인을 향한 도덕적 행위를 규정하는 율법(도덕적 또는 윤리적 차원). 놀랍게도 이처럼 다양한 차원 전반에 걸쳐 있는 율법들이 종종 성경 텍스트에서 서로 인접해서 발견된다. 사회적, 종교적, 윤리적 차원 사이에서 이렇게 경계를 넘나드는 것은 현대인의 귀에는 이상하게 들릴 수도 있지만, 우리는 이 텍스트들이 종교적인 영역과 세속적인 영역이 구분되지 않았던 문화에서 형성되었음을 기억할 필요가 있다. 모든 것이 어떤 의미에서 하나님과 관련이 있었고, 따라서 이스라엘의 토라도 인생의 다양한 측면과 관련이 있다. 이러한 의미에서 율법은 이스라엘 사회가 어떤 모습이어야 하는지에 대한 청사진 역할을 한다. 위에서 언급된 것처럼 이 비전이 어느 정도로 실행되었는지는 불분명하지만 말이다.

율법을 분류하는 또 다른 방법은 그 율법들이 어떻게 형성되었는지와 관련이 있다. A. 알트([1934] 1966)는 양식 비평 기법을 사용해서 오경에는 기본적으로 가정적(casuistic) 형태와 단언적(apodeictic) 형태의 율법이 존재한다고 주장했다. 가정적 율법들은 "만일~"이라는 조건절로 표현되고, 관계자는 3인칭으로 언급된다. 출애굽기 21:18-19은 알트가 제시한 이러한 형태의 율법의 사례다.

> 사람이 서로 싸우다가 하나가 돌이나 주먹으로 그의 상대방을 쳤으나 그가 죽지 않고 자리에 누웠다가 지팡이를 짚고 일어나 걸으면 그를 친 자가 형벌은 면하되 그간의 손해를 배상하고 그가 완치되게 할 것이니라(출 21:18-19).

그는 단언적 율법은 일반적으로 비슷한 방식으로 표현되고 모종의 금지를 표현하는 짧은 목록, 간략한 조항들에 존재한다고 주장했다. 이러한 종류의 율법에 관한 좋은 사례가 레위기 18:7-10에서 발견된다.

> 네 어머니의 하체는 곧 네 아버지의 하체이니 너는 범하지 말라. 그는 네 어머니인즉 너는 그의 하체를 범하지 말지니라.
>
> 너는 네 아버지의 아내의 하체를 범하지 말라. 이는 네 아버지의 하체니라.
>
> 너는 네 자매 곧 네 아버지의 딸이나 네 어머니의 딸이나 집에서나 다

른 곳에서 출생하였음을 막론하고 그들의 하체를 범하지 말지니라.

네 손녀나 네 외손녀의 하체를 범하지 말라. 이는 네 하체니라.

알트가 지적한 또 다른 특징 중 하나는 가정적 율법이 반드시 이스라엘에 특수한 것은 아닐 수도 있는 일반적인 비행(非行)을 규정한 반면에 단언적 율법은 대체로 이스라엘에 좀 더 관계가 있는 법들을 포함하는 것처럼 보인다는 점이다. 알트는 함무라비 법전에서 오경의 가정적 율법들과 유사한 형태를 지닌 다양한 법들을 발견했다. 따라서 알트는 오경의 단언적 율법들은 언약-갱신 절기 중에 이스라엘 안에서 기원한 반면, 가정적 율법들은 이스라엘 밖에서 기원해서 차츰 이스라엘 사람들에 의해 수용되었다고 결론지었다. 알트의 견해들은 성경 율법 분야에서 영향력이 있었지만, 몇몇 학자는 그 견해들이 지나치게 단순하다고 비판했다(Patrick 1985). 그럼에도 불구하고 다양한 목적에 기여했을 수도 있는 다양한 형태의 율법이 존재했다는 인식은 성경의 율법 연구에 지속적인 영향을 끼치고 있다.

3) 율법과 윤리

성경에 법전들이 존재하다는 사실은 불가피하게 그 법전들이 현대의 상황에서 어떻게 다루어져야 하는지에 관한 질문을 제기한다(Barton 2003). 이 대목에서 특히 그 법전들이 현대 사회에서 구속력이 있는지(그리고 누구에게 해당되는지)라는 질문이 적실성이 있다. 설상가상으로 성경의 법전들은 완전하지 않다. 히브리 성경의 다른 곳에 등장하는 텍스트로 미루어 볼 때 그러한 법이 있었음이 확실하기는 하지만 그런 법전들이 일상의 모든 문제에 관련된 법들을 포함하고 있는 것은 아니다. 예컨대 오경에는 재산의 매매를 규정하는 법들이 존재하지 않지만, 예레미야 32:11은 그가 아나돗에 있는 밭을 매입했을 때 봉인하고 획득한 "매매 증서"를 언급한다. 이는 비록 법전이 재산법을 기록하고 있지는 않지만 고대 이스라엘에 재산법이 존재했음을 암시한다.

유대교 전통과 기독교 전통은 이러한 어려움에 다양하게 대처한다. 유대교 전통은 히브리 성경에 포함된 율법들을 기원후 약 200년에 수집된 랍비들의 율법과 격언 모음집인 미쉬나에 포함된 법들로 보충한다. 미쉬나는 시내산에서 모세에게 수여된 이후 대대로 전해 내려온 구전법을 포함하고 있다고 간주된다. 이처럼 히브리 성경 안에 규정되어 있지 않은 많은 영역은 다른 유대교 텍스트들에서 다루어진다. 기독교 전통은 정반대의 접근법을 취해서 구약성경 율법의 많은 부분이 현대 그리스도인들에게는 더 이상 구속력이 없는 것으로 간주한다.

십계명은 히브리 성경 일반과 특히 법전에 대한 이러한 견해에 대한 예외다. 기독교 윤리에서 십계명에는 전통적으로 오경의 다른 법전에는 부여되지 않은 위치가 부여되어왔다. 이르게는 성 아우구스티누스 때부터 십계명은 그리스도인들에게 도덕을 가르치는 데 사용되었다. 십계명은 종교개혁가들에게 특히 중요했고, 종교개혁 전통에서 등장한 많은 가르침의 기반을 형성했다. 이런 식으로 사용될 때에는 십계명이 종종 그것의 역사적, 문학적 맥락으로부터 분리되어 영구적인 도덕률로 간주되었다. 공적인 영역에서 성경의 율법의 위치는 예컨대 십계명을 미국의 공공장소에 전시하는 것의 적절성에 대한 논쟁이나 종종 성경 전승을 통해 정보를 제공받은 성 윤리와 관련된 논쟁에서 같이 오늘날까지도 지속되는 이슈다(우리는 오경의 수용을 탐구하는 14장에서 이러한 이슈들을 다룰 것이다.)

3. 출애굽기에 수록된 율법

시내산에서의 율법 수여와 이집트 탈출은 출애굽기의 매우 중요한 부분들이다. 그 책의 전반부(출 1-18장)는 이집트를 떠나는 것에 대한 묘사를 담고 있고, 후반부(출 19-40장)는 시내산에서 모세에게 율법이 수여된 사건에 관한 기사를 담고 있다. 비록 출애굽 전승과 시내 전승의 기원이 다르다고 주장되어왔지만(Wellhausen 1885; von Rad [1938] 1966), 텍스트의 세계에서는 시내산 전통이 출애굽 전통에 확고하게 동반된다. 이스라엘 백성을 이집트에서 이끌어낸 하나님의 해방 행위는 백성과 맺은 언약의 한 측면이다. 시내산에서 주어진 언약의 요구사항들에 순종하는 것이 그 언약에 대한 백성 쪽의 측면이다. 출애굽과 시내산은 언약이라는 동일한 동전의 양면을 형성한다. 전자는 하나님의 책임을 정하고 후자는 백성의 책임을 정한다.

1) 신현과 시내산

출애굽기의 후반부와 레위기에서 발견되는 율법들은 시내산에 나타난 현현을 배경으로 제시된다(출 19:1-25; 20:18-21; 24:1-18; 34:1-10). 출애굽기 3장에 묘사된 모세에 대한 현현처럼, 하나님의 나타남은 율법의 수여에 앞서서 시내산(또는 호렙산, 신명기 같은 다른 곳에서는 호렙산으로 불린다)

위에서 발생했는데 그것은 천둥, 번개, 구름 같은 특징적인 자연 현상을 수반했다. 하나님의 임재에 대한 두려움이라는 모티프도 등장하는데, 여기서는 이 두려움이 산에 가까이 온 백성에게 일어날 수 있는 잠재적인 위험과 관련하여 표현된다(예컨대 출 19:12을 보라. "너는 백성을 위하여 주위에 경계를 정하고 이르기를 '너희는 삼가 산에 오르거나 그 경계를 침범하지 말라'"). 많은 종교는 자기들의 신들의 거주지를 산의 정상에 위치시켰다. 실제로 F. M. 크로스(1973)는 바알의 거주지가 산의 정상에 있다는 우가리트 전승이 이스라엘의 야웨 신앙에 영향을 미쳤다고 주장했다. 이것이 사실이든 아니든, 야웨와 시내산 사이의 강력한 연결이 초기에 이루어졌음을 가리키는 상당한 증거가 존재한다. 특히 야웨를 "시내산의 하나님"(예, 시 68:8)이라고 표현하는 시편의 언급들이 흥미롭다. 이 명칭은 시내산이 하나님의 처소였다는 초기의 신앙을 가리키는 것처럼 보인다.

시내산 현현과 율법 수여에 관한 본질적인 기사는 분명하지만 그 세부 사항들은 혼란스럽다. 예컨대 그 내러티브에서 모세가 그 거룩한 산에 올라갔다가 내려온 것을 묘사한 내용은 혼란스럽다. 모세는 출애굽기 19:3에서 산으로 올라가서 하나님과 말하고, 출애굽기 19:7에서 산에서 내려와서 백성에게 말한다. 그리고 모세는 출애굽기 19:8에서 다시 올라가고, 19:14에서 다시 내려온다. 출애굽기 19:20은 모세가 산으로 다시 한번 올라가는 것을, 24절은 다시 내려오는 것을 묘사한다. 출애굽기 20:1-17에서 백성에게 십계명을 전달한 뒤 모세는 20:21에서 다시 한번 산으로 올라간다. 이 혼란은 자료비평학자들에게 그 텍스트의 최종 버전 배후에 다양한 자료들이 존재한다고 암시했다. 그러나 이처럼 다른 자료들이 어떻게 엮어서 출애굽기에 포함된 최종 내러티브를 제공했는지에 관해서는 거의 합의가 존재하지 않는다. 매우 중요한 장들인 출애굽기 19장과 24장은 특히 문제가 많다. 대체로 대다수 학자는 "P" 자료와 "non-P" 자료의 존재를 식별할 수 있고 신명기 전승으로부터 편집상의 영향을 받았을 수도 있다는 데 동의한다(Dozeman 2009).

이 기사들의 역사적 재구성에 어떤 어려움이 남아 있든, 오경에서 시내산의 역할은 아무리 강조해도 지나침이 없다. 출애굽기 19장부터 (레위기 전체를 포함하여) 민수기 10장까지 오경의 이야기는 시내산에서 전개된다. 그렇기 때문에 실제로 시내는 여러모로 모세, 율법, 계시 자체와 동의어가 된다(Levenson 1985; 시내산의 위치와 연관된 이슈들은 13장에서 논의된다).

2) 율법과 언약

시내산에서 모세에게 나타난 이 현현의 맥락에서 하나님과 이스라엘 백성 사이의 언약 관계가 정의된다. 오경 안에 서로 맞물리고 중첩되는 많은 가닥이 존재하기는 하지만 본질적인 구조는 명확하다. 신현은 한 분 하나님과 이스라엘 백성 간의 쌍방향 관계를 확립했다. 하나님의 계시는 그 관계의 한 측면을 확립했고 오경의 나머지 부분 전체에 산재해 있는 법전들은 다른 측면을 확립했다. 이 관계의 형성은 백성 편에 준수되어야 하는 의무 사항을 부과했다. 성격은 다양했지만 이 법전들은 이스라엘 사회를 위한 수직적 구조와 수평적 구조를 창출한다. 수직적 구조는 하나님에 대한 적절한 예배를 규정하고, 수평적 구조는 인간 사이의 의무 사항을 정한다. 다양한 경우에서 인간 사이에 존재하는 의무 사항의 정확한 특성은 그들과 하나님 간의 관계에 의존한다. 따라서 예컨대 신명기 15:12-18에 기록된, 노예에 대한 정당한 대우를 요구하는 율법들은 이스라엘 자신이 이집트에서 노예 생활을 한 경험에 의해 지지된다. 야웨가 이스라엘 백성을 이집트로부터 구속했던 것처럼 이스라엘 백성도 그들의 노예에 대한 동정심을 가지고 그들을 공정하게 대우해야 한다.

　　지난 세기의 발견들은 성경의 언약들과 고대 근동의 정치적 조약들 간의 접촉점을 강조했다. 조약들은 고대 세계에서 흔했고, 다양한 형태로 존재했다. 그러한 조약들의 사례로는 기원전 1460년에서 1215년 사이의 히타이트에서 유래한 것들이 있다. 히타이트 제국은 대략 아나톨리아 지역과 시리아 북부에 위치했다. 이 제국의 통치자들은 그들이 정복한 민족들(그들의 봉신들)과 조약을 수단으로 관계를 맺었는데, 조약은 종주(suzerain)에 대한 속국 민족의 의무 사항들을 정했다. 특히 G. E. 멘덴홀과 G. A. 헤리온(1992)은 시내산 언약이 더 이른 시기의 히타이트 조약들을 모델로 했다고 주장했다. 그들은 특히 〈표 12.1〉에 열거한, 히타이트 조약들과 시내산 언약이 공유하고 있는 일곱 가지 특징을 언급한다.

　　비록 이 이론이 이스라엘 역사에서 언약 개념의 연대를 이르게 보는 견해를 지지하는 데 큰 영향을 주었지만, 그 견해에는 많은 문제가 존재한다. D. J. 매카시(1978)는 그중 많은 문제들을 지적했다. 아마도 이 문제들 중 가장 중요한 것은 비록 히타이트 조약의 중요한 모든 특징을 성경 기사에서 발견할 수 있지만 그 특징들이 한 곳에서 모두 발견되지는 않는다는 점일 것이다. 예컨대 출애굽기 20:2-17에 기록된 십계명은 (〈표 12.1〉이 보여주는 것처럼) 초기 히타이트 조약들의 많은 특징을 포함하지만 그 특징들을 모두 포함하지는 않는다. 히타이트 조약들의 다양한 특징은 오경의 다른 곳에서 발견되지만, 항상 시내산 언약 작성에 관한 기사와 더불어 나타나는 것은 아니다. 만일 시내산 언약이 이른 시기의 히타이트 조약을 모델로 했다면, 우리는 성경 기사의 한 곳에서 그 모든 부분을 발견할 것이라고 기대할 것이다.

〈표 12.1〉 히타이트 조약들과 시내산 언약 간의 유사점

조약의 요소	히타이트 조약의 형태	멘덴홀이 적시한 성경의 평행
(1) 조약 제공자의 신원	"~의 말"로 시작하고, 왕의 이름, 직책, 계보를 제공한다	"나는 너를 애굽 땅에서 인도하여 낸 네 하나님 여호와니라"(출 20:2)
(2) 역사적인 서문	히타이트 왕이 봉신에 유익을 주었던 행위들을 말한다	위 (1)과 동일함
(3) 조약 조항들	봉신의 의무 사항들을 묘사한다	십계명(출 20:3-17)
(4) 조약을 성전에 보관하는 조항	조약이 봉신의 성전에 보관되고 정기적으로 읽혀야 한다고 정한다	언약궤 안에 보관된 돌판들(예컨대 출 25:21)
(5) 조약에 대한 증인 목록	조약의 증인 역할을 한 신들의 긴 목록	예컨대 "하늘이여! 귀를 기울이라, 내가 말하리라.…"(신 32:1)
(6) 저주와 축복 공식	순종과 불순종에 대한 결과 목록	예컨대 신명기 28장을 보라
(7) 비준 의식	조약을 성립시킨 공식적인 의식	희생제사, 예컨대 출 24:5-8

이스라엘의 언약 개념들이 고대 근동의 조약들과 어떻게 관련되는지에 관한 세부 사항들은 여전히 논쟁이 되고 있다. 그러나 이스라엘과 하나님 간의 언약 관계를 개괄할 때, 오경의 텍스트들과 전승들은 고대 세계에 잘 알려진 보편적인 개념들에 의존하는 것처럼 보인다.

3) 십계명

출애굽기 20장에서 우리는 열 개의 계명 또는 십계명이라고 알려진 명령의 목록을 만난다. 십계명이 이스라엘의 율법 중 가장 유명함에도 불구하고 많은 일반 독자들은 이 목록이 히브리 성경에서 출애굽기 20:2-17과 신명기 5:6-21에 미묘하게 다른 두 형태로 존재한다는 것을 알지 못한다. 이 두 목록 사이의 중요한 차이는 안식일 준수 배후의 동기와 탐욕 금지다. 출애굽기 20:11에서 안식일의 휴식에 대해 제시된 이유는 하나님의 창조 뒤 휴식의 본을 따르는 것이다. 신명기 5:15에서 제시된 이유는 출애굽이다. 출애굽기 20:17은 탐욕에 대한 금지를 기록하는데, 거기서 이웃의 아내는 그 이웃의 소유물로 간주된다. 신명기 5:21은 같은 목록을 포함하지만, 이웃의 아내를 그의 나머지 "소유물"로부터 분리한다. 이런 차이는 십계명이 현재의 성경 텍스트에 도달하기 전에 복수로 존재했을 수도 있음을 암시한다. 이 관찰은 십계명에 포함된 계명들의 형태로 말미암아 한층 더 적절해진다. 전체적으로 십계명의 각 항목은 기본적인 금지를 담고 있으며, 몇몇 경우에는 추가적인 내용을 지니고 있다. 예컨대 세 번째 계명("너는 네 하나님 여호와의 이름을 그릇된 목적으로 사용하지 말라[개역개정은 '망령되게 부르지 말라']. 여호와는 그의 이름을 망령되게 부르는 자를 죄 없다 하지 아니하리라." 출 20:7)은 하나님의 이름을 불경하게 사용하는 것에 대한 기본적인 금지를 담고 있고, 그 계명에 대한 이유를 제시하는 추가 조항이 붙어 있다.

이 계명들의 원래 형태를 찾는 학자들은 그것들이 본래는 기본적인 금지들이었는데, 나중에 확장되었다고 주장한다. J. 블렌킨숍(1992: 208)은 그 계명들이 아래의 목록과 같았을 것이라고 주장한다.

1. 너는 나 외에는 다른 신들을 네게 두지 말라.

2. 너는 너를 위하여 새긴 우상을 만들지 말라.

3. 너는 네 하나님 여호와의 이름을 그릇된 목적으로 사용하지 말라.

4. 안식일을 기억하여 거룩하게 지키라.

5. 네 부모를 공경하라.

6. 살인하지 말라.

7. 간음하지 말라.

8. 도둑질하지 말라.

9. 네 이웃에 대하여 거짓 증거하지 말라.

10. 네 이웃의 집을 탐내지 말라.

성서 텍스트 자체가 이 율법 모음집을 열 개의 계명들 또는 말들이라고 칭하고 있음에도 불구하고(예컨대 출 38:28; 신 4:13; 10:4), 유대교 전통과 기독교 전통들은 그 계명들이 어떻게 열거되거나 구분되어야 하는지에 대해 동의하지 않는다. 유대교 전통과 개혁 교회들은 그 계명들을 위의 목록처럼 열거하는 반면에 로마 가톨릭교회와 루터교회는 위의 두 번째 계명과 세 번째 계명을 잘못된 예배에 관한 하나의 계명으로 간주하고, 탐욕에 관한 열 번째 계명을 두 개로 나눈다.

　전체적으로 주석가들은 십계명을 시대를 초월한 도덕 지침으로 보거나 초기 이스라엘 사회의 작동에 대한 역사적 통찰로 보는 경향이 있다. 이에 대한 예외가 그 계명들의 기록과 읽기 배후에 놓여 있는 동기들을 조사하는 D. J. A. 클라인즈(1995)의 논문에서 발견될 수 있다. 클라인즈는 텍스트의 자연적인 의미에 저항하고 대신에 그 계명들이 누구의 이해에 봉사했는지를 묻는다. 그 텍스트를 피상적으로만 읽더라도 우리는 그것들이 재산이 있는 사람들의 이익을 도모하기 위해 작성되었고 따라서 도둑질과 탐욕에 대한 금지 규정이 포함되었음을 알 수 있다. 이 접근법은 그 텍스트가 많은 사람이 집에서 살고 개인 재산을 소유했던 정착 사회의 관점에서 작성된 것처럼 보인다고 주장하는 전통적인 역사비평적 관점의 지지를 받는다. 여기서 클라인즈는 정상적인 독법에서 벗어나 텍스트와 텍스트의 생성에 동기를 부여했을 수 있는 이념을 강조한다.

그 기원이 무엇이든 이 계명들은 유대교와 기독교 전통에서, 더 나아가 서구 사회와 문화에서 중요한 위치를 차지해왔으며 많은 사람이 여전히 이 계명들의 지속적인 중요성을 옹호한다. 사실 이런 특권적인 지위로 말미암아 최근에 지난 십계명 모형 돌판이 법정이나 다른 공공장소에 걸려 있어야 하는지와 같은, 표면상 세속사회에서 종교법들의 위치에 관한 의견 불일치가 발생했다. 이 이슈는 특히 미국에서 논란이 되고 있다. 십계명의 역사적 맥락과 후대 전승에서 이것의 사용에 관한 더 자세한 내용은 P. D. 밀러의 책(2009)을 보라.

4) 언약 법전

출애굽기에서 발견되는 두 번째 율법 모음집은 일반적으로 언약 법전으로 알려져 있다(출 20:22-23:19). 이것의 이름은 모세가 언약서를 가져다가 백성에게 낭독했다고 기록하고 있는 출애굽기 24:7의 언급에서 유래했다. 이 법전은 다양한 자료를 담고 있으며 제의 규정으로 시작해서 제의 규정으로 끝난다. 이 법전의 시작 부분의 제의 규정은 우상숭배에 반대하고, 끝부분의 제의 규정은 중요한 세 가지 농경 축제에서 시행되는 예배를 규정한다. 이 축제들은 보리 추수기(유월절과 연관된 무교병 축제), 밀 추수기(오순절과 관련됨), 과일 및 포도 수확기(장막절과 관련됨)에 지켜졌다. 이러한 제의 규정들 사이에 사회의 평화로운 존속을 규정하는 많은 일반적인 법들—노예제도, 살인, 절도, 기타 범죄들을 다룬다—이 존재한다.

언약 법전은 종종 오경에서 가장 고대의 법전으로 간주되며, 함무라비 법전과 어느 정도 유사성을 보인다. 하나의 사례가 "눈은 눈으로, 이는 이로"(출 21:24)라는 유명한 법에서 발견되는데, 이 조항은 "만약 한 시민이 다른 시민의 눈을 상하게 했다면 그들은 그의 눈을 상하게 할 것이다"라는 함무라비 196과 비교될 수 있다(Johnstone 1990: 54). W. 존스톤은 이것은 언약 법전이 고대 근동의 법 전승들과 궤를 같이하지만, 훗날 히브리 성경 저자들에 의해 이스라엘의 언약 내부의 규정들로 흡수되었던 법들을 포함하고 있다는 사실을 가리킨다고 주장한다.

5) 성막

하나님에 대한 올바른 예배를 규율하는 규정들은 출애굽기 25:1-31:17과 레위기 전체에서 발견될 수 있다. 학자들은 일반적으로 제의 규정에 관한 이 텍스트들이 제사장 전승에서 유래한다는 데 동의한다. 출애굽기 25:1-31:17은 주로 성막 건립과 제사장들의 임명 및 행동을 확립하는 것에 관심을 보인다. 출애굽기 35-40장은 25-31장의 많은 내용을 반복하면서 이전 장들에 포함된 율법들이 어떻게 실행되어야 하는지에 대한 세부 사항을 묘사한다. 출애굽기에 개괄된 성막은 이스라엘 백성이 광야에서 보내는 동안 사용하기 위해 건립한 천막 성소이자 예배 장소다. "P" 자료는 이 건축물을 초기 이스라엘의 제의적 삶에서 핵심적인 것으로 제시한다. 그것은 언약궤가 안치되었던 장소였고, 가장 중요하게는 하나님이 백성 가운데 적극적으로 임재하는 상징이었다(Klein 1996). 그 내러티브 구조에서 성막은 모세에게 율법이 수여될 때 도입된다. 그러므로 성막은 율법이 놓였던 장소로서뿐만 아니라 하나님이 계시될 수 있는 장소로서도 기능한다. 따라서 성막은 하나님이 이스라엘 백성 가운데 거주하는 것을 상징했다.

제사장 자료들이 일반적으로 포로기 또는 포로 후 시기에 발전했다고 여겨지기 때문에, 학자들은 오랫동안 성막이 실제로는 존재하지 않았고, 포로기 제사장 전승의 창작물이었다고 주장해왔다(Wellhausen 1885). 성막을 광야 생활 내내 출애굽기에 묘사된 것같이 옮기고 다녔을 가능성을 낮아지게 만드는 수송상의 문제들이 존재하는데, 특히 그 구조물의 일부분이었다고 언급되는 금, 은, 동의 무게는 그런 문제 중 하나다. F. M. 크로스(1981) 같은 다른 학자들은 성막이 실존했을 수 있다고 주장했지만, 크로스는 성막이 모세 때가 아니라 다윗 때 만들어졌다고 주장한다. 다른 학자들은 성막이 솔로몬 성전에 소장된 더 작은 요소였을 것이라고 상정했다. 이런 독법들에서 성막은 역사적 요소들에 의존해서 이스라엘 이야기의 더 이른 시기로 배치된 문화적 기억의 한 사례를 대표한다. 이러한 질문들에 관한 접근법은 출애굽과 광야 전승들의 역사적 토대와 발생 시기를 우리가 어떻게 이해하는지에 상당히 많은 부분을 의존한다.

성막의 역사적 기반이 무엇이든 성막은 출애굽기에서 상당한 분량을 차지하므로 출애굽과 광야 전승 텍스트에 대한 고찰에서 성막이 간과

되어서는 안 된다. 성막에 관한 최근의 연구는 그것의 구조와 묘사에 관련된 많은 이슈를 탐구했다. 그러한 연구는 성소로서 성막 묘사에서 강조된 사회적 차원과 상징적 차원을 포함하여 이 텍스트들의 공간적 수사학을 탐구하거나(George 2009), 성막이 어떻게 아론 계열의 제사장직에 대한 정당화를 포함하여 후대 공동체들의 종교 생활을 격려하는지를 탐구했다. 실제로 제사장직이 오경의 이 지점에서 처음 등장한다는 것을 주목할 필요가 있다(출 28장). 그래서 "이 내러티브는 독자들에게 제의 공동체를 설립함에 있어서 모세, 아론, 출애굽 세대의 본을 따르도록 암시적으로 요구한다. 예전의 모세의 패턴으로 돌아감으로써 후대 공동체들은 하나님의 살아 있는 현존을 경험하고 하나님의 미래로 나갈 것이다"(Klein 1996: 275). 그러한 전승들이 종교 공동체와 성전의 형체가 갖춰짐에 따라 왕정 시대에 형성되었는지, 또는 포로기와 포로 후 시기에 성전 상실에 대처하는 방법으로 형성되었는지는 여전히 논쟁 대상이다(Utzschneider 2015의 논의를 보라).

기독교 전통에서는 특히 성막과 그것의 관련 요소들(제사장, 용구)이 예수의 제사장직 및 새 언약 같은 영적인 이슈들을 가리키는 것으로 여겨지는 히브리서 8-9장에 비추어 상징적인 해석 및 예표적인 해석이 인기를 끌었다.

4. 레위기에 수록된 율법

위에서 언급된 것처럼 레위기는 출애굽기에서 시작하는, 시내산에서의 율법 수여를 계속한다. 이 책은 이스라엘 백성 안에서 정결을 유지하기 위한 규정을 포함하는데, 특히 예배에 관한 규정에 초점을 맞춘다. 이 책은 크게 두 부분으로 나누어진다. 때때로 "제사장 법전"이라고 불리는 레위기 1-16장은 제사장들의 행위를 규율하는 규정을 포함한다. 1-10장은 올바른 제사(1-7장)를 포함하여 성소에서 제사장 직무를 수행하기 위한 요건을 제시한다. 11-16장은 제사장에 의해 수행되어야 하는 정결법을 제시한다. 레위기 17-27장은 전체 이스라엘의 정결을 다루며 모든 이스라엘 백성의 거룩한 삶을 위한 요건을 제시한다. 이 장들은 이스라엘 백성이 서로를 향해 어떻게 행동해야 하는지에 관한 규정을 제시함으로써, 이스라엘의 일상의 삶을 세부적으로 규율한다. 학자들은 일반적으로 레위기 전체를 "P"로 돌리지만, 그 안에서 다른 시기에 기원했을 수도 있는 "성결 법전"(Holiness Code, "H", 레 17-26장. 레 27장은 부록으로 기능한다)을 식별한다(Stackert 2007). "P"와 "H"의 연대는 본서의 7장에서 논의된다.

1) 거룩, 정결, 제의

본서의 4장에서 언급된 것처럼, 우리는 레위기에 대해 고찰할 때 상호 연관된 중요한 많은 요소를 고려해야 한다. 우리는 이 대목에서 거룩, 정결, 제의 세 가지에 집중한다. 이것들은 음식, 의복, 성적 관습, 몸의 유출, 중요한 시기와 장소 같은 광범위한 이슈를 다룬다.

이스라엘의 하나님 야웨는 거룩하고, 그 밖의 다른 모든 것으로부터 구별된다는 사상이 이러한 세계관의 핵심이다. 하나님이 거룩하기 때문에 하나님의 언약 상대방인 이스라엘을 포함하여 하나님을 위해 구별된 것 역시 거룩해야 한다. 이스라엘은 하나님께 속해 있기 때문에, 이스라엘은 하나님의 거룩한 장소인 성막에서 하나님께 접근할 수 있는 능력을 포함하여 이 하나님과의 관계를 유지하기 위한 거룩을 추구해야 한다.

성경의 자료는 삶의 여러 측면에서 거룩의 수준 또는 등급이 존재한다고 말한다. 예컨대 성막(그리고 다른 곳에서는 성전)을 생각해 보라. 고대 이스라엘의 대다수 건물은 세속적이었던 반면에, 성막은 거룩한 장소여야 한다. 그뿐만 아니라 이 거룩한 장소 안에서도 바깥 뜰, 안 뜰, "지성소"라는 거룩의 수준이 차별화된다. 지성소는 대제사장(제사장들 가운데 가장 거룩한 자)이 일 년에 한 번만 들어갈 수 있다. 백성과 연중의 시기들도 마찬가지인데, 이 역시 거룩의 등급을 보여주는 것 같다. 따라서 거룩에는 넓은 범위의 스펙트럼이 있는데 하나님이 그 정점으로 보인다. J. S. 카민스키와 J. N. 로어가 언급한 것처럼, 이러한 거룩의 순위들은 현대 독자에게는 억압적인 계층처럼 보일 수 있다. 그러나 레위기 전체에서 이스라엘 전체가 거룩해야 한다는 반복적인 요구(레 11:44-45; 19:1-3)는 "이스라엘을 제사장 나라로 만들기 위한 대담한 시도"임을 암시하는 것일 수도 있다(2011: 117). 게다가 한 사람의 행동이 전체 공동체에 영향을 미치는 것도 마찬가지다. 이런 의미에서 전체 공동체는 상호 관련이 있고, 하나님 앞에서 올바른 삶에 관해 책임을 진다(Kaminsky 2008).

거룩 개념은 정결 개념 및 부정 개념과 연관된다. 레위기의 세계에서 만일 어떤 것이 거룩하다면 그것은 정결하거나 깨끗하다. 반대로 만일 어떤 것이 부정하다면, 그것은 거룩하지 않고 하나님의 거룩에 접근하기 위한 요건에 부적합하다. 그러나 거룩 개념과 마찬가지로 정결 개념도 복잡하다. 첫째, 레위기에서 논의되는 몇몇 요소는 명백한 도덕적 연결이 존재하지 않음에도 불구하고 금지되고 부정한 것으로 간주된다. 예컨대 돼지(레 11:1-8)는 예외 없이 부정하다고 간주된다. 돼지는 회피되어야 한다. 여기서 부정한 것은 금지되고 불결한 것으로 고착된다. 또한 레위기에는 사람을 부정하게 만드는 관습과 자연 현상이 존재한다. 이러한 관습과 자연 현상도 부도덕이나 죄악과 연관된 것으로 보이지 않지만, 금지된 음식과 달리 이 중 많은 것들은 시한이 정해져 있다. 예컨대 생리와 사정은 각각 여성과 남성을 부정하게 만든다. 그러나 이것들은 그 사람을 일정한 기간 동안 제의적으로 불결하게 만드는 흔한 현상이며, 죄로 간주되지 않는다. 그런 사람은 정결해질 수 있는데, 그러한 정결케 함을 통해 질서를 회복하도록 돕는 길이 바로 예배 의식들이다(Klawans 2000). 마지막으로, 레위기에 기록된 어떤 것들은 금지되며, 확실히 도덕적으로 옳지 않거나 사악한 것으로 간주된다(예컨대 레 24:14의 살인). 이런 유형의 금지는 대개 정결 관점에서 언급되지 않으며, 레위기의 후반부에서 발견되는 경향이 있다. 따라서 레위기에서 금지, 정결, 깨끗함(정함) 개념은 복잡하다. 몇몇 금지는 항상 금지되어 있고 불결로 이어지는 이슈와 관련된 반면에, 다른 금지는 시한이 정해져 있고 제의적으로 깨끗하게 될 수 있는 불결함의 이슈를 언급한다. 그리고 명백하게 도덕과 관련된 금지가 있는 반면에, 제의상의 정결에는 중요하지만 도덕이나 죄와의 관계는 명백하지 않은 것으로 보이는 이슈도 있다.

　　이제 우리는 레위기에 만연한 마지막 주제인 제의를 살펴볼 것이다.

제의는 종교마다 다르지만, 대개 일반적인 활동들을 공식화한 것이다 (Smith 1992). 레위기는 제의로 가득한 책인데, 제의의 많은 부분이 위에서 개괄된 정결 및 거룩 개념과 연관되어 있다. 제의, 특히 오경의 법률 부분에서 발견되는 제의들은 사람이 부정에서 정결로, 세속에서 거룩으로 이동하는 방법을 제공한다. 레위기에서 특히 중요한 요소는 제사와 제물이다. 다양한 형태의 제사가 있는데, 그중 번제는 동물을 완전히 불사르는 제사이고 화목제는 제사를 드린 사람이 그 동물을 먹는 제사다. 곡물 역시 제물로 드려질 수 있는데 그 제물 중 일부는 완전히 불태워지는 반면에 다른 것은 사람이 먹을 수 있다. 이러한 제의는 사람이 부정한 상태에서 정결한 상태로 이동할 수 있는 길을 제공했는데, 대체로 그러한 제의를 적절하게 수행할 수 있는 계층은 제사장들이었다.

상호 연관된 거룩, 정결, 제의라는 이 이슈들이 어떻게 이해되어야 하는가? 성경 텍스트는 이러한 개념들의 기초를 이루는 세계관을 설명하지 않는다. 몇몇 모델과 이론이 제시되었는데, 우리는 여기서 이 중 몇 가지를 소개할 것이다.

오랫동안 많은 학자는 이러한 정결 규칙들을 어떤 논리나 일관성 있는 근거가 없는 단순한 미신으로 생각했다. 어떤 학자는 이러한 정결 체계에 사회적 근거나 환경적 근거가 존재한다고 주장했다. 그래서 중세 시기부터는 돼지(레 11:7) 등 금지된 동물들이 질병을 옮기므로 이것이 그 동물들이 기피되어야 했던 이유였다고 주장되었다. 다른 학자는 낙타(레 11:4)를 먹어서는 안 되는 이유는 낙타들이 음식보다는 일을 위해 더 필요했기 때문이라고 주장했다. 따라서 이러한 법들은 건강뿐만 아니라 고대 이스라엘의 사회적·환경적 안정성을 유지하기 위한 것이었다. 가능성이 있는 정결법의 또 다른 근거는 정결법이 이스라엘을 다른 나라들로부터 구별하는 데 도움을 주기 위함이라는 것이다. 이스라엘과 다른 나라의 구별은 오경 전체와 히브리 성경의 다른 책들에서 반복되는 주제이고, 레위기에서도 언급된다(레 18:3).

지난 세기 동안 주로 인류학 연구에 영향을 받아 점점 더 많은 학자들이 이러한 정결법과 제의 지침이 비록 독자들에게 즉각적으로 명백하거나 논리적으로 보이지는 않을지라도 내부적으로 일관성이 있는 사고 구조인 질서정연하고 통일된 체계를 드러낸다고 주장하기 시작했다. 레위기에 들어 있는 이 사상 체계가 무엇인지를 "해독하기"위한 다양한 시도가 이루어졌다.

인류학자인 M. 더글러스의 오염과 금기 개념에 관한 연구는 가장 영향력 있는 연구 중 하나다. 이 연구는 "부정" 개념을 비교 인류학의 관점에서 탐구한다. 그녀의 연구는 이스라엘의 종교를 포함하여 다른 많은 "원시 종교" 안에 나타난 오염을 탐구한다. 레위기에 관한 장에서, 그녀는 "부정은 특정한 상황에 맞지 않는 문제"라고 주장한다([1966] 2002: 50). 레위기에서 부정한 동물은 그것들의 형태에 완전히 들어맞지 않는 것들이다. 그녀는 레위기가 창세기 1장의 창조 이야기에서 동물을 땅 위의 동물, 물속의 동물, 하늘의 동물이라는 세 종류로 분류하는 것을 이어받는다고 주장한다. 이러한 유형의 피조물은 각각 지배적인 특징을 지니고 있다. "하늘에서는 두 개의 다리를 가진 새들이 날개로 날아다닌다. 물속에서는 비늘에 덮인 물고기들이 지느러미로 헤엄을 친다. 땅 위에서는 네 개의 다리를 가진 동물들이 뛰고, 도약하고, 걷는다. 적절한 종류의 이동 수단을 자신의 구성 요소로 갖추지 못한 부류의 피조물들은 거룩에

반한다"(2002: 69).

따라서 예컨대 수중 동물로서 지느러미나 비늘이 없는 것은 부정하고(레 11:10-12), 네 개의 다리가 있으면서 하늘을 나는 생물도 그러하다(레 11:20-26). 더글러스에 따르면 이 규정의 목적은 하나님의 완전성을 강조하기 위함이다. 거룩은 이스라엘 백성으로 하여금 하나님의 단일성과 완전성을 닮도록 요구한다. "불완전한" 동물에 대한 회피는 이러한 거룩에 대한 열망의 물리적 상징이다.

더글러스는 이후의 논문(1993a)에서 레위기에서 금지된 동물에 대한 질문을 다시 다뤘는데, 이번에는 레위기의 정결 규정이 다른 문화들의 정결 규정에 비해서 얼마나 독특한지를 지적한다. 다른 문화에서 정결 규정은 정치적으로 현상을 지지하는 기능을 하지만 이스라엘에서 정결 규정의 관심은 정치라기보다는 정의였다. 정결 규정 준수는 이스라엘 백성에게 모든 사람을 위하여 정의를 유지해야 하는 의무를 상기시키는 데 기여했다. 더글러스는 그 후에 레위기를 다시 다뤘는데(1999), 이번에는 금기 법들이 스스로를 보호할 수 없는 동물들을 보호해서 그 동물들이 번성할 수 있도록 하기 위한 것이었다고 주장한다. 이처럼 이 분야에 대한 다른 학자들의 연구에 반응해서 더글러스 자신의 생각이 발전했다. 그럼에도 불구하고 레위기에서 통일된 사상 체계에 초점을 맞춘 그녀의 이론적 틀은 여전히 영향력이 있다.

J. 밀그롬(1993) 역시 레위기의 정결과 제의 요소를 구조화되고 질서 정연한 체계로 이해하는 것을 지지했다. 그러나 밀그롬은 더글러스와 달리 레위기의 핵심적인 관심사를 창조 질서가 아니라 죽음으로 본다. 따라서 월경, 사정 또는 피부병은 생사의 연속성과 관련이 있기 때문에

이것들에 대한 제의가 필요하다. 밀그롬은 또한 제의상의 부정과 도덕적 부정을 구분하고, 레위기에 기록된 정결과 관련된 많은 자료가 반드시 도덕과 관련된 것은 아니라고 지적한다. 특히 G. 웬함(1979), D. P. 라이트(1992), J. 클라완스(2000, 2006)는 이러한 아이디어 중 몇몇을 다양한 방식으로 이어받았다.

J. W. 와츠(2007, 2013) 역시 레위기의 제의적 차원들에 초점을 맞추었는데 그는 더글러스와 밀그롬의 제안에 대한 대안적인 관점을 주장했다. 와츠는 우선 우리가 제의 자체에 직접 접근하지는 못하고 단지 제의에 대한 텍스트상의 묘사에만 접근할 수 있다는 사실을 언급한다. 따라서 와츠는 제의의 논리와 그것을 뒷받침하는 통일된 사상 체계—이러한 통일된 사상 체계에 관해 텍스트가 우리에게 말해주는 것이 별로 없으며, 따라서 해석자들이 그들 자신의 체계를 제공한다—를 알아내려고 시도하기보다는, 텍스트의 수사를 조사해서 누가 누구에게 무엇을 설득시키려고 하는지를 탐구하는 것이 더 유익한 접근법이라고 주장한다. 그 텍스트는 누구의 목적에 기여하며, 어떤 목적에 기여하는가? 이것을 염두에 두고 와츠는 수사비평을 사용해서 레위기에 묘사된 제의들이 성전과 성전의 제의 전승 및 이 직무를 수행한 아론 계열 제사장들을 정당화하는 데 기여했다고 주장한다. 당연한 결과로서 이러한 제의를 묘사하는 텍스트들이 더 중요하게 취급되었는데, 이는 고대 세계의 다른 곳에서도 발견되는 현상이다.

다양한 문화에서 올바른 제의 실행을 확립하고, 제사장과 왕과 신전의 제의 관습들을 합법화하기 위해 텍스트가 사용되었다. 따라서 기록된 지침을 제정한다는 생각, 즉 "책에 의해서 그것을 실행하는 것"은 무엇보다 제의를 수행하는 것과 관련이 있었다. 또한 텍스트들이 제의 자체의 일부로 조작되고 읽히기 시작했다는 몇몇 증거도 존재한다. 그러므로 텍스트가 제의의 정확성과 효능을 입증했듯이, 제의는 특정한 텍스트의 권위를 우상의 지위로까지 고양시켰다(2007: 208).

와츠는 이것이 레위기와 오경에 적용된다고 주장한다. "토라의 제의적 수사는 아론 계열 제사장들을 정당화하는 것 외에도 토라 자체를 제의 실행을 위한 최고의 권위로 확립하는 데 기여한다"(2013: 97). 따라서 그것들의 역사적 기원이 무엇이든, 레위기에 묘사된 제의들은 그 제의를 수행하는 사람들—아론 계열의 제사장직—의 권위를 정당화했고 이것은 이어서 토라의 권위를 확립하는 데 기여했다. 이는 토라의 지위를 "경전"으로 이끌었던 과정의 중요한 부분이다.

2) 제사와 제물

위에서 언급된 것처럼 제사는 레위기, 특히 1-7장의 제의 세계에서 중요한 요소다. 거기서 다섯 개의 제사가 개괄된다.

1. 번제(레 1장): 여기서는 동물 한 마리가 제물로 드려지고 전체가 불태워지며, 이 제물은 야웨께 "향기로운 냄새"라고 언급된다(레 1:17). 이 제사는 그것을 바치는 사람을 속죄한다고 언급되지만(레 1:4) 속죄가 어떻게 작동하는지와 무엇이 속죄되는지는 언급되지 않는다.

2. 소제(레 2장): 곡식이나 곡물 제사는 땅에서 생산된 것 중 야웨께 드려진 선물로 제시된다. 이 제물 가운데 일부는 불태워지고 나머지는 제사장들이 먹는다.

3. 화목제(레 3장): 이 경우에는 동물 한 마리가 제물로 드려지지만, 동물의 일부만 불태워지고 나머지는 제사장들과 그 제물을 가져온 사람들이 나눠 먹는다. 추가 지침이 레위기 7장에서 제공되는데, 거기서는 이 화목제가 감사함으로 드려지거나 서원의 일부로 취해지는 서원 제물로 드려질 수 있다는 것을 명시한다.

4. 속죄제(레 4-5장): 위의 세 가지 제사는 자발적인 반면에 이 제사는 사고나 무지 때문에 죄가 발생했을 때 요구된다. 여기서는 대제사장부터 이스라엘 백성 전체, 각각의 개인에 이르기까지 연관된 사람에 따라 다른 제의가 요구된다.

5. 속건제(레 5-6장): 이는 또 다른 필수적인 제사로서 성물의 오용을 포함하는 행위나 이웃에게 잘못을 범한 사람과 관련이 있다. 속건제에서는 양을 제물로 드리지만 개인이나 집단 사이에 제물에 대한 차이는 존재하지 않으며, 피해자에 대한 적절한 보상도 개괄되어 있다.

거룩, 정결과 마찬가지로 레위기에 제사의 근거가 되는 논리는 설명되어 있지 않다. 몇몇 학자는 고대 세계에서 제사는 신들을 위한 음식 또는 "향기로운 냄새"였다고 주장했다. 후자는 레위기에서 찾을 수 있는 생각이다. 다른 학자는 제사가 신들에 대한 명예와 존경을 보여주거나 호의의 교환―호의 또는 축복에 대한 대가로 신들에게 (동물과 같은) 가치 있는 어떤 것을 바치는 행위—을 나타냈다고 말한다. 그러나 다른 문화와 전통들로부터의 비교 연구는 제의 수행자들이 종종 자기들의 제사 관습의 논리를 이해하지 못하거나 그 문제에 관해 모순되는 관점을 지니고 있다는 사실을 강조했다. 그런 경우에는 종종 그 제의를 특정한 방식으로 수행하는 근거를 찾는 것보다는, 제의가 수행되어야 하는 목적과 그것이 실제로 정확하게 수행되는 것이 더 중요하다(Watts 2007).

이러한 세계관의 많은 부분이 현대의 독자에게 어렵고 낯설지만 그런 활동이 고대 세계에 얼마나 널리 퍼졌는지, 그리고 실제로 그 개념들이 오늘날에도 얼마나 편만한지를 기억할 필요가 있다. 예컨대 현대 세계에서는 제단 위에서 제물을 드리는 것이 과거에 그랬던 것만큼 중요한 제의가 아니라고 할지라도, 많은 문화는 그 행위를 상징적인 표현으로 대체해서 제사 **개념**을 유지하고 있다. 따라서 많은 종교 전통에서 금식(음식의 제물), 예배(찬양의 제물)와 헌금(소유의 제물)이 보편적이다. 실제로 기독교는 예수의 죽음을 궁극적인 제사의 사례로 언급한다(요 1:29; 롬 3:25). 심지어 우리는 이러한 개념을 사회 일반에서도 찾을 수 있다. 사회에서 우리는 사람들이 군 복무를 하거나 경제적 어려움의 짐을 짐으로써 그들의 조국을 위해 희생했다고 말하는 것을 듣는다. 그러므로 제단 위에서 드리는 물리적 제사는 점점 더 낯선 개념이 되고 있지만, 이 개념의 상징적 사용은 우리 사회에 항상 존재한다. 이것은 우리가 종종 가정되는 것보다 레위기의 세상에 더 가까이 살고 있을 수도 있다는 점을 상기시킨다.

3) 희년

레위기 규정의 많은 세부 사항은 현대 사회에는 낯설고, 고대 이스라엘 사회에만 적절한 것처럼 보인다. 그러나 그 법들 배후에 놓여 있는 원칙은 때때로 놀라운 방식으로 제시된다. 레위기 25장에 기록된 희년 개념이 이에 대한 좋은 사례다. 희년이 이스라엘에서 시행된 적이 있는지 여부는 확실하지 않지만, 그것은 레위기에서 중요한 사회-경제적 개념이다. 희년은 "일곱 번의 7년"(레 25:8) 마지막에 발생해야 했다. 각 7년 기간의 마지막에는 농지가 휴경되는 "안식년"(레 25:4)이 발생했다. 이러한 안식년들의 일곱 번의 마지막에 희년이 시작했다. 그러나 희년이 일곱 번째 안식년(49년)에 시작했는지 또는 그다음 해(50년)에 시작했는지는 학자들 사이에서 합의가 이뤄지지 않았다.

희년 개념은 경제적 어려움 때문에 팔렸던 모든 땅이 희년에 반환될 것을 요구한다. 이것은 부(富)가 가족들과 부족들 사이에 동등하게 공유된 채로 남아 있도록 보장한다. 이 개념은 새천년의 전환기 때 국제적인 채무의 경감을 위한 "희년 2020" 캠페인에 광범위하게 사용되었다. "희년 2020" 캠페인 지지자들은 부유한 자들이 가난한 자들에게 재산을 돌려준다는 원칙을 받아들여서 선진국 정부들에게 개발도상국들의 채무를 취소할 것을 요청했다. 이 운동은 유의미한 운동이었고 상당한 수준의 성공을 이루었다. 이러한 의미에서 많은 사람이 오경의 가장 애매한 부분으로 간주하는 원칙이 정의라는 이슈를 지지하는 사람들에 의해 채택되었다.

5. 민수기에 수록된 율법

민수기는 이웃한 신명기와 마찬가지로 율법과 내러티브의 혼합물이다 (민수기의 개관에 대해서는 본서의 5장을 보라). 그러나 신명기에서와 달리 민수기에서는 율법과 내러티브가 책 전체에 섞여 있다. 율법들은 민수기 5-6장, 9장, 15장, 18-19장, 26:1-27:11, 33:50-36:13에서 인구조사 목록 및 좀 더 서술적인 내러티브들과 함께 등장한다. 민수기에 제시된 율법들은 예컨대 정결이나 제의 같이 출애굽기 및 레위기에 수록된 율법들과 많은 관심 사항을 공유한다. 그래서 그 율법들은 오랫동안 제사장 전승과 관련이 있는 것으로 생각되었다. 그러나 점점 더 많은 학자들이 민수기를 오경에 나타난 제사장 전승과 신명기 역사 전승 사이의 가교를 제공하는 것으로 간주한다. 따라서 점점 더 많은 학자들이 민수기가 오경 자료 중 늦게 출현한 것이라고 주장한다(Frevel, Pola and Schart 2013에 수록된 논문들을 보라).

민수기에서 법전들을 포함하고 있는 장들은 그 장들의 번호 관점에서 보면 무계획적인 것처럼 보이지만 그 책에 수록된 율법은 시내산(민 1-10장), 가데스(민 15장; 18-19장), 모압 평원 또는 스텝 지대(민 28-30장; 33:50-36:13)에서 주어진 세 개의 주요 부분으로 식별될 수 있다. 이처럼 민수기에서는 내러티브가 율법 수여를 형성한다.

민수기에 포함된 율법들은 광범위한 주제를 다루면서 고대 이스라엘 백성이 어떻게 함께 살 것인가를 규정한다. 특히 법률 문제에 대한 네 건의 사례가 흥미롭다. 이러한 법적 난제들은 이스라엘 공동체 안에서 발생했고, 모세에게 그 상황에 대한 판결을 내려달라고 요구된 문제로 제시된다. 모세는 그 사례들을 하나님 앞으로 가져가고, 하나님은 그 문제에 관해 판결을 내렸다. 민수기에 기록된 다른 율법과 마찬가지로 이 사례들도 다양한 관심사—부정하다고 간주된 백성의 유월절 준수(민 9:1-14), 안식일에 땔감을 모으는 것(민 15:32-36), 여성의 재산 상속(민 27:1-11), 부족 재산의 상속(민 36:1-12)—를 다룬다. 오경에 기록된 다른 율법들과 달리 이 명령들은 특정한 문제에 대한 응답으로 주어진다. 그러한 율법들이 역사적 상황과 연관되어 발생했는지, 또는 문학적 창작이었는지에 대한 질문은 여전히 논쟁거리로 남아 있지만 말이다(Wenham 1997; MacDonald 2012b). 비록 광야 방랑 시기에 발생한 것으로 묘사되어 있기는 하지만 땅에 대한 권리, 상속, 제사장의 기능 같은 이슈에 관한 다양한 율법들은 이중 많은 부분이 이스라엘이 정착했던 시기를 반영하고 있음을 암시한다.

소타(*Sotah*): 민수기 5:11-31

민수기의 율법들은 복잡하며, 그것들을 이해하기 위해 이전 장들에서 언급된 다양한 방법론이 채택되었다. 예컨대 민수기 5:11-31(이 에피소드는 때때로 **소타**[*Sotah*]로 불린다)에는 만약 남편이 아내의 부정을 의심할 경우 시행되어야 할 제의에 관한 규정이 주어져 있다. 이 구절은 많은 차원에서 문제가 된다. 예컨대 단어의 반복 같은 문헌상의 문제가 존재하는데, 이 문제는 이 기사 안에 있는 복수의 자료 혹은 전승이 존재하는지에 관한 논의로 이어졌다(Shectman 2010). 다른 학자들은 이 제의의 고대 근동의 배경 및 아마도 마술과 연관될 수도 있는 이 에피소드의 좀 더 넓은 요소를 탐구했다(Gudme 2013). 또 다른 주목할 만한 이슈는, 그 텍스트가 남편의 권리와 의심에 특권을 부여하면서 여성의 유죄를 추정하는 것처럼 보이는 반면에 남편의 배신을 의심할 수도 있는 아내를 위한 비슷한 제의는 제공하지 않는다는 점에서 성과 연관된다(Bach 1993). 마지막으로, 민수기 전체가 신뢰의 문제에 관심을 가지기 때문에 이 에피소드가 실제로는 독자들로 하여금 남편의 의심에 대해 의심하도록 격려한다고 주장되었다. 이 경우 이 에피소드는 민수기의 더 큰 주제를 강화하기 위한 문학적 장치로 기능하고, 그렇게 함으로써 기대되는 사회적인 성 규범을 전복시킨다(Briggs 2009). 이처럼 민수기에서 발견되는 법률 자료들은 독자들에게 많은 이슈를 제시하며, 오경의 다른 부분들과 마찬가지로 이 자료를 더 잘 이해하기 위해 다양한 관점이 사용되어왔다.

6. 신명기에 수록된 율법

민수기에서와 마찬가지로 신명기에서도 율법과 내러티브가 나란히 등장한다. 그러나 민수기에서와 달리 신명기에서는 율법이 핵심으로서(신 12:1-26:15) 내러티브가 율법의 앞(신 1-11장)과 뒤(신 26:16-34:12)에 등장한다. 율법 수여의 배경은 모세가 이스라엘 백성에게 행한 연설이다. 이 연설은 신명기에 특징적인 권고적 문체를 제공한다. 신명기는 처음부터 끝까지 상당히 매끄럽게 이어지기는 하지만 전체가 하나로 통일된 문서는 아니다. 이 책은 모세의 연설 형태로 되어 있는 두 개의 서문(신 1:1-4:40; 4:44-11:32), 일련의 저주(신 27:15-26), 일련의 축복과 저주(신 27:11-13; 28:3-6; 28:16-19), 모세의 노래(신 31:30-32:47)와 모세의 축복 (신 33:1-29) 등 몇몇 부록을 포함한다. 현대 학자 대다수는 이 책이 개별적인 자료들을 편집한 것이라기보다는 확장 과정을 통해서 현재 형태에 도달했다는 데 동의한다.

1) 신명기와 조약

출애굽기에서와 마찬가지로 신명기와 고대 조약들 간의 관계와 관련된 논쟁이 존재한다. 신명기는 조약 당사자들 사이의 관계에 대한 묘사, 그 당사자들을 위한 규정, 축복과 저주, 합의 내용의 공개적 낭독 등 조약의 많은 특징을 보여준다. 출애굽기에서와 마찬가지로 다양한 역사적 평행도 제시되었다. 기원전 2000년대 히타이트의 조약들이 신명기가 참고했을 수도 있는 자료로 주장되었고(Berman 2011), 기원전 7세기 아시리아의 조약들 역시 그런 자료로 주장되었다(Levinson and Stackert 2012). 신명기가 외세의 힘이 아니라 야웨가 주권자임을 선언하는, 아시리아의 조약들에 대한 전복적인 응답이라는 주장도 제기되었지만 최근에는 이 논증의 특이성이 비판의 대상이 되었다(Crouch 2014).

2) 신명기와 언약 법전

신명기에 포함된 많은 율법은 출애굽기 20:22-23:19의 언약 법전에서 발견되는 더 이른 시기의 율법을 채택한 것이다. G. 폰 라트([1964] 1966)는 신명기와 언약 법전 사이의 많은 유사성에 주목하고, 차이가 존재하는 곳에서는 신명기가 더 후대의 텍스트임이 명백하다고 주장했다. 좀 더 최근의 연구들은 신명기가 더 이른 시기의 자료를 단순히 재해석한 것이 아니라 좀 더 체계적인 대체를 염두에 두었다고 주장했다(Levinson 1997). 신명기가 좀 더 이른 시기의 율법들을 사용하고 있음을 보여주는 가장 현저한 예는 농경 생활을 하는 사람들을 규율하는 율법을 벗어나 도시에 사는 사람들을 규율하는 율법으로 이동한 것이다. 이에 관한 좋은 사례가 면제의 법인데 그것은 출애굽기 23:10-11에서는 단순히 땅이 쉬도록 허용하는 것을 언급하는 반면에, 신명기 15:1-11에서는 채무 면제로 확장된다. 이러한 이동은 경제적으로 좀 더 복잡해진 사회로 전환된 것을 대변한다.

3) 중앙화와 통일성

언약 법전의 확장과 더불어 몇몇 제의 규정들도 확장된다. 신명기에 나타난 가장 특징적인 제의 주제 중 하나는 단일 성소에서 시행되는 예배의 중앙화다. 이 명령을 이스라엘의 율법을 개괄하는 부분의 가장 처음인 신명기 12:1-31에 둔 것은 그 책에서 이 명령이 차지하는 중요성을 강조한다. 이스라엘은 중앙 성소가 아닌 곳에서 야웨를 예배하지 않아야 한다. 국가 전역의 다양한 사당에서 행해졌던 전통적인 예배 관습은 규탄된다. 실제로 열왕기하 23:1-20에 묘사된 요시야 왕의 개혁에서 중앙 성소가 중요한 역할을 하는 것은 제사장 힐기야가 성전에서 발견한 율법책(왕하 22:8)이 어떻게든 신명기와 연관된 것으로 간주되어야 함을 암시한다.

예배는 신명기의 특징적인 명령의 세 가닥 중 하나다. 다른 두 가닥은 하나님의 단일성과 언약이다. 이 세 가닥들은 서로 의존한다. 신명기 6:4은 "이스라엘아, 들으라! 우리 하나님 여호와는 오직 유일한 여호와이시니"라는 말로 시작한다. 이는 대안적으로 "여호와는 하나다"로 번역된다. 이 절은 유대 전통에서는 이 절의 첫 히브리어 단어 "듣다"에서 유래한 **쉐마**(*Shema*)로 알려져 있다. 이 한 하나님은 한 백성(이스라엘 민족)과 언약을 통해 특별한 관계를 형성했고, 그들에게 한 장소(중앙 성소)에서 자신을 예배하도록 요구한다.

신현과 율법을 통해 확립된 언약 관계 내의 중요한 요소 가운데 하나는 유일신론 또는 적어도 단일신론이었다. 둘 사이의 차이는 유일신론은 오직 하나의 하나님만 존재한다는 믿음을 요구하는 반면에 단일신론은 많은 신의 존재를 허용하지만 오직 한 신만 숭배되도록 요구한다는 것이다. 절대적 유일신론은 히브리 성경의 단지 몇몇 텍스트에서만 나타나는데, 제2이사야서는 그중 하나의 예다(예컨대 사 45:5을 보라: "나는 여호와라. 나 외에 다른 이가 없나니 나 밖에 신이 없느니라"). 다른 곳에서는 야웨만을 예배하라는 명령이 유지되기는 하지만 다른 신들의 존재가 암시되어 있는 것처럼 보인다(예컨대 시 95:3을 보라: "여호와는 크신 하나님이시요 모든 신들보다 크신 왕이시기 때문이로다"). 십계명의 처음에 명백하게 표현된 언약 관계의 요건들(출 20:4-6; 신 5:8-10)은 이스라엘 백성이 야웨만 예배해야 한다는 것이다(Moberly 2013).

종합하자면, 이러한 다양한 강조점—한 예배 장소, 한 하나님, 한 백성—은 신명기에 배어들어 있는 "단일성"과 중앙화라는 주제를 가리킨다(Kaminsky and Lohr 2011).

7. 결론

율법은 오경의 중요한 요소이며 출애굽기, 레위기, 민수기, 신명기의 핵심 요소다(사실상, 창세기에서도 율법의 흔적들이 관찰될 수 있다. 창 9:4; 17:9-14을 보라). 다양한 저자가 다양한 방식으로 율법을 제시하지만, 이스라엘 백성과 특별한 관계를 수립했던 하나님은 그들로부터 특정한 행동들을 요구한다는 하나의 주제가 오경의 모든 법전과 법적 차원을 연결한다. 이로 미루어 볼 때 율법(아마도 **토라**가 더 나은 표현일 것이다)은 하나님과 그의 백성 사이의 지속적인 관계를 위한 토대를 놓기 때문에 이스라엘의 출현에 관한 이야기에서 특별한 위치를 차지한다. 하나님과 이스라엘 사이의 이러한 역동적인 관계가 이스라엘의 광야 체류 기간에 강조된다(사실은 그 관계가 시험받을 것이다). 우리는 13장에서 광야 방랑을 살펴볼 것이다.

더 읽을 자료

오경의 형성에서 율법과 법률 전승의 위치에 대한 개요는 카젠(Kazen 2019)에게서 발견될 수 있다. 좀 더 구체적인 논의는 레빈슨(Levinson 1997), 니한(Nihan 2007), 스태커트(Stackert 2007)에게서 발견된다. 토라 안에 있는 율법의 수사학과 율법의 역할에 관해서는 와츠(Watts 1999, 2007)를 보라. 이스라엘의 율법과 다른 고대 근동 법전들 사이의 관계는 라이트(Wright 2009)에 논의되어 있다. 해거든과 크라츠(Hagedorn and Kratz 2013)의 책에 수록된 논문들은 히브리 성경을 포함하여 고대 세계의 법과 종교 간의 상호작용을 살펴본다. 정결과 관련된 이슈들에 대한 추가 논의는 슈바르츠(Schwartz) 외(2008)에서 발견될 수 있다. 율법의 신학적 측면들은 로어(Lohr 2015)에서 탐구된다.

제13장

광야 방랑

출애굽기, 민수기, 신명기의 내러티브 부분들은 이집트의 포로 생활을 벗어나 가나안 땅의 경계에 이르는 이스라엘 백성의 여정을 묘사한다. 이 여정은 민수기 32:13 같은 절 때문에 일반적으로 광야 방랑으로 알려져 있다. 이 절은 사막을 통과하는 긴 여정에 대한 근거를 하나님의 심판으로 제시한다("여호와께서 이스라엘에게 진노하사 그들에게 사십 년 동안 광야에 방황하게 하셨으므로 여호와의 목전에 악을 행한 그 세대가 마침내는 다 끊어졌느니라"). 이렇게 이해할 때, 광야 방랑은 처벌의 시기다. 출애굽 때 이집트를 떠났던 사람들은 그들의 반역과 신뢰 부족으로 하나님께 죄를 지었고, 그 결과 약속된 땅에 도달하지 못하는 처벌을 받았다.

이것이 광야 방랑에 대한 지배적인 이해이기는 하지만 그것이 유일한 해석은 아니다. 특히 신명기는 그 시기를 하나님이 이스라엘이 참으로 하나님과 그의 명령들을 따를 수 있는지를 알아보기 위해 그들을 시험한(신 8:2) 시기로 해석한다. 이 관점에서는 이스라엘이 광야에서 보낸 시기는 그들이 약속된 땅에 들어가기 전의 시험과 연단의 시기다(광야를 연단의 시간으로 보는 이 개념은 유대교, 기독교 및 기타 종교 전통들에서 지배적인 개념이 되었다. 예컨대 기독교의 몇몇 초기 수도원 생활 실천자들이었던 "사막 교부들"이 광야 시기를 그렇게 해석했다). 그 여정이 처벌이었든 시험의 시간이었든 간에, 그것은 오경 이야기에서 매우 중요한 위치를 차지한다. 이스라엘 백성은 광야를 통과하는 여정에서 그들 자신을 자기들이 곧 경험하게 될 새로운 시작을 위한 공동체로 준비시킨다.

이 장에서 우리는 광야와 연관된 다양한 전승을 탐구할 것이다. 우리는 먼저 광야 전승들 전체와 연관된 몇몇 문제를 다루고 나서 출애굽기, 민수기, 신명기에 기록된 광야 시기에 대한 각각의 묘사를 탐구할 것이다.

1. 광야 전승의 기원, 형성, 역사적 배경

광야 전승의 기원과 형성에 관한 문제는 그 기사들의 역사성과 관련된 문제들과 밀접하게 연결되어 있다(출애굽과 관련하여 유사한 이슈들에 관한 논의는 11장을 보라). 몇몇 학자들은 광야 이야기들과 여행 일정들이 기원전 2000년대의 지리를 정확하게 반영하는 기사를 제공하며, 따라서 출애굽과 더불어 모세와 이집트로부터의 해방 시기에 놓일 수 있다고 주장했다(Wenham 1981; Hoffmeier 2005). 이 내러티브들에는 실제로 고대의 지리적 요소와 문화적 요소들을 반영하는 측면들이 있다. 그러나 전승들이 이 시기에 유래했음을 증명하기는 어렵다. 첫째, 저자들은 자신의 저술에 진실성과 고대성의 느낌을 주기 위해 자신의 글에 고대의 측면들을 반영할 수도 있고, 실제로도 자주 그렇게 한다. 따라서 그 기사의 타당성에 의해 텍스트의 연대를 판단하기는 어렵다. 둘째, 광야 방랑 기사는 이스라엘 백성의 여정 중의 사건이나 단계들에 대한 많은 내용뿐만 아니라 오경의 다른 곳에서 발견되는 많은 긴장과 모순도 보여준다. 여기에는 훨씬 더 이후의 시기에 유래한 것처럼 보이는 언급들이 포함되어 있다.

이러한 이슈들로 인해 이 전승들의 배경과 기원에 대한 다른 주장이 등장했다. 20세기에는 일반적으로 광야 방랑이 여러 자료들로 구성되었고 그 자료들 중 몇몇은 상당히 오래되었는데, 왕정 시기에 이스라엘의 구원사에 대한 더 큰 이야기의 일부로서 다른 전승들과 결합되었다고 이해되었다. G. 폰 라트([1938] 1966)의 연구는 이 방향을 향한다. 폰 라트의 견해에서 광야 주제는 야웨 문서 작성자의 위대한 구원 이야기의 일부이며, 출애굽 전승을 약속된 땅의 정복과 연결한다. 이러한 접근법들은 이 텍스트들이 왕정 시대에 편찬되었고, 따라서 광야 방랑 시기로부터 상당히 떨어져 있다고 주장하는 한편, 역사적 과거에 대한 어느 정도의 집단적인 기억을 허용한다. "만일 이집트에 있었고 시내산의 야웨 숭배를 채택했던 집단의 중요성이 훗날 그들의 실제 규모보다 더 커졌다면, 오경이 그들의 광야 시기의 몇몇 유물들을 보존하는 것은 충분히 가능할 것이다"(Davies 1992b: 913). 이 이론 역시 반대에 직면했다. 예컨대 이 전승이 왕정 시대에 기록되었을 것으로 볼 때의 어려움 하나는 일반적으로 이 시기로 연대가 추정되는 문헌에 이스라엘의 구원사의 일부로서 광야 주제에 대한 언급이 존재하지 않는다는 것이다(Albertz 2014). 예컨대 호세아서에는 광야 개념이 종종 등장하지만 광야 방랑을 연상시키는 방식으로 등장하지는 않는다. 반면에 그러한 용법은 포로기와 포로 후 자료들에서 훨씬 더 지배적이다(렘 2:6; 사 40:3).

이런 이유 및 그 밖의 다른 이유로 인해 점점 더 많은 학자가 광야 방랑을 왕정 말기, 포로기, 또는 포로 후 초기 시대에 위치시킨다(Van

Seters 1994; Dozeman 2009; Roskop 2011). 여기서 추방과 그것의 여파가 결정적인 역할을 한다. 광야 이미지는 약속된 땅으로부터 떨어진 그들의 새로운 상황에 직면해서 그것을 이해하려고 하는 "방랑하는" 민족—추방된 사람들로서 또는 태동하고 있는 디아스포라에서—을 반영한다.

광야 전승의 기원과 배경에 관련된 발전들은 이러한 전승의 형성과 그것들 사이의 관계에 관한 질문에 밀접한 관련이 있다. 전통적인 자료비평은 출애굽기와 민수기 기사들에 "J"와 "P"로부터 유래한 자료가 존재한다는 증거가 있다고 본 반면에 신명기 자료는 다른 전승으로 인식되었고, 종종 출애굽기와 민수기에 수록된 자료보다 후대의 것으로 간주되었다. 그러나 7장에서 언급된 것처럼, "J" 자료가 오경 전체에 퍼져 있다는 주장의 타당성에 심각한 의문들이 제기되었고, 오경의 나머지 부분과 관련하여 민수기의 역할도 재고되었다. 이러한 발전들은 우리가 자료의 형성을 어떻게 생각할 수 있는지에 대하여 상당한 영향을 주었다. 예컨대 민수기 33장에 광야를 통과하는 이스라엘의 여정을 간략하게 개괄하는 목록이 수록되어 있다. 오랫동안 광야 방랑 자료는 이 목록에서 기원했고 이후 여러 이야기 및 추가적인 여행 기사로 보충되고 확장되었다고 생각되었다(Davies 1992b). 그러나 A. 로스코프(2011)는 민수기 33장이 사실은 광야 기사들의 기원 자료라기보다 그것들의 요약이라고 주장했는데, 이 이론은 오경의 형성에서 민수기의 위치를 재고하고 있는 좀 더 넓은 경향들에 잘 들어맞는다(Frevel, Pola, Schart 2013). 따라서 광야 전승들은 현재 형태의 오경/토라 형성에 관한 연구에서 점점 더 중요해졌다(Dozeman 2011).

2. 광야 방랑의 지리학

광야 방랑의 기원과 역사적 맥락에 관련된 다양한 아이디어와 궤를 같이 해서, 광야 방랑에 제시된 지리학에 관련된 상당한 연구가 수행되었다. 광야 방랑의 모든 여정은 시나이 반도와 트랜스요르단(요단강 남부와 동부 지역)에서 일어난 것으로 제시된다.

그 기사를 성경에 제시된 대로 (즉 그 내러티브가 좀 더 후대에 나온 것이라 할지라도 성경에 제시된 대로) 이해하려고 하는 사람뿐만 아니라 광야 방랑의 역사 재구성에 관심이 있는 사람에게는 시내산의 위치와 이것이 광야를 통과하는 경로에 어떤 영향을 미쳤는지가 주요 이슈다. 시내산의 위치에 관한 입장이 광야 방랑의 경로에 대한 선택에 영향을 미치기 때문에 이 둘은 불가피하게 연결되어 있다. 홍해(갈대 바다)의 위치를 확실하게 적시하는 데 어려움이 존재하는 것처럼(11장을 보라), 시내산의 위치를 특정하는 데도 문제가 존재한다. 첫번째 복잡성은 그 산이 성경 전승에서 시내산과 호렙산이라는 두 개의 이름을 지닌 것처럼 보인다는 점이다. 특히 M. 노트는 자료비평을 사용해서 이 차이를 설명했는데, 그는 시내는 초기 텍스트에서 사용되는 반면에 호렙은 후대의 신명기 역사 전승에서 유래한 텍스트에서 사용된다고 주장한다(Noth [1954] 1960).

산의 위치를 둘러싼 어려움은 쉽게 해결되지 않는다. 주된 어려움은 성경 텍스트의 모호성에서 비롯된다. 묘사되고 있는 방식으로 미루어 그 산은 남부 시나이 반도부터 현대의 사우디아라비아에 이르는 어딘가의 위치로 생각될 수 있었고, 실제로 그렇게 생각되었다.

전통적인 첫 번째 제안은 시내산을 시나이 반도 남부에 있는 자발

무사산과 동일시한다(〈지도 13.1〉의 ①). 이 위치는 신명기 1:2("호렙산에서 세일산을 지나 가데스 바네아까지 열 하룻길이었더라")에 의해 지지되는 것처럼 보인다. 그러나 이 두 산을 연결시킨 것은 기원후 3세기에 등장한 것으로 보인다는 점이 이 위치를 반대한다.

두 번째 가능성은 그 산이 시나이 반도 북부의 가데스 바네아 지역에서 발견될 수 있다는 것이다(지도의 ②). 이 위치는 이스라엘 민족이 가데스에서 오랜 기간을 보낸("너희가 가데스에 여러 날 동안 머물렀나니 곧 너희가 그곳에 머물던 날 수대로니라", 신 1:46) 것을 근거로 주장되지만, 위에서 인용된 신명기 1:2의 묘사를 고려해 보면 가능성이 높지 않다. 시나이 반도 북부를 지지하는 또 다른 이론은 시내산을 수에즈 바로 남쪽의 야발 신 비샤와 동일시하는데(지도의 ③), 이는 이집트에서 3일 길, 가데스에서 11일 길이라는 기준을 충족한다. 노트가 지지하는 네 번째 제안은 시내산을 시나이 반도에 위치시키지 않고 훨씬 동쪽의 아라비아 북서부에 위치시킨다. 이에 대한 근거는 산에 연기와 불이 있었다는 언급인데, 노트는 그것이 활화산이었음을 암시한다고 믿는다. 시나이 반도에는 어떠한 활화산도 존재하지 않기 때문에 이 언급은 시내산의 위치를 그 시기에 활화산들이 활동했다고 알려진 훨씬 동쪽의 아라비아까지 밀어낸다.

광야 방랑에서 취해진 경로 역시 확언하기 어렵다. 그 텍스트는 이스라엘 백성이 라암셋에서 가데스 바네아를 경유하여 모압까지 여행했다고 말한다. 그러나 이 여정에 대한 정확한 경로를 표시하기가 어렵고, 여행 일정들에 제공된 많은 지명 역시 확실하게 위치를 특정하기 어렵다. 경로에 영향을 주는 한 가지 요인은 확실히 시내산의 위치다. 만일 그 산이 남쪽에 있다고 믿어지면 광야를 통과하는 더 남쪽의 경로가 예상될 것이고, 만일 그 산이 북쪽에 있다고 믿어지면 더 북쪽의 경로가 가능해진다. 시내산/호렙산의 위치와 광야 방랑에 대한 자세한 논의가 G. I. 데이비스(1979; 1992a, b)의 저서에 제시되어 있다.

〈지도 13.1〉 시내산의 가능한 위치

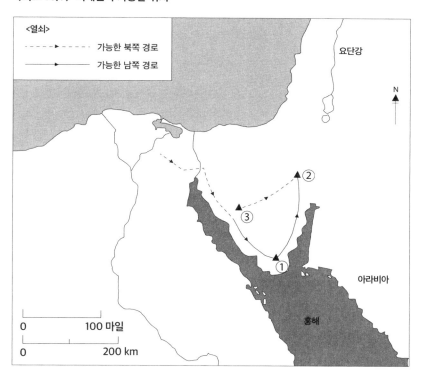

광야 전승의 지리학 안에 나타난 추가적인 복잡성은 민수기와 신명기가 여러 지점에서 상충하는 것처럼 보인다는 것이다. 이스라엘이 가나안을 향해 이동할 때 에돔 백성과 조우한 것이 이에 관한 하나의 사례다. 민수기 20:14-21에서 에돔 백성과의 조우는 적대적이었고, 이스라엘은 에돔을 **우회하여** 지나간다. 그러나 신명기 2:1-8에서는 좀 더 화기애애하게 설명하며 이스라엘은 에돔을 **통과하여** 지나간다. 이 기사들을 조화시키기 위한 여러 시도가 이루어졌지만, 민수기와 신명기의 기사들 안에서 다른 전승들이 작동하고 있다는 것은 비교적 분명하다(Anderson 2012; MacDonald 2012a).

3. 광야 전승에 대한 해석 방법

주목할 만한 또 다른 이슈는 독자들이 광야 방랑의 기능을 이해하려고 시도했던 다양한 방식과 관련이 있다. 광야 시기가 이스라엘의 더 큰 이야기에서 어떤 역할을 하는가? 그리고 이 시기가 왜 이런 식으로 제시되는가?

오랫동안 주목되었던 방랑의 요소 중 하나는 다양한 기사에서 이스라엘 백성이 묘사되는 방식과 관련이 있으며 몇몇 학자는 이 요소에 비추어 광야 방랑을 이해하려고 노력했다. 광야 자료에는 때때로 "불평 이야기"로 일컬어지는 두 이야기가 존재하는데, 그것은 출애굽기 14-18장에 기록된 이야기와 민수기 11-21장에 기록된 이야기다. 여기서 이스라엘이 광야를 통과할 때 음식, 물, 건강, 지도력 같은 다양한 도전과 불평이 제기된다. 출애굽기에 수록된 불평들은 본질상 좀 더 긍정적인 것으로 이해될 수 있고, 출애굽에 이어서 하나님과 이스라엘 간의 관계의 초기 단계에 나타나는 (상호) 시험의 시기로 기능한다. 그러나 민수기에서 제기된 불평은 훨씬 더 부정적이고, 종종 이스라엘의 불순종 및 신뢰 부족과 관련이 있다. 몇몇 학자는 이 차이가 초기 자료와 좀 더 이후 시기의 자료가 존재함을 가리키는데, 거기서 원래 긍정적이었던 시험 이야기들이 이스라엘 편의 불평과 불순종에 관한 부정적인 이야기들로 변형되었다고 주장한다(Coats 1968). 다른 학자들은 이것이 하나님과 이스라엘 간의 관계가 상호 시험의 관계에서 불순종과 불신의 관계로 변화한 것을 강조하는 문학적 장치라고 주장했다(Dozeman 2009).

광야 방랑의 또 다른 측면은 백성의 **이동**과 관련이 있는데, 해석자들은 이 이동을 광야 전승을 이해하기 위한 하나의 틀로 사용했다. 특히 M. S. 스미스(1997)는 광야 여정이 약속된 땅을 최종 목적지로 삼은 순례의 일부로 이해될 수 있다고 주장했다. 로스코프(2011) 같은 다른 학자들은 행진하는 부대의 군사적 이동이 예상된다고 상정했는데, 이는 민수기 33장에서 이미 언급된 아이디어다. "모세와 아론의 인도로 대오를 갖추어 애굽을 떠난 이스라엘 자손들의 노정은 이러하니라"(민 33:1). 로스코프는 이는 다른 고대 근동 문헌들의 일반적인 수사(修辭)이고, 성경의 기사에서 자기 군대의 여정을 인도하는 이스라엘의 왕으로서 하나님의 역할을 강조하기 위해 사용될 수도 있었다고 지적한다.

마지막으로, 해석자들은 통과 제의와 의례에 대한 인류학적 연구를 사용해서 광야에서의 시기가 이스라엘 이야기 안에 있는 "경계 공간"이라고 주장했다(Dozeman 2009; Sacks 2011). 통과 의례에서 개인들이나 집단들은 정착된 규범들의 한 장소에서, 불안정한 전이의 "경계" 상태로 옮겨가고 이어서 새로 정착된 영역으로 재통합된다(van Gennep 1960; Turner 1969). 이것을 성경의 광야 전승에 적용하면, 광야는 이집트 정착 상태와 약속된 땅 정착 상태 사이에 위치하는, 임시적이고 정착되지 않은 (경계에 놓여 있는) 전이 단계로 이해된다. 여기서 이스라엘은 노예 상태에서 벗어나 사는 법을 배우면서 약속된 땅으로 들어가기 전에 야웨와 함께하는 사회적 구조들과 그들의 삶을 발전시킨다.

4. 출애굽기

이스라엘 민족의 광야 체류에 대한 묘사는 출애굽기 15:22-18:27에 집중되어 있다. 이 기사는 세 개의 주요 부분을 포함한다. 첫째 부분인 출애굽기 15:22-17:7은 광야에서 지내는 이스라엘 민족에게 물과 음식이 부족한 것과 만나, 메추라기, 물이라는 음식물이 기적적으로 공급된 것을 묘사한다. 다른 두 기사는 아말렉 백성과의 전쟁 및 모세의 장인 이드로의 이스라엘 진영 방문을 전한다. 이때 이드로는 지도자로서 역할에 접근하는 몇몇 요소에 관해 모세에게 지침을 준다. 이드로의 방문 기사는 그 내러티브의 순서에 어긋나는 것처럼 보인다. 출애굽기 18:5은 이드로가 하나님의 산에 있는 진영을 방문했다고 보도하는 반면에 이스라엘 백성이 이 산에 도착한 것은 출애굽기 19:2에 가서야 묘사된다. 이는 이 기사가 자연스러운 순서에서 벗어나 있음을 암시한다. 이 세 사건들은 시간 순서상으로는 어긋나 있을지라도 주제상으로는 잘 들어맞는다. 음식물을 공급하고, 적들의 공격으로부터 방어하며, 내부적인 조직화 필요를 다루기 위한 세 가닥의 신적인 간섭은 출애굽과 시내산에서의 율법 수여 사이에 위치하기 때문에 그 내러티브의 이 지점에 적합한 것으로 보인다.

1) 만나 이야기

만나 이야기는 출애굽기의 기사들에서 좀 더 잘 알려져 있다. 출애굽기 16장에 묘사된 이스라엘 백성은 이집트를 떠나 시내를 향해서 가는 여정을 시작한 지 한 달 반이 지났을 때 광야에서 음식이 떨어졌다. 그들은 이 상황에 관해 불평하기 시작하고, 그래서 하나님은 백성에게 기적적으로 음식을 공급한다. 아침에 **만나**라고 불리는 음식이 지면에 나타난다. 이 단어는 백성이 그것이 무엇인지 몰랐고 그래서 "이것은 무엇인가?"(히브리어 **만 후**[*man hu*]; 추가적으로 가능한 언어유희에 대해서는 Propp 1999를 보라)라고 물었다는 사실에 관한 언어유희다. 백성은 그들이 하루에 사용하기에 충분한 식량만을 모아야 한다. 남은 음식은 썩어버리기 때문이다.

이 이야기는 오랜 세월 동안 만나를 자연적 관점에서 해석하려는 시도, 만나를 지혜의 상징으로 이해하거나(Philo) 예수를 새로운 "하늘의 빵"으로 이해하는 해석(요 6장) 같은 비유적 해석 등 다양한 반응을 끌어냈다. R. W. L. 모벌리(2013)는 유대교와 기독교의 자극에 의존해서 이 이야기를 비유적으로 읽는다. 그는 그 내러티브가 그 이야기의 정신에 충실하면서도 비유적으로 이해될 수 있다고 주장한다. 그의 독법에서 이 기사는 매일의 삶의 영적 규율을 가리킨다. 거기서는 하나님의 공급에 대한 매일의 믿음이 요구된다. 이런 의미에서 백성이 직면한 "시험"(출 16:4)은 그들의 광야 여정 동안 신뢰를 개발하고 배양하는 방법이다. 위에서 언급된 것처럼 출애굽기에서 백성이 직면한 도전들은 하나님과 이스라엘 백성 간의 상호 시험 시기에 발생한 것이기 때문에 민수기의 도전들보다 긍정적으로 해석될 수 있다. 시험은 오경 전체와 성경의 다른 곳에서 발견되는 중요한 주제로서, 하나님과 그의 백성 간의 역동적인 관계를 암시한다. 그리고 만나 이야기는 이 패턴에 들어맞는 것처럼 보인다(Moberly 2000).

5. 민수기

민수기는 이스라엘 백성이 광야에서 보낸 시기에 관한 훨씬 더 긴 묘사를 담고 있다. 실제로 이 책의 히브리어 제목 **베미드바르**(*bemidbar*, "광야에서")는 광야를 통과하는 여정이 이 책에서 얼마나 중요한지를 요약해 준다.

우리가 다른 곳에서 논의한 것처럼 민수기는 복잡한 책이다(민수기의 개요는 5장을 보라). 이 책은 레위기가 끝나는 광야에서 시작해 신명기가 시작하는 모압에서 끝나며, 광야 방랑에 관한 내러티브, 법전, 인구 조사 목록 등 다양한 형태의 자료를 엮는다. 이 책은 오경의 다른 곳에 나타나는 형태들보다 유동적인 형태를 지니고 있다. 그래서 민수기를 둘러싼 주요 질문 중 하나는 이 책의 구성 및 구조와 관련이 있다. 몇몇 민수기 연구는 시내, 가데스, 모압에서의 율법 수여와 관련된 세 덩어리의 자료들에 근거해서 이 책이 3개의 구조를 지녔다고 제안한다. 그러나 이 부분들이 어디서 시작하고 어디서 끝나는지에 관해서는 학자들 사이에 거의 합의가 존재하지 않는다(Wenham 1997). 이 책의 구조에 관한 대안적인 주장이 M. 더글러스(1993b)에 의해 제시되었다. 그녀는 민수기가 순환적인 구조를 갖고 있다고 주장하는데, 그녀가 보기에 그 구조는 창세기에 대한 주석이다. 그녀의 구조에서 민수기는 여섯 개의 주제와 이와 짝을 이루는

"반(反)주제"를 포함한다. 여섯 개의 주제들은 이스라엘에 대한 하나님의 명령을 묘사하고, 여섯 개의 반주제들은 하나님에 대한 이스라엘의 반역을 묘사한다. 좀 더 최근에 R. 아헨바흐(2003) 같은 학자는 민수기에서 구조의 결핍은 이 책이 늦게 구성되었고, 제사장 전승과 신명기 역사 전승을 연결해주는 위치를 제공하는 것처럼 보인다는 사실과 관련이 있다고 주장했다. 이 독법에서 민수기에 기록된 광야 전승들은 오경 자료가 형태를 갖출 때의 마지막 부분들이다.

1) 죽음, 출생, 세대들

이 장의 처음에 언급된 것처럼 민수기 13-14장에 기록된 열두 정탐꾼 이야기는 이스라엘 백성이 왜 약속의 땅으로 직접 가지 못하고 40년 동안 광야에서 방랑하게 될 것인지에 관한 근거를 제공하기 때문에 이 책의 중추적인 부분이다. 이 장들은 이스라엘 백성이 가나안 땅으로 들어가기 전에 그 땅을 살펴보기 위해 파송된 정탐꾼들의 이야기를 전한다. 정탐꾼들은 돌아와서 그곳 백성의 규모와 그 도시들의 요새들을 언급한다. 백성은 정탐꾼들의 보고에 겁을 먹고 모세에게 반역하여 가나안 땅에 들어가려고 시도하지 않겠다고 결정한다. 민수기 32:13에 따르면 이 신뢰 부족 때문에 이집트를 떠났던 세대 전체는 이 방랑의 시기 동안 광야에서 죽을 것이다. 백성에게 앞으로 나가야 한다고 주장했던 두 명의 정탐꾼들―여호수아와 갈렙―만 이 규칙에서 제외된다.

　이 이야기―불평 모티프의 또 다른 사례―는 민수기의 중요한 몇몇 주제인 죽음, (재)출생, 세대들을 소개한다. D. T. 올슨(Olson 1985)이 언급한 것처럼 이 이슈들은 이 책을 구분해준다. 1장과 26장의 인구조사들은 옛 세대의 죽음 및 세 새대의 출생과 더불어 이 세대들을 신실하지 않은 세대와 신실한 세대로 제시하는 한편, 이스라엘이 약속의 땅에 들어갈 준비를 할 때 이스라엘이 재탄생하는 것을 강조하는 역할을 한다. J. S. 카민스키와 J. N. 로어가 지적하는 것처럼 그 텍스트는 "각 세대 안에…반역하고 신뢰하지 않으려는 경향들과 듣고 순종하려는 경향들이 존재한다"는 것을 암시하려는 것으로 보인다. "…민수기의 메시지는 과거의 함정을 피하고, 신뢰하고 순종하기를 배운 사람들의 방식으로 걸어가라는 것이다"(2011: 140).

2) 발람의 책

민수기에서 가장 기억할 만한 에피소드 중 하나는 발락과 발람에 관한 이야기다. 민수기 22-24장은 바빌로니아 브돌 출신의 선견자인 발람의 이야기를 수록한다. 그는 이스라엘을 저주하도록 모압 왕 발락에게 고용되었다. 그러나 그는 처음에는 그의 나귀에게 나타났고 다음에는 선견자 자신에게 나타난 야웨의 천사에 의해 이스라엘을 저주하는 것을 방해받는다. 결국 발람은 이스라엘을 저주하지 않고 축복한다.

이 이야기에서 가장 유명한 요소는 말하는 당나귀에 관한 기사다(민 22:22-35). G. 사브란(1994)은 히브리 성경에서 말하는 동물에 대한 유일한 다른 언급인 에덴동산에서의 뱀 이야기(창 3:1-5)에 비추어 이 기사의 중요성을 지적했다. 사브란은 두 텍스트(창 3:24과 민 22:31) 모두에서 칼을 든 천사 및 축복과 저주 주제가 등장함을 지적했다. 창세기 기사와 나란히 읽히면, 발람과 나귀의 이야기에 추가적인 통찰이 주어질 수 있는데, 그중 가장 두드러진 요소는 창세기의 우주적 저주(창 3:14-19)에서 발람에 의한 이스라엘의 축복(민 23:7-10)으로 주제가 진전된 것이다. 이는 오경 전체의 이동을 반영한다.

발람이 이토록 흥미로운 인물인 또 다른 이유는 그가 성경에 등장하는 인물이 성경 바깥의 자료에도 등장하는 보기 드문 사례 중 하나이기 때문이다. 발람은 1967년 요단강의 동쪽 제방에서 발견된 텔 데이르 알라 비문에서 언급되는데, 그 비문은 기원전 8세기의 것으로 추정된다(Hackett 1984). 여기서 발람이라는 이름을 가진 인물이 예언자 또는 점쟁이 역할을 하는 것처럼 보이는데, 이는 성경 자료와 고대 근동 전승들 사이의 중요한 연결을 제공한다.

6. 신명기

신명기의 대부분은 율법으로 구성되어 있지만, 그 책은 1-3장과 34장에 내러티브 틀도 지니고 있다. 이 내러티브 틀은 이스라엘의 광야 여정(신 1-3장)과 모압 평지에서의 모세의 죽음을 묘사한다(신 34장). M. 노트([1943] 1981)는 이 내러티브를 통해 주어진, 이 책이 역사적 개요라는 느낌은 그 개요가 신명기에 대한 서론으로뿐만 아니라 신명기부터 열왕기하까지에 이르는, 신명기역사서라고 알려진 전체 모음집에 대한 서론으로도 의도되었음을 가리킨다고 주장했다.

그러나 그 내러티브보다 훨씬 더 중요한 것은 신명기 전체가 이스라엘 백성이 약속된 땅에 들어가기 전에 그들에게 한 모세의 고별 연설로 제시된다는 사실이다. 일반적인 연설, 특히 고별 연설을 핵심 등장인물의 입에 두는 이 기법은 고대 역사가들의 특징이다. 이 기법은 히브리 성경의 다른 곳에서뿐만 아니라(예컨대 수 23장을 보라), 고대 세계의 다른 역사서들에서도 발견될 수 있다. 기원전 5세기의 그리스 역사가인 투키디데스는 특히 자신의 역사서에 등장하는 인물들의 입에 연설을 위치시켰음을 보여주었다(The History of the Peloponnesian War 1.22.1). 이 기법은 역사서 저자들로 하여금 무슨 일이 벌어지고 있는지에 관해 논평하도록 허용한다. 신명기의 두드러진 요소는 그 책 전체가 모세가 죽기 전에 행한 그의 마지막 연설로 제시된다는 것이다. 따라서 신명기는 오경 안에서 부분적으로는 전에 일어났던 많은 것들에 대한 요약과 재진술로 기능한다.

1) 신명기와 기타 광야 전승들

우리는 이제 신명기에 수록된 광야 자료로 되돌아간다. 신명기에 나타난 광야 이야기와 출애굽기 및 민수기에서 발견되는 광야 이야기 사이에는 많은 유사점이 존재한다. 앞에서 언급된 것처럼 에돔 백성/에서의 자손들과의 조우에 대한 묘사 같은 몇몇 차이점도 존재하지만 말이다. "D"의 광야 자료는 오랫동안 출애굽기와 민수기의 광야 기사들보다 더 후대의 것이라고 받아들여졌고, 실제로 출애굽기와 민수기에 등장하는 광야 기사들을 사용하였다고 간주되었다. 그러나 이 이론은 최근에 도전을 받았다. 오히려 몇몇 학자는 신명기 1-3장과 유사한 민수기 20장의 내용이 사실은 신명기에서 빌려왔거나, 민수기와 신명기에 실린 두 전승들이 더 이른 시기의 공통 자료로부터 유래해서 자체의 이형을 제공했을 수 있다고 주장했다(Fleming 2012). N. 맥도날드(2012a)는 두 기사 모두에 대한 여러 편집본이 존재했을 수 있는데 그 편집본들은 문서자료의 일차원적 관계보다는 오랫동안 발전한 복잡한 상호의존성을 암시할 것이라고 주장했다.

　민수기와 신명기, 그 책들의 광야 묘사 사이에 나타나는 또 다른 두 드러진 차이점은 그 전승들이 모세가 약속된 땅에 들어가도록 허용되지 않은 이유를 설명하는 방식이다. 민수기 20장에서 하나님은 므리바 광야에서 모세에게 한 바위에게 말하라고 지시한다. 그 바위에서 이스라엘 백성을 위해 제공될 물이 나올 것이다. 그러나 모세는 바위에게 말하는 대신에 짜증을 내면서 바위를 친다. 민수기 20:12은 하나님이 모세(와 아론)에게 이 불순종 행위 때문에 그들이 약속된 땅에 들어가지 못할 것이라고 말했다고 진술한다. 그러나 신명기 1:37-38에서 모세는 정탐꾼 에피소드 후에 백성이 나타낸 불신 때문에 자기가 가나안에 들어가는 것이 허락되지 않았다고 말하는 것처럼 보인다. 이 기사에서 모세는 광야에서 죽는 세대의 일부가 될 것이다. 유대교 전통은 오랫동안 이 불일치에 대한 많은 이유를 제시했다. 한 가지 주목할 만한 조화는 랍비 사아디아 가온(기원후 942년 사망)에게서 나왔다. 가온은 백성이 정탐꾼들의 보고 후에 죄를 지었기 때문에 이스라엘이 38년을 더 방랑해야 했고, 이 기간에 모세가 므리바에서 바위를 쳤을 것이라고 주장했다. 따라서 정탐꾼 에피소드가 간접적으로 바위를 친 사건으로 이어진다.

7. 결론

이스라엘 백성이 광야를 통과한 여정에 관한 기사는 오경의 다섯 권의 책 가운데 세 권의 내러티브에 펼쳐 있고, 이 모음집의 다른 부분들과 마찬가지로 상당한 역사적·문학적·신학적 성찰의 주제가 되어왔다. 여행 기사는 때때로 그 기사의 내용과 마찬가지로 산만하고, 질질 끌며, 처음 보기에는 들어맞지 않는 것으로 보이는 다른 이야기들과 뒤섞여 있다. 그럼에도 불구하고 오경 이야기에서 이 시기는 전환의 시기를 나타내기 때문에 중요하다. 오경이 끝나감에 따라, 이스라엘 백성의 새로운 세대는 그들을 인도하던 모세 없이 미지의 미래에 직면한다. 그러나 그들은 또한 가나안 땅의 경계에 진을 치고 있다. 그래서 오경은 가능성의 경계에서 끝난다. 이러한 의미에서 광야는 오경의 이야기를 끝내는 한편 미래를 가리키기 때문에 결말인 동시에 시작이다.

더 읽을 자료

데이비스(Davies 1992b)는 광야 전승 및 이 전승과 관계된 여러 중요한 이슈에 대한 유용한 개론을 제공한다. 로스코프(Roskop 2011)는 전체로서 광야 전승과 오경의 기원 연구에서 광야 전승의 위치에 대한 광범위한 논의를 제공한다. 맥도날드(2012a)는 민수기와 신명기 안에 주어진 기사들 사이의 몇몇 차이점을 탐구한다. 반면에 프레벨, 폴라와 샤르트(Frevel, Pola and Schart 2013)에 수록된 논문들은 오경의 형성에서 민수기의 역할을 살펴본다. 로어(Lohr 2009)와 모벌리(Moberly 2013)는 광야 전승들, 특히 만나 에피소드와 발람 에피소드의 문학적 차원과 신학적 차원을 탐구한다.

제14장

오경의 수용:
오경의 사용과 영향

THE RECEPTION OF THE
PENTATEUCH
THE USE, IMPACT AND INFLUENCE
OF THE FIVE BOOKS

신명기의 끝에 모세의 죽음이 기록됨으로써 오경이 마무리된다. 그러나 오경 연구는 이 다섯 권의 책에 관한 탐구 이상이라는 것을 우리가 기억할 가치가 있다. 오경 연구의 중요한 부분은 이 모음집의 **수용**—이 텍스트들과 전승들이 수 세기 동안 어떻게 사용되고 어떤 영향을 주었는가—을 숙고하는 것이다. 우리가 특정 텍스트, 그 텍스트의 기원과 형성, 그것에 대한 후대의 수용 사이에 깔끔한 구분을 거의 가지고 있지 않다는 점에 주의해야 한다. 최근의 많은 연구가 지적해온 것처럼 오경의 기원과 형성의 복잡한 역사는 실제로 오경의 사용과 수용의 역사의 일부다 (Roskop Erisman 2012; Breed 2014; Bolin 2016). 예컨대 신명기가 언약 법전에 포함된 율법들을 재작업한 것은 출애굽기의 율법들에 대한 사용과 수용으로 간주될 수 있다. 따라서 특히 오경의 역사의 복잡성을 고려할 때 우리는 특정 텍스트의 형성 및 그 텍스트의 후대 사용과 영향 사이를 뚜렷히 구분하는 것에 대해 주의할 필요가 있다. 그럼에도 불구하고 오경의 텍스트, 전승, 이야기들이 지난 2천년 동안 종교 전통들뿐만 아니라 문화와 사회에도 측정할 수 없을 정도로 큰 영향을 끼쳤다는 것은 엄연한 사실이다. 이러한 영향에 관한 연구는 이 모음집에 관한 연구에서 점점 더 큰 부분을 차지하고 있다. 이 장은 이 점을 염두에 두고 오경의 수용에서 나타나는 몇몇 핵심 이슈를 탐구할 것이다. 우리는 먼저 유대교, 기독교, 이슬람교 전통에서 오경의 역할을 조사하고, 이어서 더 넓은 사회적 맥락과 문화적 맥락에서 이 텍스트들과 전승들의 사용과 영향을 탐구할 것이다.

1. 종교 전통들

토라 또는 오경은 유대교, 기독교, 이슬람교에서 중심적인 역할을 했다. 이 종교들은 때때로 아브라함 전승 또는 아브라함 종교라고 불리는데 이는 그 종교들 모두 아브라함을 족장으로 여기기 때문이다(그러나 이 명칭의 몇몇 복잡성에 관해서는 Levenson 2012과 Hughes 2012를 보라). 우리가 앞의 장들에서 이미 보았던 것처럼, 이 전승들이 이 텍스트들을 사용하고 전용하는 방식에는 중요한 차이가 있다. 그러나 이 차이는 세 종교 전통 안의 중요한 요소들과 세 전통 사이의 복합적 관계를 가리킨다. 본서에서 이미 구체적인 많은 사례들이 언급되었다. 이제 우리는 이 전승들이 오경/토라와 어떻게 관계를 맺고 있고 왜 관계를 맺고 있는지에 관한 근저의 몇몇 관점들을 강조할 것이다.

2. 유대교 전통에서 창세기-신명기

토라는 유대인의 삶과 신앙에서 핵심적인 위치를 차지하는데, 토라는 여러 면에서 정경 안에 있는 정경이다. 일반적으로, 특히 기독교에서 율법주의가 토라에 관한 유대교 이해의 중심 요소라고 오해되어왔다. 사실 이것은 진실과는 거리가 멀다. 비록 토라에 대한 유대인의 헌신이 토라의 법적 요소를 인식하기는 하지만 토라는 이보다 훨씬 더 많은 것을 포함한다. 비록 **토라**가 영어와 기독교 전통에서 종종 그러한 것처럼 율법(law)으로 번역될 수는 있지만 이 히브리어 용어는 "가르치다"라는 단어에서 유래한다. 사실 **토라**는 지시, 지침 등 광범위하고 긍정적인 의미들을 지니고 있다. 따라서 유대교 전통에서 토라는 율법보다 훨씬 더 많은 것을 포함한다. 그것은 하나님이 자기 백성을 위해 계시한, 삶의 모든 것을 지도하고 통제하는 가르침과 지시다. 토라에 관한 이러한 광범위한 이해의 한 사례를 우리는 중세 유대인 철학자 마이모니데스의 저술에서 관찰할 수 있다. 그는 토라가 몸과 영혼 모두의 복지와 관련이 있다고 주장했다 (*Guide for the Perplexed* 3:27). 이 믿음은 유대교 내에서 토라가 중심적인 위치를 차지하고 있음을 보여준다. 토라는 인간 존재의 전부를 인도하기 때문이다.

토라와 토라의 내용에 관해 유대교 안에서 다양한 전통이 성장했다. 이 전통들 중 하나는 토라가 지혜와 더불어 세상이 창조되기 전에 선재(先在)했다고 생각한다. 이 전통은 제2의 정경인 집회서(예컨대 1:1-5; 34:8을 보라)와 토라에 대한 후대의 유대교 해석(예컨대 *Genesis Rabbah* 1:4를 보라) 모두에서 발견될 수 있다. 또 다른 전통은 창세기 1:1-2:3의 창조 이야기를 중심으로 성장했다. 미쉬나에 수록된 글들은 경전의 특정한 부분들이 신비로운 사변(思辨)의 주제가 되었음을 보여준다. 메르카바 신비주의로 알려진 이 신비로운 사변은 어떤 공동체들 안에서는, 특별히 초심자들에게는 위험한 것으로 간주되었다. 실제로, 「미쉬나 하기가」 2:1은 경험이 없는 사람들에게 닥칠 수도 있는 위험 때문에 창조 기사에 대한 해설을 금지한다. "금지된 성관계들에 관한 율법들(레 18장; 20장)은 세 사람에 의해 해설될 수 없으며, 창조 기사(창 1:1-2:3)는 두 사람에 의해 해설될 수 없으며, 메르카바(겔 1장)는 한 사람에 의해 해설될 수 없다. 만일 그가 학자이고 스스로 이해하지 않는 한 말이다." 창세기 1:1-2:3을 신비스러운 사변과 연결하는 전통은 **마아세 베레쉬트**(ma'aseh bereshit), 즉 창조의 일들로 알려졌다.

토라는 유대교 예전에서 핵심적인 역할을 한다. 해마다 토라는 회당 예배에서 처음부터 끝까지 읽힌다. 각각의 예배는 토라 읽기와 예언서 읽기를 포함한다. 토라 읽기와 예언서 읽기를 결합한 것은 **하프타라** (haftarah), 즉 토라의 완성으로 알려져 있다. 이 관습은 회당 예배 역사의 초기 단계부터 존재했고, 누가복음 4:17과 사도행전 13:15 같은 신약성경 구절에서 그것에 대한 언급이 발견된다.

토라는 또한 율법을 준수하는 유대인들에게 중요한 실제적 함의가 있다. 의복, 음식 규정의 전용(kashrut), 성구함 사용(Tefillin), 당연한 안식일 준수(Shabbat) 같은 이슈들 모두 그것들의 뿌리가 토라에 소급된다. 토라 준수의 이런 측면들은 여러 면에서 정체성의 표지이며, 이는 오경이 과거를 묘사함에 있어서뿐만 아니라 현재의 정체성을 형성함에 있어서도 근본적인 역할을 한다는 것을 보여준다.

마지막으로, 유대교 전통에서 토라의 물리적 중요성을 언급할 가치가 있다. 물리적 형태의 토라는 유대인의 삶과 문화의 여러 측면에서 중요한 역할을 한다. 예컨대 모든 회당은 훈련받은 서기관들에 의해 쓰인 자체의 토라 두루마리를 가지고 있어야 하고, 그것은 토라 궤라고 알려진 것 안에 보관되어야 한다. 이 두루마리는 매 주의 예배들과 성일에 토라의 일부를 읽는 데 사용된다. **심하트 토라**(*Simchat Torah*)로 알려진 절기에 일 년 주기의 토라 읽기의 완료가 기념되는데, 이 절기에는 종종 두루마리 사본을 꺼내 춤추고 노래한다. 또한 토라 두루마리들은 **성년 의례**(*Bar Mitzvah*) 같은 중요한 통과 의례에도 사용된다. 거기서 한 젊은이가 이제 계명들을 따를 의무가 있음을 나타내는 제의의 일부로 토라의 구절을 읽는다. 따라서 물리적인 토라조차 유대교 전통에서 상징적인 차원을 지니고 있고, 그 전통에서 토라의 상징적 중요성을 나타내는 여러 방식으로 사용된다(Watts 2006).

3. 기독교 전통에서 창세기-신명기

신약성경의 저자들 역시 다양한 방식으로 오경을 광범위하게 사용했다(Moyise 2015). 히브리 성경처럼 신약성경의 책들은 오경의 내러티브들에 대한 암시를 포함하고 있다. 신약성경은 창조(막 13:19; 롬 1:20), 아브라함(갈 4:22), 불타는 덤불 안에서 하나님이 모세에게 나타남(눅 20:37)과 같은 오경의 주제에 대한 언급을 포함한다. 신약성경에 나타난 또 다른 흥미로운 현상은 오경의 주제 및 전승들과의 (때때로 미묘한) 연관성이다. 예컨대 많은 학자는 요한복음의 서두(요 1:1-18)를 특히 창세기 1장에 대한 묵상으로 간주한다. 또한 마가복음 10:6-8 같은 인용들도 일반적인데, 이 구절은 창세기 1:27과 2:24을 한 진술로 묶는다.

> 창조 때로부터 사람을 남자와 여자로 지으셨으니 이러므로 사람이 그 부모를 떠나 그 둘이 한 몸이 될지니라(막 10:6-7).

신약성경 저자들에 의한 이러한 규칙적이고 광범위한 오경의 사용은 가장 이른 시기의 기독교 전통에서 이 텍스트들의 중요성을 보여준다.

그러나 이후의 기독교에서 모음집으로서의 오경의 중요성은 줄어들었다. 유대교 전통에서 히브리 성경의 첫 번째 부분―토라―은 다른 부분보다 중요하다. 비록 이 다섯 권의 책들이 여전히 기독교 구약성경의 시작 부분에 위치하고 있기는 하지만, 기독교 전통에서 히브리 성경의 모든 부분은 다소 동등하게 간주된다. 이처럼 처음 다섯 권의 책들의 중요성이 줄어든 것은 많은 요인에 기인할 수 있다. 한 가지 요인은 유대인 분파가 점점 더 증가하고 있는 이방인(비유대인) 신자들을 고려하기 위해 노력할 때 토라의 다양한 율법이 어떻게 해석되어야 하는지가 큰 논쟁거리가 되었다는 것이다. 이 난제는 초기 교회에 한정되지 않았고 교회사 내내 반복되었다. 예컨대 종교 개혁 시기에 M. 루터와 다른 종교 개혁가들은 율법이 그리스도인들에게 유용하지 않다는 데 거의 의문이 없는 방식으로 율법과 은혜를 나란히 두었다. 비록 최근 수십 년간 이러한 상처들을 치료하기 위한 많은 노력이 이루어지기는 했지만, 이러한 특별한 입장은 오랫동안 유대인과 그리스도인 사이의 관계가 불편해지는 데 일익을 담당했다.

고려되어야 할 또 다른 요인은 성경의 정경 순서다. 불가타 역은 라틴어 성경인데, 전통적으로 성 히에로니무스(기원후 4세기경)에게서 비롯된 것으로 간주되며 종교 개혁 시기까지 서방 교회에서 사용된 주된 성경 번역본이었다. 불가타가 그리스어 텍스트와 히브리어 텍스트 모두에 기반을 두기는 했지만, 그것은 히브리어 텍스트의 순서를 따르지 않고 70인역(히브리 성경의 그리스어 번역본)의 순서를 따랐다. 이 순서는 오경, 역사서, 시가서와 지혜서, 예언서였는데 이 순서는 현대의 기독교 성경 번역본에서도 여전히 유지된다. 이 영향 중 하나는 성경을 토라, 예언서, 성문서의 세 부분으로 나누는 유대교의 순서를 포기한 것이었다. 유대 정경이 역대기로 끝나는 반면에 기독교 정경은 예언서로 끝난다. 예언서의 텍스트는 예수를 "미리" 가리키는 것으로 간주되었기 때문에 점점 더 중요해졌다. 따라서 비록 기독교에서 창세기-신명기가 여전히 그 자체로 중요한 책으로 남아 있지만, 모음집으로서 함께 고려되는 다섯 권의 책들은 덜 중요해졌다.

그럼에도 불구하고 오경의 이야기들은 초기 교회에서 근본적인 역할을 수행했고, 계속해서 기독교 예전, 신학, 영성에서 핵심적인 역할을 해왔다. 그리고 그리스도인들이 "율법"과 관여해온 모호성에도 불구하고, 최근 수십 년 동안 그리스도인들이 유대교에서 오경이 차지하는 중요성에 대해 민감하면서도 이 중요한 텍스트들을 어떻게 적절하게 사용하고 읽을 수 있는지에 대한 관심이 새로워졌다(Wijk-Bos 2005; Briggs and Lohr 2012).

4. 이슬람 전통에서 창세기-신명기

히브리 경전과 기독교 경전은 쿠란과 이슬람교에서 중요하지만 복잡한 역할을 하는데, 이는 확실히 오경에도 해당한다. 우리가 본서의 다른 곳에서 지적했던 것처럼 성경의 등장인물, 이야기, 어록들이 쿠란과 기타 이슬람 문헌에서 발견되지만 이러한 사용은 기독교에서 히브리 성경 전체를 전용하는 것과는 상당히 다르다. 이슬람에서는 오랫동안 하나님을 대변한 많은 예언자가 존재해왔음이 인정된다. 이런 예언자에는 아담, 노아, 아브라함, 모세 같은 오경의 인물이 포함된다. 실제로 이슬람 전통은 토라(*Tawrat*)를 하나님에 의해 모세에게 주어진 것으로 인식한다(Qur'an, Surah 5:44). 사실 쿠란에서 토라의 이름이 18번 언급된다. 그러나 이슬람의 관점에서는 이 텍스트들의 여러 측면이 차츰 유대인과 그리스도인에 의해 위조되고 변질되었고, 이슬람 신자들은 예언자 무함마드에 의해 수령되고 전달된 계시만 신뢰할 수 있다(Lambden 2006). 이처럼 쿠란과 기타 이슬람 텍스트에서 발견되는 토라에 대한 많은 반향이 존재한다. 이 중 몇몇은 히브리 텍스트에서 발견된 것에 상당히 가까운 반면 다른 것들은 히브리 성경에 있는 형태와 상당히 다르다. 그럼에도 불구하고 이슬람의 여러 요소가 오경으로 거슬러 올라갈 수 있음은 명백하다. 비록 전승, 이야기, 등장인물들이 새로운 방식으로 취해지고 있지만 말이다.

5. 오경의 사회적·문화적 수용

오경의 사용과 영향은 종교 전통에만 한정되지 않는다. 실제로 이 텍스트와 전승들은 우리가 고대 세계에서 비교적 작고 중요하지 않은 집단에서 출현한 일련의 문서들에 대해 기대할 법한 수준을 훨씬 초월해서 여러 사회와 문화에 큰 영향을 주었다. 우리는 여기서 법과 윤리, 정치 운동과 사회 운동 그리고 예술과 문화로부터 몇몇 사례를 개괄할 것이다.

1) 법과 윤리

본서의 12장에서 논의된 것처럼 시민 생활에서 성경의 율법은 영향을 주기도 했고 논쟁을 야기하기도 했다. 많은 서구 사회에 "유대-기독교적"이라는 호칭이 적용되었는데 이는 부분적으로는 십계명과 같은 핵심요소를 포함한 유대교 전통과 기독교 전통이 서구 사회의 도덕적·윤리적 측면을 형성하는 데 영향을 주었기 때문이다. 실제로 모세 율법의 모형 서판들이 법정이나 다른 공공 영역에 전시될 정도로 십계명은 정의와 법에 대한 상징물이 되었다. 이러한 밀접한 관계가 오랫동안 자연스럽고 적절하다고 간주되었지만, 종교에 기반을 둔 율법이 다원적인 사회에서 공법과 사법에 영향을 끼쳐야 하는지에 관한 합의가 존재하지 않기 때문에 이는 최근에 상당한 갈등으로 이어졌다. 성 윤리를 포함한 다른 이슈 역시 최근의 법과 도덕에 관한 논의의 중심 주제가 되었다. 예컨대 동성애와 동성 결혼에 관한 최근의 논쟁은 레위기의 금지(레 18:22; 20:13) 등 이 주제에 관한 성경 자료에 대한 논의를 포함하고 있다. 이 논쟁에서 다양한 입장을 지지하는 종교계 안팎의 사람들이 레위기가 현대 사회에서 어떻게 해석되고 적용되어야 하는지에 관해 다양한 주장을 제기했다(이에 관한 개관은 Brownson 2013을 보라). 종합하자면 성경의 율법과 윤리는 확실히 아직도 개인들과 사회에 강력한 영향력을 행사하고 있다. 비록 그러한 영향의 위치가 현대 사회에서 논쟁이 되고 있기는 하지만 말이다(Chancy, Meyers, and Meyers 2014).

2) 정치 운동과 사회 운동

역사적 관점에서 볼 때 오경은 여러모로 정치 운동과 사회 운동을 형성했다. 몇몇 사례는 언급될 가치가 있다. R. 헨델(2013)은 성경, 특히 창세기가 19세기 미국에서 노예제도와 그 제도의 폐지에 관련된 논쟁에서 복잡한 역할을 수행했음을 지적했다. 노예제도를 찬성하는 사람은 창세기 9장의 노아 이야기를 사용함으로써 그들의 신념을 정당화했다. 거기서 노아의 손자 가나안은 그의 아버지 함의 행동 때문에 저주받고, 그의 형제들을 섬기게 될 것이라고 언급된다. 이 텍스트는 인간 집단들 사이에 있는 종노릇 또는 노예제도를 가리키는 것으로 보일 뿐만 아니라, 함의 후손들은 아프리카와 관련되었다(창 10:6). 이로 인해 많은 사람이 이 이야기가 노예제도, 특히 아프리카인들에 대한 노예제도를 지지한다고 생각했다. 많은 노예 폐지론자가 지적했듯이 이 이야기를 이렇게 이해하는 데는 많은 문제가 존재한다. 예컨대 저주받은 사람은 함이 아니라 가나안이고, 가나안의 혈통은 아프리카인과 관련되는 것이 아니라 모두 성경 텍스트에 등장하는 가나안 민족들과 연관된다. 실제로 특히 에이브러햄 링컨은 (창 3:19 같은) 창세기의 다른 텍스트들을 근거로 노예제도를 **반대하는** 주장을 펼쳤다. 어떤 의미에서는 양쪽 모두 똑같이 성스러운 텍스트를 취해서 자신의 주장을 강화한 반면 해석 문제에 대해서는 일치하지 않았다. 결국 노예 폐지론자들의 창세기 읽기가 승리했다.

동일한 갈등이 우리가 본서의 다른 곳에서 다루었던 이슈인 성 평등을 위한 다양한 노력에서 관찰될 수 있다. 19세기 엘리자베스 케이디 스탠턴 같은 초기 페미니스트 해석자들은 종교적 맥락과 사회적 맥락에서 가부장의 지배에 대항하는 독법을 제시했다. 이 대목에서는 창세기 1-2장의 창조 이야기들과 이 내러티브들에서 여성과 남성의 위치가 매우 중요했다. 많은 사람이 이 이야기들은 남성에 우선권을 준다고 간주한 반면에, 스탠턴 같은 해석자들은 자료비평 같은 비판적인 연구방법을 사용해서 여기에는 다양한 자료들과 전승들이 작동하고 있으며, 창세기 1장에 수록된 것과 같은 기사들은 다른 기사들보다 더 평등주의적이라고 주장했다(Hendel 2013). 논란이 있는 이슈의 양 진영 모두 성경을 사용해서 그들의 주장과 아이디어를 뒷받침하기 때문에 여기서도 해석 문제가 중요해졌다.

11장에서 우리는 모세와 이집트 탈출 이야기가 특히 남아메리카에서 어떻게 해방신학 및 사회개혁 운동들에서 핵심적인 역할을 했는지를 개괄했다. 마틴 루터 킹 주니어 역시 20세기 중반에 미국의 인권 운동을 위한 투쟁에서 이 자유와 출애굽 개념을 사용했다. 이러한 개념은 킹의 수사에서뿐만 아니라 자신들이 해방을 필요로 한다고 보았던 인권 운동 전체에도 핵심적인 모티프가 되었다. J. 코피(2014)가 지적한 것처럼 킹은 출애굽을 사용해서 자유를 추구했던 사람들의 대표자였다.

많은 사회적·정치적 이슈에서 반대 입장에 섰던 양측 모두 성경의 텍스트를 사용해서 주장을 펼치기는 했지만 오경은 수 세기 동안 이 영역에서 운동의 방향을 형성하는 데 영향을 끼쳤다. 성경이 이처럼 복합적으로 사용되었다는 사실은 해석의 중요성과 공적인 영역에서 성경이 때때로 상반되는 역할을 했다는 것을 상기시킨다.

3) 예술과 문화

법적·윤리적·정치적·사회적 사용과 더불어 오경은 예술 및 더 넓은 문화적 맥락에서 광범위하게 사용되었다.

오경의 이야기들과 등장인물들은 교회의 스테인드글라스와 동상 같은 성스러운 맥락에서 표현된 것부터 고전 예술과 현대 예술의 좀 더 인정된 미술 작품에 이르기까지 많은 작품의 주제가 되었다. 오경의 특정한 이야기들과 사건들은 그러한 작품의 소재로 활용되기에 적합했다. 여기서 창세기 22장에 기록된, 아브라함이 이삭을 희생제물로 바칠 뻔한 사건을 언급할 가치가 있다. 많은 사람이 이 사건을 그렸는데 특히 카라바조(1598)와 렘브란트(1634)의 그림이 유명하다. 미술에서 광범위한 주목을 받았던 다른 장면으로는 에덴동산에 있는 아담과 하와(창 2-3장), 홍수 이야기(창 6-9장), 얍복 강에서의 야곱의 씨름(창 32장), 출애굽에서 바다가 갈라진 사건(출 14장), 그리고 시내산에서 모세가 율법을 받은 것(출 20장) 등이 있다.

오경의 이야기들과 등장인물들은 문학의 소재로도 사용되었다(Wright 2007). 마크 트웨인은 아담과 하와의 입장에서 본 재미있는 이야기들인 『아담과 하와의 일기』(*The Diaries of Adam and Eve* 1904)를 썼다. 존 스타인벡의 『에덴의 동쪽』(*East of Eden* 1952, 민음사 역간)은 창세기에서 제목을 포함한 많은 내용을 끌어온다. 이 제목은 가인이 자기 아우를 살해한 뒤 "에덴 동쪽"에 거주했다고 말하는 창세기 4:16을 지칭한다. 메어 샬레브는 『에서』(*Esau* 1991)라는 소설을 썼다. 이 소설은 야곱과 에서라는 성경의 형제들을 원형으로 한, 현대 이스라엘의 어느 가족의 삶의 복잡한 이야기인데 그것은 가족 간의 경쟁과 충성 같은 이슈를 탐구한다. 시인들 역시 오경에서 영감을 얻었다. 미국인 무슬림 시인 모흐자 카프는 그녀의 시 "첫 번째 것"(The First Thing)에서 하갈 이야기에 의존한다. 이 시는 이민자들과 미지의 세상 안으로 추방된 사람들의 목소리를 대변한다.

음악계 역시 오경에서 영감을 얻었다. 예컨대 최근에 S. 다울링 롱 (2013)은 창세기 22장의 이삭의 결박(*Akedah*)이 고전적인 오라토리오부터 현대의 칸타타에 이르기까지 다양한 장르의 음악에서 어떻게 사용되었는지를 보여주었다. 창세기를 사용한 또 다른 음악은 창세기 37-50장의 요셉 이야기를 기초로 앤드루 로이드 웨버와 팀 라이스가 만든 뮤지컬 "요셉과 놀라운 채색옷"(*Joseph and Amazing the Technicolor Dreamcoat* 1968)과 "도시 변두리의 어두움"(*Darkness on the Edge of Town* 1978)이라는 앨범에 수록된 브루스 스프링스틴의 "아담이 가인을 키웠다"(Adam Raised a Cain)가 있다. 출애굽 모티프 역시 음악에서 인기가 있었다. 같은 이름의 타이틀 곡을 가지고 있는 밥 말리와 웨일러의 앨범 "출애굽"(*Exodus* 1977)은 유명한 사례 중 하나다.

영화와 텔레비전에서 오경이 광범위한 영향을 끼친 점 역시 주목할 만하다. 가장 초기의 몇몇 영화들—무성 영화 포함—은 가인과 아벨, 노아와 홍수, 모세와 출애굽 같은 오경의 이야기를 주제로 삼았다 (Shepherd 2013). 시간이 흐르면서 모세의 이야기는 지난 세기의 가장 유명한 영화들에서 거듭 언급되었다. 예컨대 세실 B. 드밀의 "십계"(*The Ten*

Commandments 1956)에서부터, 드림웍스사의 작품 "이집트 왕자"(*The Prince of Egypt* 1988) 그리고 리들리 스코트의 블록버스터 "엑소더스: 신들과 왕들"(*Exodus: Gods and Kings* 2014)에 이르기까지 모세 이야기는 영화 제작자들에게 큰 관심의 대상이었다. 한편 인기 텔레비전 프로 "로스트"(Lost 2004-2010)는 야곱과 에서라는 이름을 지닌 인물들을 계속 등장시켰다. 이 인물들에 대한 묘사는 수수께끼 같았지만 그들은 형제 간의 경쟁 관계에 있었고, 선과 악을 대표했다. 이것은 창세기 이야기와 이삭의 아들들에 대한 후대의 수용을 반향한다. 오경의 주제와 문체는 성경의 전통에서 영향을 받은 여러 문화─특히 서구 문화─의 흥미롭고 놀라운 곳에서 계속해서 출현한다. 예컨대 K. B. 에드워즈(2012)는 광고에 성경을 사용해서 주목을 끌었고, 특히 하와가 어떻게 현대 사회에서 성과 구매력에 대한 상징이 되었는지에 주목했다. 이처럼 오경의 이야기들과 등장인물들은 우리가 예상할 수 없었던 방식으로 우리의 현대 문화에 계속 영향을 끼치고 있다.

6. 결론

우리는 본서에서 주로 오경의 텍스트와 전승을 이해하고 해석하는 데 관심을 기울였지만, 이 책들과 등장인물들, 이야기들이 오랜 세월 동안 사용되었던 방식과 그것들이 다양한 시대와 장소에 끼친 영향을 인식하는 것 역시 매우 중요하다.

오경은 뿌리를 아브라함에게까지 소급할 수 있는 유대교, 기독교, 이슬람교라는 세 종교 전통에서 사용되었다. 이 모든 전통에서 오경의 이야기, 율법, 주제들은 이 종교 공동체들의 예전적·신학적 궤적을 형성했다. 그러나 그 종교들이 이 유산을 공유하는 반면에, 이 전통들이 성경의 처음 다섯 권의 책들을 이해하고, 사용하고, 해석하는 방식에서는 매우 실제적인 차이들이 존재한다. 오경의 유산은 또한 그 유산을 성스러운 것으로 인식하는 종교 전통들을 훨씬 넘어서는 영역으로까지 확장되었다. 법적·윤리적 논쟁, 정치적·사회적 운동, 예술적·문화적 표현에서 오경의 이야기, 등장인물, 주제들은 많은 사회와 문화의 기본 구조 안으로 스며들었다. 초기 유대교 랍비들과 교부들부터 21세기 할리우드 영화 제작자들에 이르기까지 고대의 이 텍스트들은 놀라운 유산을 산출해왔고 앞으로도 계속 산출할 것이다. 그러한 수용은 오경에 관한 비평적 연구에서 점점 더 중요한 부분이 되고 있다.

더 읽을 자료

유대인들과 그리스도인들이 토라를 어떻게 읽고 사용하는지에 관한 유용한 개론은 카민스키와 로어(Kaminsky and Lohr 2011)의 저술에서 발견될 수 있다. 성경(토라 포함)과 이슬람 간의 관계는 램든(2006)에 의해 탐구된다. 성경과 그 안의 다양한 부분들의 수용에 관한 연구들은 기하급수적으로 증가하고 있다. 이 장의 주제에 관해서 우리는 헨델(Hendel 2013)의 창세기의 "참고문헌" 그리고 랭스턴(Langston 2006)이 제공한 출애굽의 수용사에 관한 연구 같은 문헌들을 참고할 수 있다.

Abegg, M. G., P. Flint/, and E. Ulrich (2002), *The Dead Sea Scrolls Bible,* New York: HaperOne.

Achenbach, R. (2003), *Die Volllendung der Tora: Studien zur Redaktionsgeschichte des Numeribuches im Kontext van Hexateuch und Pentateuch,* BZABR 3, Wiesbaden: Harrassowitz.

Albertz. R. (2014), "Wilderness Material in Exodus (Exodus 15-18)," in T. B. Dozeman, C. A. Evans, and J. N. Lohr (eds), *The Book of Exodus: Composition, Reception, and Interpretation,* VTSup 164, 151-68, Leiden: Brill.

Alexander, P. S. (1990), "Akedah," in R. Coggins, J. L. Houlden (eds), *A Dictionary of Biblical Interpretation,* 44-47, London: SCM.

Alexander, T. D(2012), *From Paradise to the Promised Land: An Introduction to the Pentateuch,* 3rd ed., Grand Rapids, MI: Baker Academic.

Alt, A. ([1934] 1966), "The Origins of Israelite Law," in A. Alt (ed.), *Essays on Old Testament History and Religion,* 101-71, Oxford: Basil Blackwell.

Alter, R. (1981), *The Art of Biblical Narrative,* New York: Basic Books.

Alter, R. (2004), *The Five Books of Moses: A Translation with Commentary,* New

York: Norton.

Anderson, B. A. (2011), *Brotherhood and Inheritance: A Canonical Reading of the Esau and Edom Traditions*, LHBOTS 556, London: T&T Clark.

Anderson, B. A. (2012), "Edom in the Book of Numbers: Some Literary Reflections," *ZAW*, 124(1), 38-51.

Anderson, R. T. and T. Giles (2012), *The Samaritan Pentateuch: An Introduction to Its Origins, History, and Significance for Biblical Studies*, Atlanta, GA: SBL.

Arnold, B. T. (2008), *Genesis*, NCBC, Cambridge, MA: Cambridge University Press.

Assmann, J. (1997), *Moses the Egyptian: The Memory of Egypt in Western Monotheism*, Cambridge, MA: Harvard University Press.

Auerbach, E. (1953), *Mimesis: The Representation of Reality in Western Literature*, Princeton, NJ: Princeton University Press.

Bach, A. (1993), "Good to the Last Drop: Viewing the Sotah (Numbers 5:11-31) as the Glass Half Empty and Wondering How to View It Half Full," in J. C. Exum and D. J. A. Clines (eds), *The New Literary Criticism and the Hebrew Bible*, 26-54, Sheffield: JSOT Press.

Bach, A. (1999), "With a Song in Her Heart. Listening to Scholars Listening for Miriam," in A. Bach (ed.), *Women in the Hebrew Bible*, 419-427, London: Routledge.

Baden, J. S. (2009), *J, E, and the Redaction of the Pentateuch*, FAT 68, Tübingen: Mohr Siebeck.

Baden. J. S. (2012), *The Composition of the Pentateuch: Renewing the Documentary Hypothesis*, New Haven, CT: Yale.

Baden. J. S. (2013), *The Promise to the Patriarchs*, Oxford: Oxford University Press.

Baker, D. W. and B. T. Arnold, eds (1999), *The Face of Old Testament Studies: A Survey of Contemporary Approaches*, Grand Rapids, MI: Baker Academic.

Bakhos, C. (2014), *Ishmael on the Border: Rabbinic Portrayals of the First Arab*, New

York: State University of New York Press.

Bakhos, C. (2014), *The Family of Abraham: Jewish, Christian, and Muslim Interpretations*, Cambridge, MA: Harvard University Press.

Barr, J. (1993), *The Garden of Eden and the Hope of Immortality*, Minneapolis, MN: Fortress, 1993.

Barr, J. (2006), "Is God a Liar (Genesis 2–3)-and Related Matters," *JTS* 57: 1–22.

Barrelt. R. (2012), "The Book of Deuteronomy," in R. S. Briggs, J. N. Lohr (eds). *A Theological Introduction to the Pentateuch: Interpreting the Torah as Christian Scripture*, 145–76, Grand Rapids, MI: Baker Academic.

Barton, J. *Reading the Old Testament: Method in Biblical Study*, rev. edn, Louisville, KY: Westminster John Knox, 1996.

Barton, J. (2003), *Understanding Old Testament Ethics: Approaches and Explorations*, Louisville, KY: Westminster John Knox.

Barton, S. C. and D. Wilkinson, eds (2009), *Reading Genesis after Darwin*, Oxford: Oxford University Press.

Beal, J., ed. (2014), *Illuminating Moses: A History of Reception from Exodus to the Renaissance*, Leiden: Brill.

Berman, J. (2011), "CTH 133 and the Hittite Provenance of Deuteronomy 13," *JBL* 131: 25–44.

Berner, C. (2014), "Exodus, Book of," in C.-L. Seow, et al (eds), *EBR* 8, 428–36.

Berquist, J. L. and C. V. Camp, eds (2008), *Constructions of Space II: The Biblical City and Other Imagined Spaces*, LHBOTS 490, New York: T&T Clark.

Bibb, B. D. (2009), *Ritual Words and Narrative Worlds in the Book of Leviticus*, HBOTS 480, New York: T&T Clark.

Bird, P. (1981), "'Male and Female He Created Them': Gen. 1:27b in the Context of the Priestly Account of Creation," *HTR* 74: 129–59.

Bledstein, A. J. (1993), "Binder, Trickster, Heel and Hairy-Man: Re-reading Genesis 27 as a Trickster Tale Told by a Woman," in A. Brenner (ed.), *A*

Feminist Companion to Genesis, 282–95, Sheffield: Sheffield Academic Press.

Blenkinsopp, J. (1988), *Ezra-Nehemiah: A Commentary*, Louisville, KY: Westminster John Knox, 1988.

Blenkinsopp, J. (1992), *The Pentateuch: An Introduction to the First Five Books of the Bible*, New York: Doubleday.

Blenkinsopp, J. (2002), "A Post-exilic Lay Source in Genesis 1-11," in J. C. Gertz, K. Schmid and M. Witte (eds), *Abschied vom Jahwisten. Die Komposition des Hexateuch in der jüngsten Diskussion*, BZAW 315, 49–61, Berlin: de Gruyter.

Blenkinsopp, J. (2011), *Creation, Uncreation, Re-creation: A Discursive Commentary on Genesis 1-11*, New York: Continuum T&T Clark.

Blenkinsopp, J. (2015), *Abraham: The Story of a Life*, Grand Rapids, MI: Eerdmans.

Blum, E. (1984), *Die Komposition der Vätergeschichte*, WMANT 57, Neukirchen-Vluyn: Neukirchener Verlag.

Blum, E. (1990), *Studien zur Komposition des Pentateuch*, BZAW 189, Berlin: de Gruyter.

Blum, E. (2012), "The Jacob Tradition," in C. A. Evans, J. N. Lohr, and D. L. Petersen (eds), *The Book of Genesis: Composition. Reception, and Interpretation*, VTsup 152, 181–211, Leiden: Brill.

Bolin, T. (2016), "Out of the Wilderness? Some Suggestions for the Future of Pentateuchal Research," in I. Hjelm and T. L. Thompson (eds), *History, Archaeology, and the Bible Forty Years after 'Historicity'*, 47–59, London: Routledge.

Breed, B. W. (2014), *Nomadic Text: A Theory of Biblical Reception History*, Bloomington: Indiana University Press.

Brenner, A. ed. (1993), *A Feminist Companion to Companion Genesis*, Sheffield: Sheffield Academic Press.

Brenner, A. ed. (2000), *A Feminist Companion to Exodus-Deuteronomy*, Sheffield: Sheffield Academic Press.

Briggs, R. S. (2009), "Reading the Sotah text (Numbers 5:11-31): Holiness and a Hermeneutic Fit for Suspicion," *Biblical Interpretation* 17: 288-319.

Briggs, R. S. (2012), "The Book of Genesis: in R. S. Briggs, J. N. Lohr (eds), *A Theological Introduction to the Pentateuch: Interpreting the Torah as Christian Scripture*, 19-50, Grand Rapids, MI: Baker Academic.

Briggs, R. S., J. N. Lohr eds (2012), *A Theological Introduction to the Pentateuch: Interpreting the Torah as Christian Scripture*, Grand Rapids. MI: Baker Academic.

Bright, J. ([1960] 2000), *A History of Israel*, 4th edn, Louisville, KY: Westminster John Knox.

Britt, B. (2004), *Rewriting Moses: The Narrative Eclipse of the Text*, LHBOTS 402, London: T&T Clark.

Brooke, G. J. (2005), *The Dead Sea Scrolls and the New Testament*, Minneapolis, MN: Fortress.

Brownson, J. V. (2013), *Bible, Gender, Sexuality: Reframing the Church's Debate on Same-Sex Relationships*, Grand Rapids, Ml: Eerdmans.

Brueggemann, W. (1982), *Genesis*, lBC, Atlanta, GA: John Knox.

Brueggemann, W. (1995), "Pharaoh as Vassal: A Study of a Political Metaphor," *CBQ* 57: 27-51.

Brueggemann, W. (1997), *Theology of the Old Testament: Testimony, Dispute, Advocacy*, Minneapolis. MN: Fortress.

Byron, J. (2012), "Cain and Abel in Second Temple Literature and Beyond," in C. A. Evans, J. N. Lohr, and D. L. Petersen (eds), *The Book of Genesis: Composition, Reception, and Interpretation*, VTsup 152, 331-51, Leiden: Brill.

Callender, D. E. ed. (2014), *Myth and Scripture: Contemporary Perspectives on*

최신 오경 연구 개론

Religion, Language, and Imagination, Atlanta, GA: SBL.

Calvin, J. ([1554] 1850), *Commentaries on the First Book of Moses Called Genesis*, vol. 2, Edinburgh: Calvin Translation Society, .

Calvin, J. ([1536] 1960), *Institutes of the Christian Religion*, Philadelphia, PA: Westminster.

Campbell, A. and O'Brien, M. (1993), *Sources of the Pentateuch: Texts, Introductions, Annotations*, Minneapolis, MN: Augsburg.

Carr, D. M. (1996), *Reading the Fractures of Genesis: Historical and Literary Approaches*, Louisville, KY: Westminster John Knox.

Carr, D. M. (2010), *Introduction to the Old Testament: Sacred Texts and Imperial Contexts of the Hebrew Bible*, Oxford: Blackwell.

Carr, D. M. (2011), *The Formation of the Hebrew Bible: A New Reconstruction*, New York: Oxford University Press.

Carr, D. M. (2014), *Holy Resilience: The Bibles Traumatic Origins*, New Haven, CT: Yale University Press.

Carr, D. M. (2015) "Changes in Pentateuchal Criticism," in M. Saebo (ed.), *Hebrew Bible, Old Testament: The History of Its Interpretation*, Vol. 3.2, *The Twentieth Century*, 433-66, Göttingen: Vandenhoeck & Ruprecht.

Chancey, M. A., C. Meyer, and E. Meyers, eds (2014), *The Bible in the Public Square: Its Enduring Influence in American Life*, Atlanta, GA: SBL.

Charlesworth, J. H. (ed.). *The Old Testament Pseudepigrapha*, 2 vols, New York: Doubleday, 1983.

Childs, B. S. (1974), *Exodus: A Critical, Theological Commentary*, OTL, Louisville, KY: Westminster lohn Knox.

Childs, B. S. (1985), *Old Testament Theology in a Canonical Context*, Philadelphia, PA: Fortress.

Clifford, R. J. (2012), "Genesis 37-50: Joseph Story or Jacob Story?," in C. A. Evans, J. N. Lohr, and D. L. Petersen (eds), *The Book of Genesis: Composition,*

Reception, and Interpretation, VTsup 152, 213-29, Leiden: Brill.

Clines, D. J. A. (1968), "The Image of God in Man," *Tyndale Bulletin* 19: 53-103.

Clines, D. J. A. (1990), "The Ancestor in Danger: But Not the Same Danger," in D. J. A. Clines (ed.), *What Does Eve Do to Help? and Other Readerly Questions to the Old Testament*, 67-84, Sheffield: Sheffield Academic Press.

Clines, D. J. A. (1995), "The Ten Commandments. Reading from Left to Right," in D. J. A. Clines (ed.), *Interested Parties: The Ideology of Writers and Readers of the Hebrew Bible*, 26-45, Sheffield: Sheffield Academic Press.

Clines, D. J. A. (1997), *The Theme of the Pentateuch*, 2nd rev. edn, JSOTSup 10, Sheffield: Sheffield Academic Press.

Clines, D. J. A. "Contemporary Methods in Hebrew Bible Criticism," in M. Saebo (ed.), *Hebrew Bible, Old Testament: The History of Its Interpretation*, Vol. 3.2, *The Twentieth Century*, 148-69, Göttingen: Vandenhoeck & Ruprecht.

Coats, G. W. (1968), *Rebellion in the Wilderness: The Murmuring Motif in the Wilderness Traditions of the Old Testament*, Nashville, TN: Abingdon.

Coats, G. W. (1988), *Moses: Heroic Man, Man of God*, JSOTSup 57, Sheffield: JSOT Press.

Coffey, J. (2014), *Exodus and Liberation: Deliverance Politics from John Calvin to Martin Luther King Jr*, New York: Oxford University Press.

Collins, J. J. (2014), *Introduction to the Hebrew Bible*, 2nd edn, Minneapolis, MN: Fortress.

Crawford, S. W. (2007), "The Use of the Pentateuch in the Temple Scroll and the   Damascus Document in the Second Century B.C.E," in G. N. Knoppers and B. M. Levinson (eds), *The Pentateuch as Torah: New Models for Understanding Its Promulgation and Acceptance*, 301-17, Winona Lake: Eisenbrauns, , .

Cross, F. M. (1973), *Canaanite Myth and Hebrew Epic: Essays in the History of the*

최신 오경 연구 개론

Religion of Israel, Cambridge. MA: Harvard University Press.

Cross, F. M. (1981), "The Priestly Tabernacle in the Light of Recent Research," in A. Biran (ed.), *Temples and High Places in Biblical Times: Proceedings of the Colloquium in Honor of the Centennial of Hebrew Union College - Jewish Institute of Religion, Jerusalem, 14-16 March 1977*, 169–80, Jerusalem: Nelson Glueck School of Biblical Archaeology of Hebrew Union College – Jewish Institute of Religion.

Crouch, C. L. (2014), *Israel and the Assyrians: Deuteronomy, the Succession Treaty of Esarhddon, and the Nature of Subversion*, Atlanta, GA: SBL.

Dalton, R. W. (2015), *Children's Bibles in America: A Reception History of the Story of Noah's Ark in US Children, Bibles*, Scriptural Traces, London: Bloomsbury T&T Clark.

Davies, G. I. (1979), *The Way of the Wilderness: A Geographical Study of the Wilderness Itineraries in the Old Testament*, Cambridge, MA: Cambridge University Press.

Davies, G. I. (1992a), "Sinai, Mount," in D. N. Freedman (ed.), *ABD* 6: 47–9.

Davies, G. I. (1992b), "Wilderness Wanderings," in D. N. Freedman (ed.), *ABD* 6: 912–914.

Davis, E. F. (2009), *Scripture, Culture, and Agriculture: An Agrarian Reading of the Bible*, New York: Cambridge University Press.

Dawkins, R. (2006), *The God Delusion*, Boston, MA: Houghton Mifflin.

Day, J. (2013), *From Creation to Babel: Studies in Genesis 1-11*, London: Bloomsbury T&T Clark.

Douglas, M. ([1966] 2002), *Purity and Danger: An Analysis of the Concepts of Pollution and Taboo*, London: Routledge.

Douglas, M. (1993a), "The Forbidden Animals in Leviticus," *JSOT* 59: 3–23.

Douglas, M. (1993b), *In the Wilderness: The Doctrine of Defilement in the Book of Numbers*, Oxford: Oxford University Press.

Douglas, M. (1999), *Leviticus as Literature*, Oxford: Oxford University Press.

Dowling Long, S. (2013), *The Sacrifice of Isaac: The Reception of a Biblical Story in Music*, Sheffield: Sheffield Phoenix.

Dozeman, T. B. (2009), *Exodus*, Eerdmans Critical Commentary, Grand Rapids, MI: Eerdmans.

Dozeman, T. B. ed. (2010), *Methods for Exodus,* New York: Cambridge University Press.

Dozeman, T. B. (2011), "The Priestly Wilderness Itineraries and the Composition of the Pentateuch," in T. B. Dozeman, K. Schmid, B. J. Schwartz (eds), *The Pentateuch: International Perspectives on Current Research*. FAT 78, 257-88, Tübingen: Mohr Siebeck.

Dozeman, T. B. and K. Schmid (2006), *A Farewell to the Yahwist? The Composition of the Pentateuch in Recent European Interpretation*, SBLSymS 34, Atlanta. GA: SBL.

Dozeman, T. B., Römer, T. and K. Schmid, eds. (2011), *Pentateuch. Hexateuch, or Enneateuch? Identifying Literary Works in Genesis through Kings*, Atlanta, GA: SB.

Dozeman, T. B., C. A. Evans, and J. N. Lohr, eds (2014), *The Book of Exodus: Composition. Reception. and Interpretation*, VTSup 164, Leiden: Brill.

Edelman, D. (2012), "Exodus and Pesach-Massot as Evolving Social Memory," in C. Levin and E. Ben Zvi (eds), *Remembering (and Forgetting) in Judah's Early Second Temple Period*, FAT 85, 161-93 Tübingen: Mohr Siebeck.

Edelman, D., P. R. Davies, C. Nihan, and T. Römer (2012), *Opening the Books of Moses,* BibleWorld, Sheffield: Equinox.

Edwards, K. B. (2012), *Admen and Eve: The Bible in Contemporary Advertising*, Sheffield: Sheffield Phoenix.

England, E. and W. J. Lyons (2015), *Reception History and Biblical Studies: Theory and Practice*, Scriptural Traces, London: Bloomsbury T&T Clark.

Evans, C. A., J. N. Lohr, and D. L. Petersen, eds (2012), *The Book of Genesis: Composition, Reception, and Interpretation*, VTSup 152, Leiden: Bril.

Exum, J. C. (1999), "Who's Afraid of the Endangered Ancestress?," in A. Bach (ed.), *Women in the Hebrew Bible*, 141–58, London: Routledge.

Exum, J. C. (2016), *Fragmented Women: Feminist (Sub)versions of Biblical Narratives*, 2nd edn, London: Bloomsbury T&T Clark.

Exum, J. C. and J. W. Whedbee (1990), "On Humour and the Comic in the Hebrew Bible," in Y. T. Radday, A. Brenner (eds), *On Humour and the Comic in the Hebrew Bible*, JSOTSup 92, 125–41, Sheffield: Almond Press.

Fewell. D. N. (1998), "Changing the Subject: Retelling the Story of Hagar the Egyptian," in A. Brenner (ed.), *Genesis: A Feminist Companion to the Bible* (Second Series), 182–94, Sheffield: Sheffield Academic Press.

Fischer, I. ([1995] 2005), *Women Who Wrestled with God: Biblical Stories of Israel's Beginning*, Collegeville: Liturgical.

Fishbane, M. (1975), "Composition and Structure in the Jacob Cycle (Gen. 25:19–35:22)," *JJS*, 26: 15–38.

Fishbane, M. (2003), *Biblical Myth and Rabbinic Mythmaking*, Oxford: Oxford University Press.

Firestone, R. (1989), "Abraham's Son as the Intended Sacrifice (al-dhabih [Qur'an 37:99–113]): Issues in Qur'anic Exegesis," *JSS*, 89: 95–131.

Fleming, D. E. (2012), *The Legacy of Israel in Judah's Bible: History, Politics, and the Reinscribing of Tradition*, New York: Cambridge University Press.

Fokkelman, J. P. (1975), *Narrative Art in Genesis: Specimens of Stylistic and Structural Analysis*, Assen: Van Gorcum.

Fox, M. N. (2012), "Joseph and Wisdom," in C. E. Evans, J. N. Lohr, and D. L. Petersen (ed.), *The Book of Genesis: Composition, Reception, and Interpretation*, VTSup 152, 231–62, Leiden: Brill.

Freedman, D. N. (1962), "Pentateuch," in *The Interpreter's Dictionary of the Bible*, vol. 3: 711-27, Nashville, TN: Abingdon.

Frei, P. (1984), "Zentralgewalt und Lokalautonomie im Achämenidenreich," in P. Frei and K. Koch (eds), *Reichsidee und Reichsorganisation im Perserreich*, OBO 55, 7-43, Fribourg: Universitätsverlag.

Fretheim, T. E. (1988), *Exodus*, IBC, Louisville, KY: Westminster John Knox.

Fretheim, T. E. (1991), "The Plagues as Historical Signs of Ecological Disaster," *JBL*, 110: 385-96.

Fretheim, T. E. (1994a), "The Book of Genesis," in *The New Interpreter's Bible*, vol. 1: 319-674, Nashville, TN: Abingdon.

Fretheim, T. E. (1994b), "Is Genesis 3 a Fall Story?," *Word and World*, 14(2): 144-53.

Fretheim, T. E. (1996), *The Pentateuch*, Nashville, TN: Abingdon.

Fretheim, T. E. (2010), *Creation Untamed: The Bible, God, and Natural Disasters*, Grand Rapids. MI: Baker Academic.

Fretheim, T. E. (2012), "Genesis and Ecology," in C. E. Evans, J. N. Lohr, and D. L. Petersen (eds), *The Book of Genesis: Composition, Reception, and Interpretation*, VTSup 152, 683-706, Leiden: Brill.

Freud, S. (1939), *Moses and Monotheism*, New York: Random House.

Frevel, C. and C. Nihan, eds (2013), *Purity and the Forming of Religious Traditions in the Ancient Mediterranean World and Ancient Judaism*, Leiden: Brill.

Frevel, C. T. Pola, and A. Schart, eds (2013), *Torah and the Book of Numbers*, FAT II/62, Tübingen: Mohr Siebeck.

Friedman, R. E. (2003), *The Bible with Sources Revealed*, San Francisco, GA: HarperOne.

Gennep, A. van (1960), *The Rites of Passage*, Chicago, IL: University of Chicago Press.

George, M. K. (2009), *Israel's Tabernacle as Social Space*, Atlanta. GA: SBL.

Geraty, L. T. (2015), "Exodus Dates and Theories," in T. E. Levy, T. Schneider, and W. H. C. Propp (eds), *Israel's Exodus in Transdisciplinary Perspective: Text, Archaeology, Culture and Geoscience*, 55-64, New York: Springer.

Gertz, J. C. (2000), *Tradition und Redaktion in der Exoduserzählung. Untersuchungen zur Endredaktion des Pentateuch*, Göttingen: Vandenhoeck & Ruprecht.

Gertz, J. C. (2011), "Source Criticism in the Primeval History of Genesis: An Outdated Paradigm for the Study of the Pentateuch?," in T. Dozeman, K. Schmid, and B. Schwartz (eds), *The Pentateuch: International Perspectives on Current Research*, FAT 78, 169-80, Tübingen: Mohr Siebeck.

Gertz, J. C. (2012), "The Formation of the Primeval History," in C. E. Evans, J. N. Lohr, and D. L. Petersen (eds), *The Book of Genesis: Composition, Reception, and Interpretation*, VTSup 152, 107-36, Leiden: Brill.

Gertz, J. C. (2014), "Elohist (E)," in C.-L. Seow. et al (eds), *EBR*, 7:777-81.

Gertz, J. C., K.Schmid, and M. Witte, eds (2002), *Abschied vom Jahwisten. Die Komposition des Hexateuch in der jüngsten Diskussion*, BZAW 315, Berlin: de Gruyter.

Gertz, J. C., A. Berlejung, K. Schmid, and M. Witte, *T&T Clark Handbook of the Old Testament: An Introduction to the Literature. Religion and History of the Old Testament*. London: T&T Clark.

Gillingham, S. E. (1998), *One Bible, Many Voices: Different Approaches to Biblical Studies*, London: SPCK.

Giuntoli, F. and K. Schmid, eds (2015), *The Post-Priestly Pentateuch: New Perspectives on Its Redactional Development and Theological Profiles*, FAT 101, Tübingen: Mohr Siebeck.

Goodman, M., G. H. van Kooten, and T. A. G. M. van Ruiten, eds (2010), *Abraham, the Nations and the Hagarites: Jewish, Christian, and Islamic Perspectives on Kinship with Abraham*, Leiden: Brill.

Gottwald, N. K. (1979), *The Tribes of Yahweh: A Sociology of Religion of Liberated*

Israel 1250-1050 BCE, Maryknoll: Orbis.

Grabbe, L. L. (2014), "Exodus and History," in T. B. Dozeman, C. A. Evans, and J. N. Lohr (eds), *The Book of Exodus: Composition, Reception, and Interpretation*, VTSup 164, 61-87, Leiden: Brill.

Green, A. R. W. (1975), *The Role of Human Sacrifice in the Ancient Near East*, Atlanta: Scholars Press.

Greenspahn, F. E. (1994), *When Brothers Dwell Together: The Preeminence of Younger Siblings in the Hebrew Bible*, Oxford: Oxford University Press.

Gudme, A. K. H. (2013), "A Kind of Magic? The Law of Jealousy in Numbers 5:11-31 as Magical Ritual and as Ritual Text," in H. R. Jacobus, A. K. H. Gudme, and P. Guillaurne (eds), *Studies on Magic and Divination in the Biblical World*, 149-67, Piseataway: Gorgias.

Gunkel, H. ([1901] 1964), *The Legends of Genesis: The Biblical Saga and History*, 6th edn, New York: Schocken.

Gunkel, H. ([1910] 1997), *Genesis*, trans. Mark E. Biddle, Macon: Mercer University Press.

Gunn, D. M. and D. N. Fewell (1993), *Narrative in the Hebrew Bible*, Oxford: Oxford University Press.

Gutiérrez, G. (1974), *A Theology of Liberation*, London: SCM.

Habel, N. C. (2009), *An Inconvient Text: Is a Green Reading of the Bible Possible?*, Adelaide: ATF Press.

Habel, N. C. (2011), *The Birth, the Curse and the Greening of Earth: An Ecological Reading of Genesis 1-11*, Sheffield: Phoenix.

Hackett, J. A. (1984), *The Balaam Text from Deir 'Alla*, Chico: Scholars.

Hagedorn, A. C. and R. G. Kratz, eds (2013), *Law and Religion in the Eastern Mediterranean: From Antiquity to Early Islam*, Oxford: Oxford University Press.

Harris, M. (2013), *The Nature of Creation: Examining the Bible and Science*,

Oxford: Routledge.

Hauser, A. J. and D. F. Watson (2003), *A History of Biblical Interpretation*, Vol. 1, *The Ancient Period*, Grand Rapids, MI: Eerdmans.

Hauser, A. J. and D. F. Watson (2009), *A History of Biblical Interpretation*, Vol. 2, *The Medieval through the Reformation Periods*, Grand Rapids. MI: Eerdmans.

Hawting, G. (2010), "The Religion of Abraham and Islam," in M. Goodman, G. H. van Kooten, and T. A. G. M. van Ruiten (eds), *Abraham, the Nations, and the Hagarites: Jewish, Christian, and Islamic Perspectives on Kinship with Abraham*, 477–501, Leiden: Brill.

Hays, C. B. (2014), *Hidden Riches: A Sourcebook for the Comparative Study of the Hebrew Bible and the Ancient Near East*, Louisville, KY: Westminster John Knox.

Hayward, C. T. R. (2012), "Genesis and Its Reception in Jubilees," in C. E. Evans, J. N. Lohr, and D. L. Petersen (eds), *The Book of Genesis: Composition, Reception, and Interpretation*, VTSup 152, 375–404, Leiden: Brill.

Heard, R. C. (2001), *Dynamics of Diselection: Ambiguity in Genesis 12-36 and Ethnic Boundaries in Post-Exilic Judah*, Atlanta, GA: SBL.

Hendel, R. (2005), *Remembering Abraham: Culture, Memory and History in the Bible*, Oxford: Oxford University Press.

Hendel, R., ed. (2010), *Reading Genesis: Ten Methods*, Cambridge, MA: Cambridge University Press.

Hendel, R. (2011), "Is the 'J' Primeval Narrative an Independent Composition? A Critique of Crüsemann's 'Die Eigenständigkeit der Urgeschichte'," in T. B. Dozeman, K. Schmid, and B. J. Schwartz (eds), *The Pentateuch: International Perspectives on Current Research*, FAT 78, 181–205, Tübingen: Mohr Siebeck.

Hendel, R. (2013), *The Book of Genesis: A Biography*, Lives of Great Religious

Books, Princeton, NJ: Princeton University Press.

Hendel, R. (2015), "The Exodus as Cultural Memory: Egyptian Bondage and the Song of the Sea," in T. E. Levy, T. Schneider, and W. H. C Propp (eds.), *Israel's Exodus in Transdisciplinary Perspective: Text, Archaeology, Culture and Geoscience*, 65-77, New York: Springer.

Hoffmeier, J. (2005), *Ancient Israel in Sinai: The Evidence for the Authenticity of the Wilderness Tradition*, Oxford: Oxford University Press.

Hughes, A. W. (2012), *Abrahamic Religions: On the Uses and Abuses of History*, Oxford: Oxford University Press.

Humphreys, W. L. (2001), *The Character of God in the Book of Genesis: A Narrative Appraisal*, Louisville, KY: Westminster John Knox.

Hurwitz, A. (1982), *A Linguistic Study of the Relationship between the Priestly Source and the Book of Ezekiel: A New Approach to an Old Problem*. Paris: Cahiers de la Revue Biblique.

Jacobs, M. R. (2007), *Gender, Power, and Persuasion: The Genesis Narratives and Contemporary Portraits*, Grand Rapids, MI: Baker Academic.

Johnstone, W. (1990), *Exodus*, Sheffield: Sheffield Academic Press.

Johnstone, W. (1990), "The Revision of Festivals in Exodus 1-24," in R. Albertz, and B. Beeking (eds.), *Yahwism after the Exile: Perspectives on Israelite Religion in the Persian Period*, 99-114, Assen: Van Gorcum.

Johnstone, W. (2014), *Exodus 1-19*, Macon: Smyth & Helwys.

Kaminsky, J. S. (2007), *Yet I Loved Jacob: Reclaiming the Biblical Concept of Election*, Nashville, TN: Abingdon.

Kaminsky, J. S. (2008), "Loving One's (Israelite) Neighbor: Election and Commandment in Leviticus 19," *Interpretation* 62(2): 123-32.

Kaminsky, J. S. and J. N. Lohr (2011), *The Torah: A Beginner's Guide*, Oxford: OneWorld.

Kartveit, M. (2009), *The Origin of the Samaritans*, VTSup 128, Leiden: Brill.

Kazen, T. (2019), "The Role of Law in the Formation of the Pentateuch and the Canon," in P. Barmash (ed.), *The Oxford Handbook of Biblical Law*, New York: Oxford University Press.

Klawans, J. (2000), *Impurity and Sin in Ancient Judaism*, Oxford: Oxford University Press.

Klawans, J. (2006), *Purity, Sacrifice, and the Temple: Symbolism and Supersessionism in the Study of Ancient Judaism*, Oxford: Oxford University Press.

Klein, R. W. (1996), "Back to the Future: The Tabernacle in the Book of Exodus," *Interpretation* 50(3): 264-76.

Knauf, E. A. (2010), "Exodus and Settlement," in L. L. Grabbe (ed.), *Israel in Transition: From Late Bronze II to Iron IIA (ca. 1250-850 BCE)*, Vol. 2, *The Text*, LHBOTS 521, 241-50, London: T&T Clark.

Knoppers, G. N. (2011), "Parallel Torahs and Inner-Scriptural Interpretation: The Jewish and Samaritan Pentateuchs in Historical Perspective," in T. B. Dozeman, K. Schmid, B. J. Schwartz (eds), *The Pentateuch: International Perspectives on Current Research*, FAT 78, 507-31, Tübingen: Mohr Siebeck.

Knoppers, G. N. (2013), *Jews and Samaritans: The Origins and History of Their Early Relations*, Oxford: Oxford University Press.

Knoppers, G. N. and B. M. Levinson, eds(2007), *The Pentateuch as Torah: New Models for Understanding Its Promulgation and Acceptance*, Winona Lake: Eisenbrauns.

Kratz, R. G. ([2000] 2005), *The Composition of the Historical Books of the Old Testament*, London: T&T Clark.

Kratz, R. G. (2011), "The Pentateuch in Current Research: Consensus and Debate," in T. B. Dozeman, K. Schmid, and B. J. Schwartz (eds), *The Pentateuch: International Perspectives on Current Research*, FAT 78, 31-61, Tübingen: Mohr Siebeck.

Laffey, A. (1998), *The Pentateuch: A Liberation-Critical Reading*, Minneapolis, MN: Fortress.

Lambden, S. N. (2006), "Islam," in J. E. A. Sawyer (ed.), *The Blackwell Companion to the Bible and Culture*, Oxford: Blackwell.

Langston, S. M. (2006), *Exodus through the Centuries*, Blackwell Bible Commentaries, Oxford: Blackwell.

Lapsley, J. E. (1998), "The Voice of Rachel. Resistance and Polyphony in Genesis 31: 14-35," in A. Brenner (ed.), *Genesis: A Feminist Companion to the Bible* (Second Series), , Sheffield Academic Press.

Lemmelijn, B. (2009), *A Plague of Texts? A Text-Critical Study of the So-Called "Plagues Narrative" in Exodus 7:14-11:10*, Leiden: Brill.

Levenson, J. D. (1985), *Sinai and Zion: An Entry into the Hebrew Bible*, New York: Harper and Row.

Levenson, J. D. (1993a), *The Death and Resurrection of the Beloved Son: The Transformation of Child Sacrifice in Judaism and Christianity*, New Haven, CT: Yale.

Levenson, J. D. (1993b), *The Hebrew Bible. The Old Testament, and Historical Criticism: Jews and Christians in Biblical Studies*, Louisville, KY: Westminster John Knox.

Levenson, J. D. (2012), *Inheriting Abraham: The Legacy of the Patriarch in Judaism, Christianity, and Islam*, Princeton, NI: Princeton University Press.

Levin, C. (1993), *Der Jahwist*, Göttingen: Vandenhoeck und Ruprecht.

Levine, B. A. (1993), *Numbers 1-20*, AB, New York: Doubleday.

Levine, B. A. (2000), *Numbers 21-36*, AB, New Haven, CT: Yale University Press.

Levine, B. A. (2003), *Leviticus*, JPSTC, Philadelphia, PA: Jewish Publication, Society.

Levinson, B. M. (1997), *Deuteronomy and the Hermeneutics of Legal Revision*, Oxford: Oxford University Press.

Levinson, B. M. and J. Stackert (2012), "Between the Covenant Code and Esarhaddon's Succession Treaty: Deuteronomy 13 and the Composition of Deuteronomy," *JAJ*, 3: 133-6.

Levy, T. E., T. Schneider, and W. H. C. Propp, eds (2015), *Israel's Exodus in Transdisciplinary Perspective: Text, Archaeology, Culture and Geoscience*, New York: Springer.

Lohfink, N. (1994), *Theology of the Pentateuch: Themes of the Priestly Narrative and Deuteronomy*, Edinburgh: T&T Clark.

Lohr, J. N. (2009), *Chosen and Unchosen: Concepts of Election in the Pentateuch and Jewish-Christian Interpretation*, Siphrut 2, Winona Lake: Eisenbrauns.

Lohr, J. N. (2012), "The Book of Leviticus," in R. S. Briggs, and J. N. Lohr (eds.), *A Theological Introduction to the Pentateuch: Interpreting the Torah as Christian Scripture*, 83-112, Grand Rapids, MI: Baker Academic.

Lohr. J. N. (2015), "Theology of Law," in B. A. Strawn (ed.), *The Oxford Encyclopedia of the Bible and Law*, Vol. 2, 374-84, Oxford: Oxford University Press.

Lundbom, J. R. (2013), *Deuteronomy: A Commentary*. Grand Rapids. MI: Eerdrnans.

MacDonald, N. (2012a), "The Book of Numbers," in R. S. Briggs and J. N. Lohr (eds.), *A Theological Introduction to the Pentateuch: Interpreting the Torah as Christian Scripture*, 113-44, Grand Rapids, MI: Baker Academic.

MacDonald, N. (2012b), "The Hermeneutics and Genesis of the Red Cow Ritual in Numbers 19," *HTR* 105: 35-71.

MacDonald, N. (2013), "A Text in Search of Context: The Imago Dei in the First Chapters of Genesis," in D. Baer and R. P. Gordon (eds), *Leshon Limmudim: Essays in the Language and Literature of the Hebrew Bible in Honour of A. A. Macintosh*, LHBOTS 593, 3-16, London: T&T Clark.

Matthews, V. H. and D. C. Benjamin (2006), *Old Testament Parallels: Laws and*

Stories from the Ancient Near East, 3rd edn, Mahwah: Paulist.

McCarthy, D. J. (1978), *Treaty and Covenant: A Study in Form in the Ancient Oriental Documents and in the Old Testament*, 2nd edn, Rome: Biblical Institute.

Mendenhall, G. E. and G. A. Herion, "Covenant," in D. N. Freedman (ed.), *ABD* 1: 1179-202.

Meyers, C. (1988), *Discovering Eve: Ancient Israelite Women in Context*, Oxford: Oxford University Press.

Meyers, C. (2005), *Exodus*, NCBC, Cambridge, MA: Cambridge University Press.

Middleton, J. R. (2005), *The Liberating Image: The Imago Dei in Genesis 1*, Grand Rapids, MI: Brazos.

Milgrom, J. (1990), *Numbers*, JPSTC, Philadelphia, PA: Jewish Publication Society.

Milgrom, J. (1993), "The Rationale for Biblical Impurity," *JANES*, 22: 107-11.

Milgrom, J. (1998), *Leviticus 1-16*, AB, New York: Doubleday.

Milgrom, J. (2000), *Leviticus 17-22*, AB, New Haven, CT: Yale University Press.

Milgrorm, J. (2001), *Leviticus 23-27*, AB, New Haven, CT: Yale University Press.

Miller, P. D. (1978), *Genesis 1-11: Studies in Structure and Theme*, JSOTSup 8, Sheffield: University of Sheffield.

Miller, P. D. (1990), *Deuteronomy*, IBC, Louisville, KY: John Knox.

Miller, P. D. (2000), "God's Other Stories: On the Margins of Deuteronomic Theology," in P. D. Miller, *Israelite Religion and Biblical Theology: Collected Essays*, JSOTSup 267, 593-602, Sheffield: Sheffield Academic Press.

Miller, P. D. (2009), *The Ten Commandments*, Louisville, KY: Westminster John Knox.

Mirza, Y. Y. (2013), "Ishmael as Abraham's Sacrifice: Ibn Taymiyya and Ibn Kathir on the Intended Victim," *Islam and Christian-Muslim Relations* 24(3): 277-98.

Moberly, R. W. L. (1988), "Did the Serpent Get it Right?," *JTS*, 39(1): 1–27.

Moberly, R. W. L. (1992a), *Genesis 12-50*, OTG, Sheffield: Sheffield Academic Press.

Moberly, R. W. L. (1992b), *The Old Testament of the Old Testament: Patriarchal Narratives and Mosaic Yahwism*, Minneapolis, MN: Fortress.

Moberly, R. W. L. (2000), *The Bible, Theology, and Faith: A Study of Abraham and Jesus*, Cambridge, MA: Cambridge University Press.

Moberiy, R. W. L. (2009), *The Theology of the Book of Genesis*, Cambridge. MA: Cambridge University Press.

Moberly. R. W. L. (2013), *Old Testament Theology: Reading the Hebrew Bible as Christian Scripture*, Grand Rapids, MI: Baker Academic.

Moshier, S. O. and J. K. Hoffmeier (2015), "Which Way Out of Egypt? Physical Geography Related to the Exodus Itinerary," in T. E. Levy, T. Schneider, and W. H. C. Propp (eds), *Israel's Exodus in Transdisciplinary Perspective: Text, Archaeology, Culture and Geoscience*, 101–8, New York: Springer.

Moyise, S. (2013), *An Introduction to Biblical Studies*, 3rd edn, T&T Clark Approaches to Biblical Studies, London: Bloomsbury T&T Clark.

Moyise, S. (2015), *The Old Testament in the New: An Introduction*, 2nd edn, T&T Clark Approaches to Biblical Studies, London: Bloomsbury T&T Clark.

Na'aman, N. (2011), "The Exodus Story: Between Historical Memory and Historiographical Composition," *Journal of Ancient Near Eastern Religions* 11: 39–69.

Nicholson, E. W. (1998), *The Pentateuch in the Twentieth Century: The Legacy of Julius Wellhausen*, Oxford: Clarendon.

Niditch, S. (1987), *Underdogs and Tricksters: A Prelude to Biblical Folklore*, San Francisco, GA: Harper & Row.

Nihan, C. (2007), *From Priestly Torah to Pentateuch: A Study in the Composition of the Book of Leviticus*, FAT II, 25, Tübingen: Mohr Siebeck.

Noth, M. ([1954] 1960), *The History of Israel*, London: A. C. Black.

Noth, M. ([1966] 1968), *Numbers*, London: SCM.

Noth, M. ([1948] 1972), *A History of Pentateuchal Traditions*, Englewood Cliffs: Prentice-Hall.

Noth, M. ([1943] 1981), *The Deuteronomistic History*, Sheffield: Sheffield Academic Press.

Olson, D. T. (1985), *The Death of the Old and the Birth of the New: The Framework of the Book of Numbers and the Pentateuch*, Atlanta, GA: Scholars.

Olson, D. T. (1996), *Numbers*, IBC, Louisville. KY: Westminster John Knox.

Otto, E. (2000), *Das Deuteronomium in Pentateuch und Hexateuch: Studien zur Literaturgeschichte von Pentateuch und Hexateuch im Lichte des Deuteronomiumrahmens*, FAT 30, Tübingen: Mohr Siebeck.

Otto, E. (2013), "The Books of Deuteronomy and Numbers in One Torah," in C. Frevel, T. Pola, and A. Schart (eds), *Torah and the Book of Numbers*, FAT II/62, 383-97, Tübingen: Mohr Siebeck.

Pakkala, J. (2011), "The Quotations and References of the Pentateuchal Laws in Ezra-Nehemiah," in H. von Weissenberg, J. Pakkala, and M. Marttila (eds), *Changes in Scripture: Rewriting and Interpreting Authoritative Traditions in the Second Temple Period*, BZAW 419, 193-221, Berlin: De Gruyter.

Patrick, D. (1985), *Old Testament Law*, Atlanta, GA: John Knox.

Person R. E. and K. Schmid, eds (2012), *Deuteronomy in the Pentateuch, Hexateuch, and the Deuteronomistic History*, FAT 56, Tübingen: Mohr Siebeck.

Pixley, G. V. (1987), *On Exodus: A Liberation Perspective*, Maryknoll: Orbis Books.

Pleins, J. D. (2003), *When the Great Abyss Opened: Classic and Contemporary Readings of Noah's Flood*, Oxford: Oxford University Press.

Pola, T. (1995), *Die ursprüngliche Priesterschrift: Beobachtungen zur Literarkritik und Traditionsgeschichte von Pg*, WMANT 70, Neukirchen-Vluyn: Neukircbener Verlag.

최신 오경 연구 개론

Pritchard. J. B. ed. (1969), *Ancient Near Eastern Texts Relating to the Old Testament*, 3rd edn, Princeton, NI: Princeton University Press.

Propp, W. H. C. (1999), *Exodus 1-18*, AB, New York: Doubleday.

Rad, G. von ([1938] 1966), "The Form Critical Problem of the Hexateuch," in G. von Rad, The Problem of the HExateuch and Other Essay, 1-78. New Yotk: Oliver and Boyd.

Rad, G. von ([1956] 1972), *Genesis: A Commentary*, OTL, London: SCM.

Rad, G. von ([1957] 1975), *Old Testament Theology*, London: SCM.

Reed, R. W. (2010), *A Clash of Ideologies: Marxism, Liberation Theology and Apocalypticism in New Testament Studies*, Eugene: Pickwick.

Rendsburg, G. A. (1988), "The Egyptian Sun-God Ra in the Pentateuch," *Henoch* 10: 3-15.

Rendtortff, R. ([1977] 1990), *The Problem of the Process of Transmission in the Pentateuch*, JSOTSup 89, Sheffield: Sheffield Academic Press.

Rendtortf, R. and J. A. Kugler, eds (2006), *The Book of Leviticus: Composition and Reception*, VTSup 93, Leiden: Brill.

Rogerson, J. (1974), *Myth in Old Testament Interpretation*, BZAW 134, Berlin: de Gruyter.

Rogerson, J. (1991), *Genesis 1-11*, OTG, Sheffield: Sheffield Academic Press.

Römer, T. (1990), *Israels Vater: Untersuchungen zur Vaterthematik im Deuteronomium und in der deuteronomistischen Tradition*, OBO 99, Freiburg and Göttingen: Vandenhoeck & Ruprecht.

Römer, T., ed. (2000), *The Future of the Deuteronomistic History*, Leuven: Peeters.

Römer, T. (2005), *The So-Called Deuteronomistic History: A Sociological, Historical, and Literary Introduction*, London: T&T Clark.

Römer, T. (2006), "The Elusive Yahwist: A Short History of Research," in T. B. Dozeman and K. Schmid (eds), *Farewell to the Yahwist? The Composition of the Pentateuch in Recent European Interpretation*, SBLSymS 34, 9-27,

Atlanta, GA: SBL.

Römer, T. ed. (2008), *The Books of Leviticus and Numbers*, BETL 215, Leuven: Peeters.

Römer, T. (2011a), "How Many Books (teuchs): Pentateuch, Hexateuch, Deuteronomistic History, or Enneateuch?," in T. B. Dozeman, T. Römer, and K. Schmid (eds), *Pentateuch, Hexateuch, or Enneateuch? Identifying Literary Works in Genesis through Kings*, 25-42, Atlanta. GA: SBL.

Römer, T. (2011b), "Extra-Pentateuchal Biblical Evidence for the Existence of a Pentateuch? The Case of the 'Historical Summaries'," in T. B. Dozeman, K. Schmid, and B. J. Schwartz (eds), *The Pentateuch: International Perspectives all Current Research*, FAT 78, 471-88, Tübingen: Mohr Siebeck.

Römer, T. (2013), "Zwischen Urkunden, Fragmenten und Ergänzungen: Zum Stand der Pentateuchforschung," *ZAW*, 125(1): 2-24.

Römer, T. (2015), "Moses and the Women in Exodus 1-4," *Indian Theological Studies* 52: 237-50.

Roskop, A. R. (2011), *The Wilderness Itineraries: Genre, Geography, and the Growth of Torah*, Winona Lake: Eisenbrauns.

Roskop Erisman, A. (2012), "Literary Theory and Composition History of the Torah: The Sea Crossing (Exod 14:1-31) as a Test Case," in K. Smelik, and K. Vermeulen (eds), *Approaches to Literary Readings of Ancient Jewish Writings*, 53-76, Leiden: Brill.

Roskop Erisman, A. (2014), "New Historicism, Historical Criticism, and Reading the Pentateuch," *Religion Compass* 8(3): 71-80.

Rossing, B. R. (2011), "Fourth Sunday in Creation: River Sunday," in N. C. Habel, D. Rhoads and H. P. Santmire (eds), *The Season of Creation: A Preaching Commentary*, 112-22, Minneapolis, MN, Fortress.

Rowland, C. C., ed. (2007), *The Cambridge Companion to Liberation Theology*, 2nd edn, Cambridge, MA: Cambridge University Press.

Rowley, H. H. (1950), *From Joseph to Joshua: Biblical Traditions in the Light of Archaeology*, London: Oxford University Press.

Sacks, J. (2011), "Bemidbar: The Space Between", http://www.rabbisacks.org/covenant-conversation-5771-bamidbar-the-space-between/에서 구할 수 있음.

Sarna, N. M. (1986), *Understanding Genesis: The Heritage of Biblical Israel*, New York: Jewish Theological Seminary.

Sarna, N. M. (1986), *Exploring Exodus: The Heritage of Biblical Israel*, New York: Schocken.

Sarna, N. M. (1991), *Genesis*, JPSTC, Philadelphia, PA: The Jewish Publication Society.

Sarna, N. M. (1992), *Exodus*, JPSTC, Philadelphia, PA: The Jewish Publication Society.

Sasson, J. M. (1992), "The Gilgamesh Epic," in D. N. Freedman, *ABD*, 2: 1024-7.

Savran, G. (1994), "Beastly Speech: Intertextuality, Balaam's Ass and the Garden of Eden," *JSOT*, 64: 33-55.

Schearing, L. S. and S. L. McKenzie, eds (1999), *Those Elusive Deuteronomists: The Phenomenon of Pan-Deuteronomism*, Sheffield: Sheffield Academic Press.

Schmid, K. (2002), "Die Josephsgeschichte im Pentateuch," in J. C. Gertz, K. Schmid, and M.Wilte (eds), *Abschied vom Jahwisten. Die Komposition des Hexateuch in der jüngsten Diskussion*, BZAW 315, 83-118, Berlin: de Gruyter.

Schmid, K. (2007), "The Persian Imperial Authorization as Historical Problem and as Biblical Construct: A Plea for Differentiations in the Current Debate," in G. N. Knoppers and B. M. Levinson (eds), *The Pentateuch as Torah: New Models for Understanding Its Promulgation and Acceptance*, 22-38, Winona Lake: Eisenbrauns.

Schmid, K. ([1999] 2010), *Genesis and the Moses Story: Israels Dual Origins in the*

Hebrew Bible, Siphrut 3, Winona Lake: Eisenbrauns.

Schmid, K. (2015), "Distinguishing the World of the Exodus Narrative from the World of Its Narrators: The Question of the Priestly Exodus Account in Its Historical Setting," in T. E. Levy, T. Schneider and W. H. C. Propp (eds), *Israel's Exodus in Transdisciplinary Perspective: Text, Archaeology, Culture* and *Geoscience*, 331–44, New York: Springe.

Schneider, T. J. (2008), *Mothers of Promise: Women in the Book of Genesis*, Grand Rapids, MI: Baker.

Schneider, T. (2015), "Modern Scholarship versus the Demon of Passover: An Outlook on Exodus Research and Egyptology through the Lens of Exodus 12," in T. E. Levy, T. Schneider, and W. H. C. Propp (eds), *Israel's Exodus in Transdisciplinary Perspective: Text, Archaeology. Culture* and *Geoscience*, 537–53, New York: Springer.

Scholz, S. (1998), "Through Whose Eyes? A 'Right' Reading of Genesis 34," in A. Brenner (ed.), *Genesis: A Feminist Companion to the Bible* (Second Series), 150–71, Sheffield: Sheffield Academic Press.

Schüngel-Straumann, H. (1993), "On the Creation of Man and Woman in Genesis 1–3: The History and Reception of the Texts Reconsidered," in A. Brenner (ed.), *A Feminist Companion to Genesis*, 53–76, Sheffield: Sheffield Academic Press.

Schwartz, R. M. (1997), *The Curse of Cain: The Violent Legacy of Monotheism*, Chicago: University of Chicago Press.

Schwartz, B. J., D. P. Wright, J. Stackert, and N. S. Meshel, eds (2008), *Perspectives on Purity and Purification in the Bible*, LHBOTS 474, London: T&T Clark.

Schwartz, B. J. (2011), "Does Recent Scholarship's Critique of the Documentary Hypothesis Constitute Grounds for Its Rejection?," in T. B. Dozeman, K. Schmid, and B. J. Schwartz (eds), *The Pentateuch: International Perspectives on Current Research*, FAT 78, 3–16, Tübingen: Mohr Siebeck.

Shectman, S. (2010), "Bearing Guilt in Numbers 5:12-31," in J. Stackert, B. N. Porter, and D. Wright (eds), *Gazing on the Deep: Ancient Near Eastern, Biblical, and Jewish Studies in Honor of Tzvi Abusch*, 479-93, Bethesda: CDL Press.

Shepherd, D. (2008), "Prolonging 'The Life of Moses': Spectacle and Story in the Early Cinema," in D. Shepherd (ed.), *Images of the Word: Hollywoods Bible and Beyond*, 11-38, Atlanta, GA: SBL.

Shepherd, D. (2013), "The Life of Moses (1909-1910)," in A. Reinhartz (ed.), *Bible and Cinema: Fifty Key Films*, 182-6, New York: Routledge.

Sheridan, M. (2002), *Genesis 12-50*, Ancient Christian Commentary on Scripture 2, Downers Grove: InterVarsity.

Simkins, R. A. and S. L. Cook, eds (1999), *The Social World of the Hebrew Bible: Twenty-Five Years of the Social Sciences in the Academy*, Semeia 87, Atlanta, GA: SRL.

Ska, J.-L. (2006), *Introduction to Reading the Pentateuch*, Winona Lake: Eiscnbrauns.

Smith, J. Z. (1992), *To Take Place: Toward Theory in Ritual*, Chicago, IL: University of Chicago Press.

Smith, M. S. (1997), *The Pilgrimage Pattern in Exodus*, JSOTSup 239, Sheffield: JSOT Press.

Sommer, B. D. (2015), *Revelation & Authority: Sinai in Jewish Scripture and Tradition*, New Haven, CT: Yale University Press.

Soulen, R. N. (2009), *Sacred Scripture: A Short History of Interpretation*, Louisville, KY: Westminster John Knox.

Stackert, J. (2007), *Rewriting the Torah: Literary Revision in Deuteronomy and the Holiness Legislation*, FAT 52, Tübingen: Mohr Siebeck.

Stackert, J. (2014), *A Prophet Like Moses: Prophecy, Law and Israelite Religion*, Oxford: Oxford University Press.

Stanley, C. D. (2010), *The Hebrew Bible: A Comparative Approach, Minneapolis,* MN: Fortress.

Sugirtharajah, R. S. ed. (2006), The Postcolonial Biblical Reader, Oxford: Blackwell.

Thompson, T. L. (1974), *The Historicity of the Patriarchal Narratives: The Quest for the Historical Abraham*, BZAW 133, Berlin: de Gruyter.

Tigay, J. H. (1996), *Deuteronomy*, JPSTC, Philadelphia, PA: Jewish Publication Society.

Tov, E. (2011), *Textual Criticism of the Hebrew Bible*, 3rd edn, Minneapolis, MN: Fortress.

Trible, P. (1978), *God and the Rhetoric of Sexuality*, Philadelphia, PA: Fortress.

Trible, P. (1984), *Texts of Terror: Literary-Feminist Readings of Biblical Narratives*, Minneapolis, MN: Fortress.

Trible, P. (1994), "Genesis 22: The Sacrifice of Sarah," in J. P. Rosenblatt and J. C Sitterson (eds), *Not in Heaven: Coherence and Complexity in Biblical Narrative*, 170–91, Bloomington: Indiana University Press.

Trible, P. (1994), "Bringing Miriam Out of the Shadows," in A. Brenner (ed.), *A Feminist Companion to Exodus to Deuteronomy*, 166–86, Sheffield: Sheffield Academic Press.

Turner, V. (1969), *The Ritual Process: Structure and Anti-Structure*, Chicago, IL: Aldine.

Ulrich, E. (2010), *The Biblical Qumran Scrolls: Transcriptions and Textual Variants*, VTSup 134, Leiden: Brill.

Utzschneider, H. (2015), "Tabernacle," in T. B. Dozeman, C. A. Evans, and J. N. Lohr (eds), *The Book of Exodus: Composition, Reception, and Interpretation*, VTSup 164, 267–301, Leiden: Brill.

Van Seters, J. (1975), *Abraham in History and Tradition*, New Haven, CT: Yale University Press.

Van Seters, J. (1992), *Prologue to History: The Yahwist as Historian in Genesis*, Louisville, KY: Westminster John Knox.

Van Seters, J. (1994), *The Life of Moses: The Yahwist as Historian in Exodus-Numbers*, Louisville. KY: Westminster John Knox.

Van Seters, J. (1999), *The Pentateuch: A Social-Science Commentary*, Sheffield: Sheffield Academic Press.

Van Seters, J. (2013), *The Yahwist: A Historian of Israelite Origins*, Winona Lake: Eisenbrauns.

Watts. J. W. (1999), *Reading Law: The Rhetorical Shaping of the Pentateuch*, Sheffield: Sheffield Academic Press.

Watts. J. W. ed. (2001), *Persia and Torah: The Theory of Imperial Authorization of the Pentateuch*, Atlanta, GA: SBL.

Watts, J. W. (2005), "Ritual Legitimacy and Scriptural Authority," *JBL*, 124(3): 401-17.

Watts, J. W. (2006), "The Three Dimensions of Scriptures," *Postscripts* 2: 135-59.

Watts, J. W. (2007), *Ritual and Rhetoric in Leviticus: From Sacrifice to Scripture*, Cambridge, MA Cambridge University Press.

Watts, J. W. (2011), "Aaron and the Golden Calf in the Rhetoric of the Pentateuch," *JBL*, 130(3): 417-30.

Watts, J. W. (2013), *1-10*, Historical Commentary on the Old Testament, Leuven: Peeters.

Weinfeld, M. (1991), *Deuteronomy 1-11*, AB, New York: Doubleday.

Wellhausen, J. ([1883] 1885), *Prolegomena to the History of Israel*, Atlanta, GA: Scholars.

Wellhausen. J. (1899), *Die Composition des Hexateuchs und der historischen Bücher des Alten Testaments*, 3rd edn. Berlin: Reimer.

Wenham, G. J. (1979), *The Book of Leviticus*, New International Commentary on the Old Testament, 3, Grand Rapids. MI: Eerdmans.

Wenham, G. J. (1981), *Numbers*, Tyndale Old Testament Commentaries, Downers Grove: InterVarsity.

Wenham, G. J. (1987), *Genesis 1-15*, WBC 1, Waco: Word.

Wenham, G. J. (1995), *Genesis 16-50*, WBC 2, Waco: Word.

Wenham, G. J. (1997), *Numbers*, OTG, Sheffield: JSOT Press.

Wénin, A. (2001), *Studies in the Book of Genesis: Literature, Redaction, and History*, BETL 155, Leuven: Peeters.

West. G. (1990), "Reading 'The Text' and Reading 'Behind the Text': The Cain and Abel Story in a Context of Liberation," in D. J. A. Clines, S. E. Fowl and S. E. Porter (eds), *The Bible in Three Dimensions: Essays in Celebration of Forty Years of Biblical Studies in the University of Sheffield*, 299–320, Sheffield: Sheffield Academic Press.

Westbrook, R. (1988), *Studies in Biblical and Cuneiform Law*, Paris: Gabalda.

Westermann, C. ([1982] 1986), *Genesis 37-50*, CC, Minneapolis. MN: Fortress.

Westermann, C. (1988), *Genesis*, Edinburgh: T&T Clark.

Westermann, C. ([1981] 1995), *Genesis 12-36*, CC, Minneapolis, MN: Fortress.

Westermann, C. ([1990] 1996), *Joseph: Studies on the Joseph Stories in Genesis*, Edinburgh: T&T Clark.

Whybray, R. N. (1987), *The Making of the Pentateuch: A Methodological Study*, JSOTSup 53, Sheffield: JSOT Press.

Wijk-Bos. J. (2005), *Making Wise the Simple: The Torah in Christian Faith and Practice*, Grand Rapids, MI: Eerdmans.

Wright, D. P. (1992), "Clean and Unclean (OT)," in D. N. Freedman (ed.), *ABD*, 6: 729–41.

Wright, D. P. (2009), *Inventing Gods Law: How the Covenant Code of the Bible Used and Revised the Law of Hammurabi*, Oxford: Oxford University Press.

Wright, T. R. (2007), *The Genesis of Fiction: Modern Novelists as Biblical Interpreters*, Aldershot: Ashgate.

Yee, G. A. (2010), "Postcolonial Biblical Criticism," in T. B. Dozeman (ed), *Methods for Exodus*, 193-233, Cambridge, MA: Cambridge University Press.

성구 색인

최신 오경 연구 개론

최신 오경 연구 개론

Copyright ⓒ 새물결플러스 2021

1쇄 발행 2021년 2월 19일
2쇄 발행 2023년 2월 20일

지은이   브래포드 A. 앤더슨, 폴라 구더
옮긴이   차준희
펴낸이   김요한
펴낸곳   새물결플러스

편 집   왕희광 정인철 노재현 이형일 나유영 노동래
디자인   박인미 황진주
마케팅   박성민 이원혁
총 무   김명화 이성순
영 상   최정호 곽상원
아카데미 차상희

홈페이지 www.holywaveplus.com
이메일   hwpbooks@hwpbooks.com
출판등록 2008년 8월 21일 제2008-24호
주 소   (우) 04118 서울시 마포구 마포대로19길 33
전 화   02) 2652-3161
팩 스   02) 2652-3191

ISBN 979-11-6129-193-2 93230

책값은 뒤표지에 있습니다.